AF209571

Arobed Assiah

Tashi
Perlen und Sardonyx

novum ▲ pro

Dieses Buch ist auch als
e-book
erhältlich.

www.novumverlag.com

Bibliografische Information
der Deutschen Nationalbibliothek:

Die Deutsche Nationalbibliothek
verzeichnet diese Publikation in
der Deutschen Nationalbibliografie.
Detaillierte bibliografische Daten
sind im Internet über
http://www.d-nb.de abrufbar.

Gedruckt in der Europäischen Union
auf umweltfreundlichem, chlor- und
säurefrei gebleichtem Papier.

© 2023 novum Verlag

ISBN 978-3-99131-631-2
Lektorat: Tobias Keil
Umschlagfotos:
Elena Vyaseleva, Roman Egorov,
Inara Prusakova, Elena Schweitzer,
Tatiana Neelova | Dreamstime.com
Umschlaggestaltung, Layout & Satz:
novum Verlag

www.novumverlag.com

Das Dimensionentor

Sasha, Tashis Schulfreundin, steht verzweifelt und ganz aufgelöst vor dem Dimensionentor und ruft nach ihm. „Tashi, Taaashiii, wo bist du? Ich brauche dich." Aber es regt sich nichts an diesem ihr bekannten Durchgang in die Anderswelt.

Sie verwirft ihre Arme, weil alles statisch und still bleibt, obgleich doch genau hier das Dimensionentor ist. Oder sein müsste.

Sie drückt gegen die unsichtbare Wand, den Eintritt in die Anderswelt, das Portal, das sich einfach nicht öffnen will.

Sie kann ihr Energiefeld, ihre Frequenzen noch nicht selber so stark erhöhen, dass sie alleine, ohne ihren Freund Tashi, der wie ein Katalysator wirkt, hindurchgleiten kann.

Leise ruft sie nach ihren Wächtern Silk und Sensitiv, die in der Menschenwelt unsichtbar bleiben. Einmal durch das Dimensionentor geschlüpft, werden ihre beiden Beschützer sichtbar, da sich ihr drittes Auge und ihre Sensoren für die Anderswelt öffnen werden.

Sie meint, das Zwitschern der Amsel, ein klares Willkommenszeichen der Anderswelt, zu hören. Sie stellt sich vor, wie die schöne elegante Sternenmutter und Klara, das wahrhaft zauberhafteste magische Huhn, das ihr je begegnet ist und sie bei Amethyst und Lavendelquarz kennengelernt hat, gleich ein paar Zentimeter vor ihr stehen. Aber sie kann sie nicht sehen. Ihr Begriffsvermögen, ihre Fähigkeit des Hellsehens sind noch nicht so weit ausgereift. Es ist zum Verzweifeln.

So beginnt Sasha ein imaginäres Gespräch mit der Sternenmutter, die in der angrenzenden Parallelwelt weilt, in der Hoffnung, dass diese sie auch hören kann.

„Sternenmutter, ach weißt du, als mir bei meiner ersten Reise mit Tashi durch Lavendelquarz und das schöne Lavendelfeld bereits gesagt wurde, dass meine Mutter sterben würde, wollte ich es noch nicht richtig glauben. Und jetzt, genau wie der Adler bei unserer letzten Begegnung verkündet hat, so geschieht es gerade. Meine Mutter wurde notfallmäßig ins Spital eingeliefert. Ich war die ganze Nacht bei ihr, habe bei ihr geschlafen. Man hat mich beinahe rausgeschmissen, weil ich ihre Seite nicht verlassen wollte. Ich schlafe nicht, ich esse nicht, ich möchte einfach nur bei ihr sein. Nun bin ich hier, beim Dimensionentor, um Kraft für die letzten Stunden mit meiner Mutter zu tanken. Ich möchte ihr doch helfen, dass sie in Frieden sterben kann. Ich möchte ihr den Abschied, der sowieso für alle Beteiligten nicht einfach ist, erleichtern. Ich bin so müde Sternenmutter, so müde, so schrecklich, schrecklich müde. Alles ist mir zu viel."

Sasha hofft inbrünstig, dass sie gehört wird. Sie setzt sich auf das weiche Gras und weint bitterlich.

Sie weiß nicht, ob sie sich das einbildet, aber sie fühlt einen Windhauch über ihr Gesicht gleiten, fühlt eine seltsame Wärme, als würde sich Klara ganz an sie herankuscheln und sie trösten. Bei dem Gedanken an Klara, das magische Regenbogenhuhn und Tashis beste Freundin muss sie noch mehr weinen.

Wenn doch nur Tashi irgendwo aufzufinden wäre! Sie stellt sich einfach vor, sie säße am Kraftort, auf der großen herrlichen Ahnenbank, ihre Wächter Sensitiv und Silk an ihren Seiten neben der Sternenmutter und Klara.

Sie legt sich in das weiche Gras und fällt bald in einen unruhigen, erschöpften Schlaf.

Sie weiß nicht, dass Silk und Sensitiv, ihre treuen Begleiter, versuchen das Dimensionentor zu aktivieren. Die beiden Wächter rufen nach Nga und Waka, Tashis eigenen Wächtern, aber die scheinen auch nicht anwesend zu sein.

Sensitiv, der Mutigere der beiden, ruft laut nach der Sternenmutter und passt seine Frequenzen an, so wie Waka es ihn gelehrt hat. Silk schaut erstaunt und stolz zu, wie er sich abmüht. Es scheint zu funktionieren, das Dimensionentor wird plötzlich leicht sichtbar, nur einen Hauch, aber doch immerhin!

Silk ist ganz nervös, das wäre nämlich prächtig, wenn Sasha, obgleich auch nur kurz, zur Sternenmutter gehen könnte. Sie braucht dieses Seelen-Auftanken dringend.

Silk hält Sasha umsorgt, während Sensitiv weiterarbeitet. Das Tor wird sichtbarer, an einigen Stellen noch nicht ganz fest und stabil, aber Sensitiv bleibt voll konzentriert an seiner Aufgabe. Silks Augen leuchten auf, der Durchgang wird immer kompakter. Die Anderswelt ist beinahe erreichbar. Wenn sich Sensitiv weiter so bemüht, können sie bald hindurchschreiten.

Silk hat plötzlich Zweifel. Dürfen sie durch Tashis Dimensionentor schreiten ohne seine Begleitung? Was geschieht, wenn sie nicht mehr zurückkönnen? Gerne würde er Sensitiv fragen, aber wenn er ihn unterbricht und er seine Konzentration verliert, könnte alles umsonst gewesen sein. Silk erinnert sich an die Gespräche, die mit Tashis Wächtern, Nga und Waka stattgefunden haben. Was könnte sie jetzt beitragen für gutes Gelingen?

Während Silk Sashas Füße festhält, schließt sie ihre Augen und beginnt sehr tief zu atmen, beinahe wie in Trance. Dann beginnt sie eine leise ebenso tranceartige Melodie zu summen.

Erstaunt blickt Sensitiv seinen Kumpanen an, denn das Dimensionentor wird wie aus nebelhaften Schleiern schnell größer und sichtbarer.

Die beiden nicken sich freudig zu, das ist ja ganz großartig!

„Das hast du aber ganz fein hingekriegt Silk! Super."

Beide schauen sie jetzt durch das Tor hindurch und sehen den Weltenbaum, den herrlichen mächtigen tröstenden Baum. Silk weint beinahe vor Freude über dieses Wiedersehen.

Der solide, Währschafte Baum lehnt sich ihnen neugierig entgegen und erkennt sie wieder. Erstaunt blickt er auf das erschöpfte, schlafende Mädchen, das im Gras liegt.

7

Sensitiv fragt den Baum, ob sie nur für kurze Zeit hindurchschlüpfen dürften, da Sasha dringend Kräfte braucht. Der Baum lächelt sie an, rauscht mit seinen herrlichen Blättern und öffnet das verschleierte Tor nun ganz. Sofort nimmt Silk die schlafende Sasha auf seine Arme und zusammen schreiten sie alle drei durch das Dimensionentor in die Anderswelt.

Kaum sind sie an diesem überaus erquickenden, verfeinerten Ort angekommen, verschleiert und schließt sich das Tor hinter ihnen augenblicklich wieder.

Silk, Sasha in den Armen, dreht sich um, dann schaut sie den Baum fragend an.

„Du, edler Baummeister, wie kommen wir wieder hinaus?"

Der Baum lächelt geheimnisvoll, schwenkt einige zarte Ästchen in Sashas Gesicht, um sie zu trösten, und antwortet schmunzelnd: „So wie ihr hereingekommen seid! Deine Melodie, Silk, hat nachgeholfen, um den Manifestationsprozess zu beschleunigen!"

Beide Wächter schauen sich an, freudig überrascht. Kaum sind sie richtig angekommen, erscheint bereits die Sternenmutter ein paar Meter neben ihnen.

Die beiden können ihre Freude kaum halten und eilen auf sie zu. Weiter hinter der Sternenmutter erscheint sogar Klara, die witzigste, Tashis charmanteste und beste Freundin überhaupt und das schönste Huhn weit und breit.

Silk weint jetzt wirklich, nur ein wenig, aber ihre Freude und Dankbarkeit, dass sie es geschafft haben, sind übergroß. Sie umarmt die schöne Sternenmutter und überreicht ihr die schlafende Sasha. Nachdem Klara die überraschenden Besucher gebührend begrüßt hat, schlendern sie zusammen zur Ahnenbank.

Sofort erzählen Silk und Sensitiv die traurige Geschichte und weshalb sie sich erlaubt haben, durch Tashis Dimensionentor zu schreiten.

„Wir haben natürlich kaum gehofft, dass dies klappen würde. Aber Nga und Waka haben uns so viel gelehrt bei unserem letzten Besuch, dass wir es wenigstens versuchen wollten, für Sasha!"

Die Sternenmutter legt Sasha vorsichtig auf die versteinerte Holzbank, damit sie sich schnellstmöglich durch die unterstützenden Energien des versteinerten Holzes erholen kann. Klara setzt sich zu Sashas Füßen, um ihr Kraft zu schenken.

„Wir müssen bald wieder gehen, da ihre Mutter im Sterben liegt."

Silk macht sich Sorgen, sie wünscht sich, dass Sasha noch einige Stunden mit ihrer Menschen-Mutter verbringen kann.

„Das ist kein Problem, ihr treuen Wächter, ich bin erstaunt, wie ihr das ohne Tashi durch das Dimensionentor geschafft habt! Gratuliere. Ihr wisst ja, dass Zeit in unseren Ebenen nicht gleich strukturiert ist wie in der Menschenwelt!"

Verschmitzt schaut sie auf die beiden Wächter und meint schelmisch:

„Ihr seid wirklich neu aufeinander abgestimmt worden bei eurem letzten Besuch mit Amethyst und Lavendelquarz!"

Sie lächelt die beiden an und streichelt Sashas Rücken.

Langsam beruhigt sich Silk wieder und setzt sich kurz auf die große herrliche Bank. Sensitiv schaut sich neugierig umher, ob sich seit ihrem letzten Besuch viel verändert hat. Hat es nicht – sogar die exklusiven Kristallgläser mit den Rosenquarz-, Amethyst- und Lavendelquarzsteinen im Wasser liegend, stehen da und strahlen ihre Klarheit aus.

Auch die Baumwächter, die auf jeder einzelnen Anhöhe stehen, hüten weiterhin den ihnen zugedachten Hügel. Einfach ein erlabendes Landschaftsbild!

Er beobachtet den Teich in der Distanz, alles noch genauso vertraut wie beim ersten Besuch. Ein Gefühl des Heimkommens übermannt den großen Wächter. Er ist enorm dankbar, dass sie es durch das Tor geschafft haben.

Sasha öffnet ihre Augen und schaut sich erst erschrocken, dann plötzlich hocherfreut um. Sie erkennt die Sternenmutter, setzt sich auf und umarmt sie innig.

„Oh du auch, Klara! Wie wunderbar ist das denn? Wie kommt es, dass wir hier sind? Wo ist Tashi?"

„Tashi ist nicht hier Sasha. Deine Wächter Silk und Sensitiv haben es geschafft, dich durch das Dimensionentor zu schmuggeln!"
Bei diesem Wort müssen alle herzlich lachen.

Das „Schmuggel" Wort scheint sich bei Silk zu wiederholen. Schließlich frotzelte Sensitiv schon in der letzten Geschichte über Silk und dessen Namensgebung. „Schmuggeln ist wohl nicht so ganz das richtige Wort. Wir haben einfach unser Bestes gegeben für dich Sasha."

Silk versucht Sasha zu erklären, wie es kam, dass sie jetzt auf Tashis heißgeliebter Lieblingsbank sitzen.

„Vielleicht ist das Schmuggelwort doch nicht ganz ohne, wenn ich bedenke Silk, dass Seide aus dem China Land geschmuggelt wurde ... hahaha. Wie ich schon bei unserem ersten Besuch erwähnt habe, könnte doch sein, dass du einer der Schmuggelmönche warst?"

Silk = Seide

„Ach Sensitiv, lass Silk in Ruhe. Sie hat mir geholfen, ihr beide habt mir geholfen und mich hierhergebracht. Nun kann ich euch auch sehen. Das kann ich nur hier, an diesem herrlichen Kraftort. Sobald ich wieder in der Menschenwelt bin, ist das nicht mehr möglich. Ich bin glücklich, euch bei mir zu wissen. Die Sternenmutter und Klara zu sehen. Den Weltenbaum zu hören, das mittlerweile vertraute Rauschen seiner Blätter, die immer wieder neue Botschaften bringen."

Als hätte Sasha ein Kommando gesprochen, erscheint in einiger Entfernung, in der Nähe des Teiches ein Schatten. Sie schaut schnell zur Sternenmutter, beobachtet den Baum, der überhaupt keine Anstalten macht, irgendetwas Ungewöhnliches anzukündigen, und umarmt Klara, um sich an etwas festzuhalten. Hier weiß man schließlich wirklich nie, was gerade auf einen zukommt. Die Anderswelt ist voller Überraschungen und immer sehr geheimnisvoll.

Oma

Die Gestalt kommt langsam, beinahe zögerlich auf sie zu. Nach langem, mit zugekniffenen Augen suchendem Hinschauen dämmert es Sasha. Aber das kann doch nicht sein!

„Oma? Hä? Ooomaaa?" Erschrocken schaut sie wieder auf die Sternenmutter, die selber neugierig auf die heranschwebende Gestalt schaut. Die Gestalt ist ihr nicht vertraut.

Oma bleibt einige Meter vor der Ahnenbank stehen und betrachtet Sasha mit durchdringendem, aber interessiertem Blick. „Sasha, bitte fürchte dich nicht. Es freut mich sehr, dass du mich wiedererkennst. Immerhin bin ich doch schon ein paar Jahre in der Anderswelt. Du bist groß geworden, und schön wie deine Mutter!"

Sasha ist völlig perplex, ihr Atem stockt. Fest hält sie die Hand der Sternenmutter. Oma sieht völlig gesund und um viele Jahre jünger aus, als sie sie in Erinnerung hat.

Träumt sie jetzt wieder? Oder ist das hier bereits wieder ein mystischer Anderswelt-Moment? Schließlich ist ihre geliebte Oma vor vielen Jahren gestorben. Oder doch nicht gestorben?

„Sternenmutter, Hilfe. Was ist hier los? Ich dachte, meine liebe Oma wäre gestorben? Was ist das jetzt?"

Die Sternenmutter steht auf, geht auf Oma zu, um sie auf die Ahnenbank einzuladen. Oma bedankt sich für die nette Begrüßung und bestaunt die schöne elegante Frau, die wie eine ätherische Königin aussieht. Dann schaut sie sich um und nimmt die herrliche Landschaft wahr.

„Das ist aber ein erquickender Ort Sasha! Man hat mich gerufen, um dich hier zu besuchen. Ahnen, die du nie kennengelernt hast, möchten, dass ich dir helfe beim Übergang deiner Mutter in die Anderswelten. Sowie sie deine Mutter ist, war sie gleichermaßen ja auch meine Tochter, damals. Ich will dir mitteilen, dass es hier, wo ich jetzt bin, sehr viel leichter besser und angenehmer ist, weiterzuleben. Gerne setze ich mich eine Weile zu euch."

Fragend schaut Oma die schöne Sternenmutter an, verinnerlicht sich erneut die Schönheit der ihr umgebenden Landschaft und begrüßt nun auch Klara, die still beobachtet und gewartet hat, bis jemand auf ihre Anwesenheit reagiert.

Mit einer einladenden Handbewegung dirigiert die Sternenmutter Oma zur Ahnenbank. Bevor sie sich hinsetzt, betrachtet und bewundert sie dieses Zauberstück, sie ist sich alter Schreinerkunst und detaillierter Handwerksarbeit bewusst.

Nach gebührender Bewunderung setzen sie sich gemeinsam auf die Familienbank. Sasha wird von ihren Wächtern begleitet, die sie sorgsam bewachen. Sie kann es noch nicht fassen, dass ihre liebe Oma hier an diesem Tashi-Ort erscheint.

Klara schmunzelt verschmitzt zur Sternenmutter:

„Habe ich dir doch gesagt, dass dieser magische Ort immer voller wird! Dein großes Wissen und deine Weisheit sind nun gefragt!"

Leise berührt Klara die Sternenmutter mit ihrem zarten schönen weißen, leicht silberig glitzernden Flügel. Die Sternenmutter streicht ihr über den Kopf, dann berührt sie Sashas glänzende, kastanienfarbige Haarpracht, um sie zu trösten.

Sasha entschlüpft ein tiefer Seufzer und sie flüstert träumend:

„Es ist schön wieder hier bei dir zu sein, Sternenmutter und Klara!"

Silk und Sensitiv sind ausgesprochen dankbar, dass es mit dem Dimensionentor geklappt hat.

„Oma, Sternenmutter, ich bin mir nicht so sicher, ob ich träume. Wieso kann ich dich hier sehen? Ich dachte, du wärest gestorben?"

Erschöpft einerseits, erfreut andererseits über das Wiedersehen hat Sasha diese Frage zweifelnd in den Raum gestellt. Sie ist momentan mit allem überfordert, das Sterben ihrer Mutter, der Begegnung mit Oma und dem Durchtritt in Tashis magischen Geheimort. Sie lehnt sich in die Arme der Sternenmutter, schließt vertrauensvoll die Augen. Irgendjemand wird ihr schon antworten.

Die Sternenmutter beginnt leise zu summen, um alles in Harmonie zu schwingen, auch Oma soll auf die Kraftortschwingungen eingestimmt werden. Der Baum winkt Oma mit seinen zarten Ästen und verliert sich in Sashas Haaren. Oma wirkt entspannt, überrascht, erfreut ihr Enkelkind wieder in echt zu sehen. Auch sie berührt Sashas Haare, die wie ein Wahrzeichen aussehen, lässt die seidige rote Flut durch ihre Finger gleiten. Ein ungewöhnlich intelligentes Mädchen mit ungewöhnlichen Haaren. Niemand sonst in der ganzen bekannten Sippschaft trägt diese Haarfarbe. Sie resümiert und sucht in Gedanken vertraute Gestalten aus ihrer Vergangenheit auf der Erde. Wirklich ein Wunder! Muss wohl irgendwo in der zurückliegenden Ahnenlinie zu finden sein.

Die Sternenmutter nickt Oma entgegen, sie hat ihre Gedanken telepathisch aufgenommen.

„Oma, bitte erzähle uns, wie du es hierhergeschafft hast. Bestimmt möchtest du uns so einiges berichten! Ich bin sehr gespannt!"

Erfreut wendet sie sich Sasha entgegen.

„Was, denkst du, ist der Tod?"

„Oma!!!"

„Was ist sterben?"

„Ooomaaa!!!"

Sasha hält sich die Ohren zu. Sie will nichts, aber auch gar nichts darüber hören! Sie nimmt die Hand der Sternenmutter, Klara kuschelt sich ganz in Sasha hinein und ihre Wächter beruhigen sie.

Leise beginnt sie wieder zu weinen. Oma streichelt die schönen Haare und spricht sanft weiter.

„Dieses lebenswichtige Thema sollte in der Schule gelehrt werden! Weil niemand darüber spricht während seiner Lebenszeit, wird man doch sehr überrascht, wenn es einen einholt! Egal in welchem Alter! Ich glaubte auch nicht, nicht annähernd an ein Leben nach dem Sterben. Und hier sitze ich mit dir an diesem traumhaften Ort und rede mit dir!"

Die Sternenmutter neigt sich Sasha entgegen.

„Weißt du noch, als wir dir auf der letzten Reise mitgeteilt haben, dass du deine Mutter nach dem Übertritt in die Anderswelt wiedersehen würdest? Du hast dich sehr darüber gefreut."

Sasha seufzt schwer. Ja natürlich mag sie sich noch erinnern. Aber jetzt, wo sogar ihre Oma nach vielen Jahren des angeblichen „Gestorben-Seins" wieder auf Besuch ist, wendet sich die Geschichte und wird sehr real. Das muss erst verkraftet werden.

Oma nimmt Sashas Hände in die ihren.

„Alles, was mit übernatürlichen, also nicht sichtbaren Elementen zu tun hatte, habe ich, als ich noch auf Erden lebte, geflissentlich ausgeblendet! Ich hatte, wie so viele Menschen, Angst vor dem Unbekannten. So oft habe ich die innere Stimme, die Intuition überhört, die mir einen besseren Weg vorgeschlagen hätte! Zu meiner Zeit auf Erden tat man die tieferen, philosophischen Ansichten über das Leben als Phantasie ab. Sie wurden nicht als relevant angesehen, sie waren unpraktisch und als Träumereien verpönt. Von Bewusstsein hatte ich auch keine Ahnung. Man hat sich auf das Gehirn verlassen! Heute allerdings, nach dem Schock des Sich-Wiederfindens in anderen Lebensbereichen, weiß ich es besser!"

Pause.

Oma schaut in die Ferne, betrachtet die Landschaft, meint dann verschmitzt:

„Es ist ja nicht so, dass wir, jetzt wo wir auf der ‚anderen' Seite angekommen sind, auf einer Wolke sitzen und den ganzen Tag irgendwelche Hymnen singen!"

Dabei lacht sie herzlich, was die seltsame Szene auflockert.

„Sasha, gerne würde ich dir einige Dinge berichten, die dir beim Übergangsprozess deiner Mutter helfen könnten, damit du besser zurechtkommst mit dem Loslassen. Möchtest du das?" Oma betrachtet ihre hübsche Enkelin, die nach dem Aussehen ganz nach ihrer Mutter kommt. Nur die kastanienfarbigen Haare, das weiß Oma auch nicht, woher Sasha die hat. Oma kringelt eine Locke um ihre Finger, die Haare strahlen herrlich kupferfarbig in der Sonne, die durch den großen Baum scheint. Die sonnigen, goldenen Strahlen hüllen die Ahnenbank und die umliegende Landschaft in einen herrlichen Lichtteppich ein.

Sasha seufzt erneut, sie möchte nicht zu viel Zeit verlieren, um ganz schnell wieder bei ihrer Mutter zu sein.

Natürlich hat die Sternenmutter ihre Gedanken mitbekommen. „Du weißt Sasha, dass Zeit hier, an diesem Tashi-Ort, anders gemessen wird! Wenn du wieder zurückkehrst, wird gar nicht so viel lineare Zeit vergangen sein. Ich denke, es würde dir helfen, wenn du noch einige Einsichten, die dir den Prozess erleichtern, lernen könntest. Möchtest du das?"

Nach kurzem Überlegen und Bestätigung durch leichtes Nicken ihrer Wächter Silk und Sensitiv macht es sich Sasha gemütlich auf der großen Bank. Die Stimmen der Ahnen flüstern bereits leise, aber gut vernehmbar aus der Bank:

„Wir, die Stimmen aus lang vergangenen Zeiten, sprechen zu dir, trauriges Sasha Mädchen. Es ist lange her, viele hundert Jahre, da gab es eine Epoche, in der du mit uns Ahnen lebtest, in anderen Kontinenten auf Erden. Wir kennen uns alle, weil wir als Menschen zusammengelebt haben. Nun sind wir die Erinnerung, die durch dich hindurchfließt. Wenn du lernst, auch durch unsere Augen in die Tiefen der Zeit zu blicken, wirst du vieles besser begreifen können. Eines Tages wirst selbst du zu einer Ahnin werden! Wir sind Lichtwesen aus den Anfängen, lange vor der irdischen Zeitrechnung und von hier beraten wir dich gerne und stellen unser tiefes Wissen über das Leben zur Verfügung. Wir stehen voll und ganz hinter dir!"

Die Stimmen lächeln durcheinander, ein Gemisch aus Verständnis, Fröhlichkeit und Leichtigkeit. Der Baum weht seinen Hauch über die Bank und so fühlt es sich an, als würden die Ahnen Sasha streicheln, trösten und berühren.

Sie lässt es geschehen und bedankt sich bei den Stimmen, die aus der Bank flüstern, und beim Baum für seine Unterstützung. Sie hat momentan keine Fragen zur Information ihrer Ahnen. Sie will erst mal einfach aufnehmen und dann später über alles nachdenken, genauso wie sie es von Tashi gelernt hat. Schritt für Schritt, damit man emotional und mental alles schön sortieren und dann verarbeiten kann.

„Du bist wahrhaft ein kluges Mädchen und eine gute Schülerin Sasha! Bewundernswert!"

Die Sternenmutter kuschelt Sasha in ihre Gegenwart und ihre Arme. Sasha ist ihr bereits ans Herz gewachsen. Über dieses Kompliment der Sternenmutter freut sich Sasha sehr. Sie ist anerkennende Äußerungen nicht so gewohnt. Da sie ein Einzelkind ist, ist es natürlich, dass sie den Löwenanteil des Haushaltes und Hilfe für die Mutter erledigen muss. Ihr Vater hilft, sooft er kann, aber er arbeitet viel und ist oft weg. Das weiß auch ihre Oma, und deshalb hat sie beschlossen, Sasha zu helfen. Auch wenn das nicht in physischer Form ist, die Gedanken und die Gefühle beruhigt zu wissen, befreit innere Ängste und Zweifel und setzt ungeahnte Kräfte frei. Diese Hilfe hofft Oma zu bewirken.

Zögernd stellt Sasha einige Fragen, eigentlich weiß sie gar nicht richtig, was man denn in solchen Situationen fragen soll.

„Wann, Oma, hast du denn bemerkt, dass du nach dem Sterben nicht wirklich tot warst?"

Es schaudert sie selbst ein wenig bei diesem Gedanken. Dann schaut sie ihre Oma an, die ganz leicht aus sich herausleuchtet und sehr ruhig und zufrieden scheint.

„Hmmm, als ich die Wurzeln, die mich im Leben auf Erden hielten, loslassen musste, erinnerte ich mich an den Satz, der hieß: Noch heute wirst du mit mir im Himmel sein … oder in den Himmeln … Mehrzahl! Das stimmte mich merkwürdig. Ich spürte irgendwie, dass ich mich langsam von meinem Körper löste, aber da war gleichzeitig noch ein anderer Körper, den ich vorher nie wahrgenommen habe. Er schien mir sehr leuchtend und voller Farben, aber feinstofflich und ebenfalls zu mir gehörend. Trotz meines Widerstrebens und meiner Angst in diesem Sterbeprozess führte mich etwas immer weiter, als würde ich durch diverse Wellen, manchmal waren sie fast schwarz, ein andermal leuchtend farbig, hindurchgleiten. Ich schwebte außerhalb von mir, sah meine Familie um meinen leblosen Körper sitzen und weinen. Dann wollte ich ihnen sagen, dass sie nicht weinen sollen, ich sähe gerade so schöne Farben. Aber sie konnten mich nicht mehr hören. Ich fühlte dann einen Sog, dem ich einfach folgen musste, ob ich wollte oder nicht. Dann wurde ich von Licht, Farben und zarter Musik in große Hallen geführt, wo das Licht noch stärker strahlte. Irgendwo tief in mir drinnen wusste ich dann, dass ich nicht mehr auf Erden weilte. Ich begann mich sehr leicht zu fühlen, unbeschwert, frei und herrlich schwerelos. Und die Farben! Ich wollte gar nicht mehr zurück. Alle Ängste, die ich beim Verlassen des Körpers fühlte, waren wie weggeblasen. Nichts mehr war relevant, nur das Hier und Jetzt, genau dieser Moment in der großen lichterfüllten Halle. Da Zeit auch nicht mehr so wahrgenommen wird wie auf Erden, wusste ich nicht, wie lange ich an diesem Ort blieb. Mein Wesen, das, was ich nie wahrhaben wollte, alles, was man nicht sehen kann, wenn man als Mensch verschlossen bleibt, wie ich es war, hat sich mir offenbart. Ich sah mich als ätherisches Wesen, eine Essenz, die nie vergeht. Ich spürte, wie sich mein Wesen nach meinem anstrengenden Menschenleben langsam erholt und neue Kräfte, die ich gar nicht wusste, dass sie existieren, mich aufbauten. Nach langer Zeit konnte ich diese Schönheit, diese Situation annehmen. Irgendwann kamen dann verschiedene Lichtwesen und informierten mich über den weiteren Ablauf. Auch sah ich endlich andere Menschen, die auch verstorben waren und versuchten, mit der neuen Situation zurechtzukommen. Es scheint hier endlos viele verschiedene Möglichkeiten zu geben, wenn jemand zurückkehrt nach einem Menschenleben. Ob das jeweilige Menschenleben nur kurze Stunden gedauert hat, ob es

Unfälle waren, Kriminelle, Kriegsopfer, ermordete Menschen, alte Menschen, wie ich es war, sie alle kehren als Seele zurück, um sich neu zu orientieren."

Die Oma schweigt, man sieht ihr an, dass sie ihren Übergang noch einmal Revue passieren lässt.

Erstaunt betrachtet Sasha ihre Oma. So gesprächig und so offen war sie nie, als sie noch als Mensch lebte. Obwohl immer freundlich und verständig, liebte sie doch ihre kleine süße Enkelin mit dem auffälligen Haarschopf, aber wortgewandt war sie damals nicht so sehr wie heute. Dann lächelt Sasha, nimmt die Hände ihrer Oma in die ihren.

„Das war sehr schön Oma, das hat mir geholfen! Mutter wird hoffentlich auch so etwas Ähnliches erleben. Ich habe ein wenig gelernt, Farben mit meinem inneren Auge zu sehen, vielleicht kann ich dann Mutters Aura sehen, wenn sie uns verlässt? Und von den feinstofflichen farbigen Lichtkörpern um unseren menschlichen Körper habe ich letztes Mal bei den Lavendelblüten und bei Lavendelquarz gelernt. Deshalb verstehe ich ein klein wenig, von was du sprichst."

Sie schüttelt den Kopf, ist aber gleichzeitig dankbar für diese neuen hilfreichen Infos. Nämlich, dass das Leben nicht wirklich totzukriegen ist und es irgendwie, irgendwo in irgendeiner Form weitergeht.

„Deine Mutter, damals meine Tochter, als ich noch ihre menschliche Mutter auf Erden war ... hat ein schlechtes Gewissen, dass sie dich so früh schon alleine lassen muss. Sie kämpft dagegen und leidet sehr darunter. Ihre Schmerzen sind oftmals unerträglich trotz starker Medikamente. Ich dachte, ich würde sie gerne aus meiner Ebene abholen, damit ihr Übergang leichter wird. Dann hat sie bereits in ihrem Übergangsprozess jemand vertraut, der ihr hilft? Was denkst du darüber? Sie wird mich sofort erkennen. Niemand wird mich sehen im Spital außer du natürlich und deine Mutter, da sie schon sehr vernebelt ist durch die starken Medikamente. Das öffnet oftmals die Sinne für das Übersinnliche! Sollen wir uns so vereinbaren? Wäre dir das eine Hilfe?"

Sasha denkt über diesen Vorschlag, der auch für sie etwas Neues ist, nach. Ihre Mutter könnte dann in ihren und Vaters Armen hinübergleiten und würde dann von Oma abgeholt und „sterben" können. Nachdenklich antwortet sie:

„Oma, das wäre ganz einfach wunderbar, vor allem, weil wir, Mutter und ich, dich dann sehen können. Sternenmutter, das geht doch, oder? Wird mein Vater damit zurechtkommen? Wie soll ich ihn denn trösten?"

„Oh du gütiges Kind! Du denkst trotz allem immer noch an andere! Erkläre ihm später, was und wie du Mutters Übergang gesehen hast. Er wird seine inneren Grenzen überwinden und sehr offen sein für deine erweiterte Denkweise. Trauer kann verletzlich machen und öffnet innere Wege für neues Verstehen und Erkennen. Es wird schön werden, deine Zukunft bei deinem Vater ist gesichert. Niemand kann dich aus deinem Nestchen holen! Dafür wurde bereits gesorgt. Du darfst dich freuen! Aber ein wenig Überraschung muss doch noch offenbleiben, nicht wahr? Alles wollen wir nicht jetzt schon verraten. Vertraust du uns?"

Ja, die Vertrauensfrage!
Immer wieder Vertrauen …
Dem Leben vertrauen …
Dem *eigenen* Leben vertrauen …
Dem Unbekannten vertrauen …
Vertrauen als Voraussetzung für Veränderungen …
Sich selbst vertrauen!

„Sasha?"
Oma schaut ihrer Nichte tief in die Augen.
„Ich habe dir ein Geschenk mitgebracht. Einen Edelstein, der sich Sardonyx nennt. Ein Anhänger, der dir hilft, mit Trauer umzugehen. Sardonyx ist ein großartiger Schutzstein, er beruhigt und regeneriert dein Herz durch deinen Trauerprozess. Er schützt dich vor nervlicher Überlastung oder wenn du allzu traurig werden solltest. Guck ihn dir mal an, ist er nicht wunderschön?"

Alle drei, Oma, Sasha und die Sternenmutter, berühren und bewundern den glänzenden polierten Achat ähnlichen Stein. Er ist beinahe schwarz mit leicht braunen, braunroten, Mauve farbigen und hellen Einschlüssen, die wie Wolken über den dunklen Stein schweben, dazu wie von Zauberhand einige blaue Flecken, die wie Tropfen aussehen, als wären es Sterne, die sich über den dunklen Nachthimmel verteilen. Sashas Augen strahlen, dieser Stein ist ihr völlig überraschend sofort vertraut und ans Herz gewachsen. Sie umarmt ihre Oma, küsst den Stein als Dankeschön, dass er zu ihr gekommen ist. Dann zeigt sie Klara und ihren Wächtern das Prachtstück, damit es durch die allgemeine Bewunderung gebührend eingeweiht werden kann. Andächtig zieht sie den Stein, der an einem Lederband hängt, über den Kopf und erkennt, dass die Farbzusammensetzung sogar zu ihrer Haarfarbe passt. Als wäre das wichtig! Sie muss lachen, es hat sich einfach von selbst so ergeben. Sie umschließt den Stein ganz fest mit ihren Händen, schließt die Augen und atmet einige Male tief ein und aus. Sie will sich sofort mit ihrem neuen Begleiter Sardonyx verbinden und mit ihm in stille Kommunikation treten. Sardonyx hat die Größe ihrer Handfläche, also ein tolles Stück und dennoch nicht zu schwer.

Sasha war so versunken in ihren neuen Begleiter Sardonyx, dass sie ganz vergessen hat, wo sie eigentlich war. Erst jetzt hört sie die Amsel wieder, das Flüstern der Blätter im Baum, der sich mit ihr freut, nicht zu vergessen Klara, die dringend noch auf eine Streicheleinheit wartet.

Sie steht von der Ahnenbank auf; die beiden, Oma und die Sternenmutter, die sie flankiert haben, beobachten sie liebevoll. Oma ist dankbar, dass diese sonst fröhlichen, jetzt so traurigen Teenie-Augen wieder kurz aufleuchten. Ihre Wächter, Silk und Sensitiv bedanken sich herzlich bei Oma für dieses tolle Geschenk, auch für ihre Geschichte über das Sterben, das Sasha offenbar sehr geholfen hat. Mit diesem Wissen können sie Sasha gut unterstützen beim Übergang ihrer Mutter.

Als sich erneute friedvolle Harmonie einstellt, regt sich Oma.

„Sasha, ich dachte, in naher Zukunft werde ich dich und deine Mutter besuchen kommen. Das gibt dir Zeit, dich ganz und gar mit ihr zu versöhnen, sie loszulassen, so gut es geht. Damit hilfst du ihr am besten, indem du ihr erlaubst, dass sie auf ihre Reise gehen darf und du sie nicht an dich bindest. Dieses ist das schönste Geschenk, das du deiner Mutter mit auf den Weg geben kannst. Euer beide Freiheit! Wie du bereits weißt, wirst du uns hier, deine Mutter und mich, irgendwann an diesem herrlichen Tashi-Ort wiedersehen! Und ich verspreche dir, du wirst mich im Spital, wenn ich zu Besuch komme, nicht verpassen! Es wäre gut, wenn du einige Stunden schlafen könntest, sei es bei dir zuhause oder im Spital. Deine Wächter beschützen und führen dich, dass du auf keinen Fall irgendetwas verpassen sollst. Es soll alles friedlich, ruhig und harmonisch ablaufen. Denkst du, du kommst damit zurecht?"

Oma streichelt Sashas schöne Haare und schaut sie auffordernd an. Sie betrachtet die hohen Wangenknochen ihrer Enkelin, die ebenfalls ein Zeichen ihrer Verwandtschaft sind.

Lange sagt Sasha nichts, hält eine Hand von Oma und eine Hand der Sternenmutter in ihren eigenen. Sardonyx, der unterstützend am Lederband um ihren Hals hängt, scheint sich in wenigen Augenblicken direkt mit Sasha verbunden zu haben und sieht aus, als wäre er schon immer bei ihr gewesen.

Es ist still, jedes seinen eigenen Gedanken nachhängend. Alle wissen, was auf Sasha zukommt. Jegliche theoretischen Vorbereitungen sind nicht zu vergleichen mit der realen Tatsache.

„Darf ich bereits nach Mutters Begräbnis wieder zu euch kommen?"

„Kindchen, was hast du nur immer für logische Fragen inmitten schwieriger Situationen! Du bist unglaublich geordnet. Auf jeden Fall, wir warten bereits auf dich. Dann wird auch Tashi wieder hier sein, denn auch er geht durch holperige Zeiten in seiner Menschenwelt. Aber das zu einem späteren Zeitpunkt."

Die Sternenmutter und Oma haben gleichzeitig auf sie eingeredet, beide sind begeistert über Sashas Talent, immer wieder kühlen Kopf zu bewahren.

Klara hüpft um Sasha herum, die sich auf den Boden setzt und mit ihr kuschelt. Klara bringt keine ihrer witzigen Anekdoten oder Sprüche, sie schenkt Sasha, was sie gerade am meisten braucht, Freundschaft, Erdung und Kraft für ihren Aufbruch.

Langsam löst sich das kleine Trüppchen voneinander. „Ich muss unbedingt noch zum Baum, damit ich mich verabschieden kann. Kommst du mit Klara?" Das ist wohl keine Frage, Klara will immer, sie liebt ihre Menschen!

So wandern die beiden ungleichen Geschöpfe nebeneinander her, Klara ihre wunderschönen glitzernden langen Federn wippend hinterherziehend. Sasha tief in Gedanken. Ein kleines Amseljunges fliegt direkt auf Sashas Schultern und begrüßt sie mit lautem Gezwitscher.

„Oh du Kleiner, ich glaube, wir haben uns bei meiner letzten Reise schon kennengelernt. Bist du dasselbe Junge?"

Klara schaut neugierig hinauf, um die Antwort abzuwarten. Aber heute versteht Sasha nur Piepiep. Sie ist nicht so konzentriert auf die Anderswelt, da sie in ihren eigenen melancholischen Gedanken verweilt. Sie weiß aber, dass der kleine Vogel ihre Absicht bestens verstehen kann. Deshalb bedankt sie sich laut bei ihm über seine freundliche Begrüßung und das aufhellende Lied, das er für sie singt.

Der kleine Vogel pickt sanft an ihrem Ohr, um mit ihr zu spielen. Das erheitert sie sofort und dann umarmt sie den großen unendlichen Baum. Auch er schenkt ihr die Kraft und den Mut, die sie jetzt brauchen wird. Er haucht ihr liebevolle Worte zu, die sie versteht:

„Mädchen, bleibe deiner Einzigartigkeit treu, was auch immer geschieht! Und komme bald wieder, wir freuen uns darauf. Sei gesegnet."

Dabei huscht er mit seinem Wind zärtlich über ihr Gesicht und spielt mit ihrem glänzenden Haar. Sie lässt es gerne geschehen, bleibt ganz still stehen, um sich diesem Segen und der Bedeutung seiner Worte hinzugeben.

Dann aber ist es wirklich Zeit, wieder durch das Dimensionentor zurück zu ihrer Mutter zu gehen. Oma und die elegante Sternenmutter warten bereits in der Nähe des Portals. Sehnsüchtig schaut sich Sasha um, zieht die Schönheit dieser prachtvollen, farbintensiven Landschaft tief in ihr innerstes Wesen. Sie winkt den einzelnen Bäumen auf den vielen kleinen Hügeln zu, die ihr mit ihrem Wind ein Lied zutragen, das sie in die Menschenwelt begleiten wird. So als wollten sie mit diesem Lied auch Tashi grüßen lassen. Sie schmunzelt, sie wird ihm die Grüße ausrichten, wenn sie ihn irgendwann bald wiedersehen wird.

Dann umarmt sie ihre Oma, die sie ja im Spital als „Geist" wiedersehen wird, wenn sie ihre Mutter abholen kommt, um sie über die unsichtbare Brücke in andere Welten heimzuholen. Sasha seufzt tief, dann umarmt sie die Sternenmutter lange und bedankt sich herzlich für die Aufrichtung und die Zeit, die sie hier verbringen durfte, auch ohne Tashi.

Klara hüpft aufgeregt und wartet auf die üblichen Kuschelmomente, bevor ihre neue Menschenfreundin durchs Dimensionentor schlüpft.

Sasha betrachtet ihre Wächter:

„Ich will euch nochmal richtig ansehen, Silk und Sensitiv, ich weiß ja nicht, wann ich das nächste Mal hierherkommen kann. Außer ihr entführt mich wieder, während ich schlafe!"

Jetzt lächelt Sasha, ihre beiden Wächter sind dankbar über ihren neugeschöpften Frohmut, sie ist wieder aufgetankt mit frischer Kraft und Zuversicht.

Noch einmal umarmt sie die Sternenmutter, kuschelt und küsst Klara, die sich richtiggehend verlustiert über so viel Aufmerksamkeit und Anerkennung.

Sie schaut hinauf in den Riesenbaum und winkt auch ihm zu.

„Ich glaube, Baum, ich komme sehr bald wieder! Aber das nächste Mal mit Tashi. Tschüss Amselfamilie, Tschüss Amselmutter."

Die Amselfamilie zwitschert ihr den letzten Segen zu.

Tapfer lässt sie die Hand der Sternenmutter los, berührt ihre Wächter und schreitet dann mutig zurück in die Menschenwelt.

Dort angekommen, stehen ihre langen Haare statisch in alle Richtungen. Sie muss lächeln, spricht zu ihren Wächtern, die nicht mehr sichtbar sind.

„Das letzte Mal hat Tashi meine Haare zurechtgerichtet, heute muss ich es selber tun! Wenn mich jemand sehen würde, würden sie denken, ich führe Selbstgespräche. So witzig, dabei rede ich mit euch, Silk und Sensitiv. Wie weiß ich überhaupt, dass ihr mich hören könnt?" Augenblicklich sträuben sich die Haare auf ihren Armen. Erstaunt blickt sie auf die Gänsehaut und lacht. „Ja genau, das habt ihr mir doch gesagt, Gänsehaut sei ein Zeichen von eurer Gegenwart. Das ist ja so cool, jetzt weiß ich, dass ihr ganz nahe bei mir seid und mich auch hören könnt. Meine tollen Freunde, meine Wächter, meinen tiefsten Dank, dass ihr aus großer Liebe zu mir geholfen habt, dieses Dimensionentor zu finden, und es für mich geöffnet habt. Nun kann ich neugestärkt zurückkehren! Ihr seid die Besten! Danke."

Die beiden großen Beschützer neigen sich ihr entgegen, da sie beinahe doppelt so groß sind wie ihr zu beschützendes Mädchen. Sie umarmen sie sanft, wenn auch nicht sichtbar, und zeigen ihre Wertschätzung. Sie kann diese Umarmung klar und deutlich spüren.

„Also ehrlich, meine beiden tollen Wächterfreunde! Wenn ich nicht beide Male ein Geschenk durch das Dimensionentor geschmuggelt hätte, zuerst das Lavendelsäcklein für meine Mutter und jetzt den Sardonyx-Anhänger, ich denke, ich wäre verrückt oder hätte alles geträumt. Zum Glück kann ich mich mit euch unterhalten und ihr hört mich! Sonst würde ich glatt an mir selber zweifeln. Habe ich jetzt schon wieder das Schmuggelwort verwendet? Hmmm … na sowas. Also meine Lieben, lasst uns zurückgehen ins Spital. Viel Zeit bleibt mir nicht mehr mit meiner Mutter! Ich fühle mich so viel besser, nachdem ich Oma gesehen habe und sie mir einiges erklären konnte. Ach herrjeh …

ist trotzdem ein wenig Scheiße das Ganze, echt! Danke nochmals für alles euch beiden!"

Dabei winkt sie den beiden unsichtbaren Wächter fröhlich zu. Sie ist wirklich froh, dass niemand sie beobachtet!

Zwischen Freude über die gelungene Überraschung, durch das Dimensionentor geführt zu werden und erst noch ihre Oma wiederzusehen, und die Trauer über den bevorstehenden Abschied, findet sie ihren Weg zurück zu ihrer Mutter im Spital. Ihre Mutter schläft bereits, sie ist vollgestopft mit Medikamenten.

Im Spital

Jemand hat eine Matratze für Sasha neben das Bett der Mutter gelegt, damit sie über Nacht bei ihr bleiben kann. Das Spitalpersonal ist auffallend freundlich, bewegt sich beinahe unsichtbar zwischen den vielen Schläuchen, die an und um die Mutter hängen. Jemand hat eine weiche, gestrickte Puppe mit einem lieblich gestickten Gesicht für Sasha auf die Matratze gelegt, möglicherweise ein Trost-Geschenk des Personals? Charity-Frauen haben sich in einer Gruppe zusammengetan und stricken für das Spital Puppen und Tiere für kranke und leidende Kinder, die viel Zeit im Spital verbringen müssen. Nun ist Sasha in den Genuss dieser überaus freundlichen Geste gekommen. Sie lächelt und freut sich über so viel Aufmerksamkeit.

Erneut hält sie den Sardonyx-Anhänger fest in ihren Händen, die Puppe eingeklemmt unter ihren Armen. Sie erzählt ihrer Mutter, wo sie war und dass sie Oma gesehen hätte. Natürlich hört die schlafende Mutter nichts. Aber ihre Wahrnehmung ist geöffnet, ihre Augen bewegen sich nur einen Hauch, sanft wie zerbrechliche Schmetterlingsflügel unter den geschlossenen Lidern. Sasha beobachtet das, weint leise und erzählt getreu weiter, was ihr die Oma über ihren eigenen „Sterbevorgang" erzählt hat.

Das Lavendelsäcklein von ihrem ersten Besuch an Tashis Kraftort liegt auf dem Nachttisch neben dem Spitalbett. Sasha holt es, knautscht es, damit der herrliche heilende Duft sich erneuern kann, und legt es dann in Mutters Hände. Ganz leicht, kaum sichtbar bewegt Mutter den kleinen Finger, als würde sie sich bedanken. Sasha weint vor sich hin, ist dennoch voller Zuversicht und neu gestärkt. Sie bewegt ihre Arme um sich, so als greife sie nach ihren Wächtern, ruft in Gedanken leise nach Silk und Sensitiv. Wieder sträuben sich ihre Haare auf den Armen. Nun muss sie doch tatsächlich lächeln, durch ihre Tränen hindurch! Sie schnieft, bald müsste ihr Vater doch kommen. Schnell erzählt sie ihrer Mutter von ihren Wächtern und dass sie selbst auch welche bei sich habe, schon ein ganzes Leben lang, sie es aber auch nicht gewusst hätte.

So beginnt in den letzten Erdenminuten eine wichtige Aufklärung von Glaubensmustern, geglaubten Illusionen, Erkenntnissen, die ihre Mutter mitnehmen kann auf ihre nächste Reise. Auch wenn Mutter schläft, nicht mehr wirklich „ansprechbar" ist, ist ihr Bewusstsein dennoch anwesend und sieht und hört alles. Sie schwebt bereits in beiden Welten, Sasha fühlt das und ist traurig und gleichzeitig beglückt darüber. Das Wissen, dass das Leben immer weitergeht, hat Sasha am meisten geholfen. Sie ist ausgesprochen dankbar, dass sie Oma nicht nur sehen, sondern auch erleben durfte. Selbst wenn es sich in Zweifelsmomenten wie ein seltsamer Traum anfühlt.

Aber was ist Traum?

Was ist Wirklichkeit?

Woran wird Wirklichkeit gemessen?

Oder wird die Wirklichkeit als Traum erlebt?

Oder der Traum wäre möglicherweise die wahrhafte Wirklichkeit?

Sasha hat so viele offene Fragen. Sie ist müde, legt ihren Kopf auf Mutters Hände, die das Lavendelsäcklein hält, und weint still vor sich hin.

Leise spricht sie immer wieder etwas zur Mutter, unterhält sich flüsternd mit ihren Wächtern Silk und Sasha, hält ihren Sardonyx und ihre neue weiche trostspendende Puppe. Die Puppe lächelt sie so direkt an, als wäre sie lebendig. Sie muss wirklich mit viel Liebe gestrickt worden sein, das spürt Sasha, die ein Gespür für Feinheiten hat.

Immer wieder schaut sie auf ihre Mutter, die blass und erschöpft, abwesend in den weißen Lacken liegt. Manchmal flattern ihre Augenlider, als sähe sie Dinge mit ihren geschlossenen Augen. Ob es Erlebnisse aus der Anderswelt sind? Sasha beobachtet die Aura, versucht herauszufinden, wo sich das Energiefeld bereits stark geschwächt hat und wo es am meisten leuchtet. Um Mutters Kopf herum nimmt sie viel Licht wahr, ansonsten ist die Aura stark geschrumpft und von der Krankheit und den Medikamenten hat sie viel Farbe und Spannung verloren. Mutters Vitalkräfte sind ausgeschöpft, die Anderswelt hat sie teilweise bereits aufgenommen. Sie spürt intuitiv, dass das Leben ihrer Mutter nur noch an einem Seidenfaden hängt. Dann denkt sie an ihren Wächter Silk, dessen Name Seide bedeutet, lächelt lautlos wegen der Anekdote des Seidenfadens und weint zur gleichen Zeit. Ein emotionaler Cocktail, der sie sehr erschöpft. Sie küsst ihre Mutter auf die Stirn, umarmt sie, so gut es geht, zwischen den vielen Schläuchen und dann legt sie sich auf die beiliegende Matratze. Die Puppe lässt sie bei ihrer Mutter liegen, damit diese den letzten Duft, die letzten Gefühle ihrer Mutter aufnehmen und speichern kann. Tashi wird ihr dann helfen, wie sie die letzten gespeicherten Gefühle und Informationen ihrer Mutter von der Puppe wieder ablesen kann.

Es dauert auch nicht lange und sie schläft sofort ein, Sardonyx in den Händen haltend und wissend, dass Oma bald ihre Mutter abholen kommt.

Irgendwann mitten in der Nacht wacht sie auf, sieht ihren Vater, der sehr unbequem halb im Stuhl, halb über Mutter gelehnt eingeschlafen ist. Im diffusen Licht einer Straßenlaterne, die in das Zimmer scheint, Apparaturen, die das blaue Licht in den Raum strahlen, betrachtet sie ihren Vater, der ausgelaugt aussieht. Sie ist froh, dass er da ist, nur, wie konnte sie ihn denn vorwarnen, dass Oma bald seine Frau und ihre Mutter bald von hier wegholt? Er hätte sie bestimmt für närrisch gehalten und das wollte sie auf keinen Fall. Sie erinnert sich an die Worte der schönen Sternenmutter, dass ihr Vater sich zur gegebenen Zeit öffnen und sein Verständnis reifen werde.

Sachte, um ihn nicht aufzuwecken, berührt sie ihn, wissend, dass auch im Schlaf alles registriert wird, dann wirft sie einen

Blick auf ihre Mutter, die irgendwie ihre Hände um die Hand ihres Vaters gelegt hat. Sasha freut sich über diese Harmonie, die diese Geste ausstrahlt, dann legt sie sich wieder hin, kann aber nicht mehr einschlafen. So viele Gefühle und Gedanken strömen auf sie ein, durch sie hindurch. Sie achtet auf die leisen Geräusche der Maschinen, die von ihnen ausgehenden blinkenden Lichter, die den Raum in gespenstiges Licht hüllen. Die Stille ist beachtlich, beängstigend vielleicht? Die Angst, das Ungewisse, das Surreale des Lebens und des Sterbens sind beinahe greifbar. Sie hat fast das Gefühl, sie könne die Oma bereits spüren. Leichte Hysterie macht sich in ihr breit. Sie wird unruhig, steht leise auf und verlässt das Sterbezimmer. Das grelle Licht in den Korridoren des Spitals stört sie und reißt sie aus der eben noch empfundenen Stille des Zimmers. Sie muss zur Toilette, übergibt sich dort ausgiebig, bis sie nur noch bitteren Säuregeschmack empfindet. Es ist einfach alles zu überwältigend.

Nach gutem Spülen und Gurgeln, Gesicht gründlich waschen, schleicht sie sich leise in das dunkle Sterbezimmer zurück.

Sie hält ihren Sardonyx-Stein und spricht leise mit ihm, so als wäre er ihr bester Freund. Sofort erwärmt sich der Stein und spendet Kraft. Sasha ist erstaunt über diese augenblickliche Reaktion. Jetzt reicht's doch noch für ein schnelles, dankbares Lächeln seitens Sasha.

„Du bist mir wahrlich ein Freund, ich freue mich über deine schnelle Antwort! Danke für deine Trost-Unterstützung. Danke, dass du meine Intuition prägst, ich will voraus spüren, wann Oma kommt! Kannst du mir dabei helfen?"

Sardonyx bewegt sich beinahe unmerklich sanft in ihren Händen, sie spürt, ja sie weiß, dass er ihr auf alle Fälle helfen wird. Wieder ein aufflackerndes kurzes Lächeln, sie bedankt sich erneut und schließt die schwere Zimmertüre.

Sie kuschelt sich an ihren schlafenden Vater, schaut sich ihre Puppe genau an, so gut das geht im Dämmerlicht. Die kleinen Lichter der Apparaturen belichten das gestickte Gesicht, Sasha ist erneut erstaunt, wie man mit nur wenigen Stichen ein so zauberhaftes Lächeln hinkriegen kann. Unwillkürlich lächelt sie ihrer

Puppe zu, sie wäre gar nicht erstaunt gewesen, wenn die Puppe zurückgelächelt hätte! Irgendwie erscheint es ihr, als würde ihr die Sternenmutter durch dieses gestrickte und aufgestickte liebevolle Gesicht entgegenlächeln, um ihr zu zeigen, dass sie an sie denkt.

Der Vater, im Halbschlaf, nimmt Sasha in seine Arme und zusammen halten sie die Hände ihrer Mutter.

Langsam beginnt es draußen zu dämmern, Sasha hört verschlafen die Amsel ihren ersten Morgengruß singen. Das erinnert sie an Tashis Kraftort und die Amselfamilie. Irgendwie erscheint ihr, dass sich vieles auf verschiedenen Ebenen sehr ähnelt, und dennoch ist die Auswirkung des Erlebens so anders.

Sie seufzt, träumt vor sich hin, nimmt alles auf – die Spitalgerüche, die Dämmerung draußen, das gleichmäßige Summen der Maschinen, das leise Atmen ihres Vaters, der desinfizierte Geruch des Bodens, der Geruch von Mutters Krankheit, ihre neuen Freunde Sardonyx und ihre Puppe, die Bewegungen der geschlossenen Augen ihrer Mutter, das Erwarten ihrer Oma. Selbst die Erwartung, die Angst, das Unerwartete scheinen einen markanten Geruch auszuströmen.

Sasha schließt die Augen, um diese letzten Minuten zu verinnerlichen, sie zu speichern und mitzunehmen in ihr Erwachsenen-Leben.

Plötzlich schaut sie genauer auf ihre Mutter, sie sieht, dass sich ihre Aura verändert, ohne dass irgendjemand oder etwas sich bewegt hat.

Es wird kühler im Zimmer. Sanft weckt sie ihren Vater.

„Papa, schau, bei Mutter geschieht etwas."

Der müde, überarbeitete und überforderte Vater schaut hin, kann aber nichts erkennen. Plötzlich verändert sich der Rhythmus der Maschinen und augenblicklich ist Spitalpersonal zur Stelle. Der Vater setzt sich gerade auf den Stuhl, zieht Sasha zu sich und zusammen verfolgen sie, was geschieht.

Sasha spürt die Kälte intensiver und irgendwie weiß sie, dass dies Abschied bedeutet.

Ein seltsames Licht erhellt das Bett und sie sieht eine Figur an den Füßen des Bettes stehen. Sasha beobachtet alles wie aus weiter Ferne. Das Wesen am Ende des Bettes flüstert ihr telepathisch einen Namen zu:

„Ich bin Azrael und helfe deiner Mutter in die Anderswelt, in der du sie wiedersehen wirst! Gesund und erneuert und voller neuen Lebens! Vertraust du mir?"

Leise rinnen Tränen der Angst, der Freude, der Überwältigung die Wangen hinunter. Sie lässt es geschehen. Sie nickt nur, denn sie weiß, dass sonst niemand Azrael gesehen hat.

Ihr Vater springt hoch, denn auf einmal hat ihre Mutter die Augen geöffnet! Das ist unglaublich, sie war seit Tagen nicht mehr wach. Sasha schaut ihrer Mutter direkt tief in die Augen, durch ihre Augen hindurch, tief und noch tiefer. Und darin kann das Mädchen unbekannten Frieden und Freude erkennen, was die Mutter bereits ahnt. Ihr Vater deutet das Augenöffnen als Wunder, will sie stürmisch umarmen, weil er denkt, sie kommt zurück in dieses Leben und wird gesund. Sasha weiß es besser. Es ist das Sammeln der letzten Kräfte, das letzte Lächeln, der letzte Kuss auf dieser Erde, es ist Mutters Abschied.

Ärzte kommen ins Zimmer, richten und überprüfen die Geräte, und in diesem ganzen Tohuwabohu erscheint Oma!

Sasha atmet kurz heftig ein, genau wie sie es versprochen hat! Oma bleibt an der Seite des von Schläuchen verhängten Bettes stehen, sie berührt die Schläuche nicht, aber lächelt Sasha und Azrael zu.

Sasha beobachtet, wie auch ihre Mutter direkt auf ihre eigene Mutter, also Oma, schaut und sie erkannt hat. Ein Strahlen gleitet über das Gesicht ihrer Mutter. Dann schaut sie zurück zu ihrem Mann, der leider nichts von diesem Wunder sehen kann, drückt sehr sanft seine Hand, dann spricht sie leise Sashas Namen. Sie drückt sich nahe an Mutters Gesicht, um ihre schwache Stimme zu hören und nichts zu verpassen.

„Mein liebes wunderbares Mädchen, es tut mir so leid, dass ich dich schon verlassen muss! Aber ich kann nicht mehr, ich werde dich von der anderen Seite beschützen und dich begleiten. Bei allen wichtigen Momenten deines Lebens werde ich an deiner Seite sein. Deine Oma ist hier und holt mich ab! Das ist ein Geschenk. Du bist mein Geschenk, das Leben ist ein Geschenk. Ich liebe dich mein Kind, Sasha."

„Mutter, gehe in Frieden, fliege leicht wie ein Schmetterling in deine neue Freiheit. Ich kann Oma auch sehen! Ich liebe dich auch!" Dann weint Sasha haltlos, der Vater versteht das nicht. Er dachte, es würde jetzt alles gut? Mutter will auch ihm noch etwas zuflüstern, sie schließt ihre Augen just in dem Moment, in dem sie ihm zum letzten Mal in seine schönen, leicht grünlichen Augen gesehen hat. Sie ist erschöpft und mühsam presst sie die letzten Worte hervor.

„Du warst mir ein guter Mann, bitte werde wieder glücklich. Mache meinen Tod nicht zu deinem eigenen! Lebe weiter und hüte und beschütze unser Mädchen Sasha, sie ist ein Juwel. Eines Tages wirst du es auch erkennen können! Ich liebe dich."

Ungeheure innere Wut bemächtigt sich seiner, die Hilflosigkeit, die Enttäuschung, die Angst, alles überwältigt ihn auf einen Schlag.

„Gibt es denn gar nichts, wirklich nichts, das dich retten könnte?"

„Lass mich gehen, mein Lieber, ich kann nicht mehr, ich will nicht mehr. Meine Seele will nach Hause."

Dann stirbt ihre Stimme kraftlos ab. Sie scheint in den vielen Kissen und schrecklich weißen Decken zu versinken.

„In meinem ganzen Leben werde ich nie weiße Bettwäsche verwenden!"

Das schwört sich Sasha. Dann weint und weint sie, aber beobachtet, was weiter geschieht. Sie kann sehen, wie sich der feinstoffliche, der farbige Körper ihrer Mutter sanft vom kranken Körper erhebt, er scheint über ihrem leiblichen Körper zu schweben. Lange bleibt sie dort, ihr Licht, das sie nun umgibt, wird strahlender, sie hält die Hand ihrer Mutter, Sashas Oma. Alles bewegt sich jetzt auf vielen Ebenen gleichzeitig. Ihr Vater kann es nicht fassen, dass seine Frau in seinen Armen stirbt, das Personal bemüht sich, um den Herzschlag wieder in Gang zu setzen. Ihr

Körper sinkt immer tiefer in das Spitalbett, während ein sanftes Lächeln ihr Gesicht erhellt. Vater ist schockiert. Sasha beobachtet, wie sich die Aura verändert, sich vom Körper entfernt und einen neuen, viel leichteren feinstofflichen Körper formt. Irgendwann kam auch noch ein Pfarrer ins Zimmer, es geht hektisch her und zu.

Aber über dem Bett herrschen Staunen sowie Freude über das Wiedersehen von Mutter und Oma. Beide blicken nach unten zu Sasha, zu Vater, zu Azrael, dem ganzen Spitalzimmer und der Hektik, von der die Mutter sich bereits entfernt hat. Mutter liegt in den Armen Omas, aus dieser Umarmung, bereits im Übergang in die nächste Ebene, schaut sie Sasha lange an. Niemand weiß, was Sasha sehen kann.

Mutter wirft Sasha eine Kusshand zu, dann wird sie immer durchlässiger und langsam schwindet sie weiter nach oben an die Decke, dann durch die Mauern und verschwindet in der Umarmung mit Oma.

Azrael berührt Sasha sehr sachte an den Schultern:

„Sasha, wir sehen uns bald wieder, wenn du mit Tashi zum Kraftort zurückkehrst! Dort wirst du viel Neues lernen und erkennen und sogar deine Mutter wiedersehen. Sei nicht allzu traurig, wir begleiten dich alle von der anderen Seite, der Anderswelt. Vertraust du uns?"

Immer wieder diese Vertrauensfrage! Telepathisch antwortet sie Azrael, dass sie das tut, dann verabschiedet sich auch der große Fürst Azrael wieder.

Geistesabwesend nimmt sie das Lavendelsäcklein in die Hand, hält es mit ihrer Puppe und dem Sardonyx fest.

Langsam kehrt sie zurück in die Gegenwart des Spitals. Ihr Vater kann es noch immer nicht fassen und ist emotional hilflos überfordert. Sasha beobachtet die Geschäftigkeit des Personals, das Flüstern, und wieder steigt ihr der penetrante Spitalgeruch in die Nase. Automatisch knautscht sie den Lavendel, um den befreienden Duft einzuatmen. Sie muss unbedingt richtig durchatmen, tief, tief durchatmen, um ganz geerdet zu bleiben, oder wenigstens so geerdet wie möglich. Heimlich ruft sie nach Klaras Unterstützung.

Ein Arzt nimmt sich des Vaters an, der Pfarrer spricht ein Gebet für die verstorbene Mutter und das Personal flüstert sein Beileid aus. Anschließend lässt man Sasha und den Vater alleine mit der Mutter, damit sie sich verabschieden können.

Verzagt und schockiert fragt er seine Tochter:

„Sasha Mädchen? Und wie geht es jetzt weiter? Ich habe so gehofft, so sehr gehofft ... was meint deine Mutter mit: Die Seele will nach Hause?"

Dann bricht ihr Vater weinend zusammen. Sasha fühlt sich auf einmal leer, sie steht vor der seelenlosen Hülle ihrer Mutter und starrt in das bleiche, leere wächserne Gesicht.

In Gedanken spricht Sasha zu sich selbst:

„Atmen, tief und noch tiefer atmen! Mutter, wie weit fort seid ihr schon?"

Wie auf Kommando hört sie die Amsel von vorher wieder zwitschern, sie hat sich auf den Fenstersims des Spitalfensters gesetzt und singt dort ihr Willkommenslied. Sasha kann es kaum glauben, so schnell funktioniert das!

Wieder eine Amsel, genau wie an Tashis Kraftort, in der die Amsel jeweils die Anderswelt in Szene singt.

Sasha lacht und weint zusammen – wie gerade versprochen, hat ihr die Mutter bereits ein Zeichen geschenkt!

„Vater schau, die Amsel zwitschert und begleitet Mutter in ein neues Leben."

Dann realisiert sie, wie doof sich das für ihren Vater anhören muss, er, der doch gar nicht an ein Weiterleben glaubt, oder doch? Sie weiß es nicht, ist deshalb erstaunt, dass er zur singenden Amsel hinschaut, Sasha umarmt und meint:

„Das hast du aber wunderschön gesagt mein Mädchen, wie schön du das gesagt hast, so tröstend! Mein Gott, wie erwachsen du bist!"

Er streicht ihr über den prächtigen Haarschopf und schaut sich seine Tochter lange an. Unter Tränen flüstert er ihr leise zu:

„Wir werden das hinkriegen nicht? Zusammen weinen wir, zusammen trauern wir, zusammen gehen wir Pizza und Eis essen.

Zusammen lernen wir, die entstandene Leere auszufüllen und ein neues Leben zu gestalten. Du darfst manchmal die Schule schwänzen und ich suche einen neuen Job, oder rede mit meinem Chef, ob ich im Homeoffice arbeiten kann. So kann ich bei dir sein, wenn du von der Schule kommst. Wir versuchen, einen neuen Rhythmus im Leben zu finden. Ach Mädchen, du bist mein Juwel, das wunderbarste Geschenk, das mir geblieben ist. Ja, ein Juwel hat dich deine Mutter genannt! Du bist so erwachsen, so reif. Ich bin stolz auf dich."

Er umarmt seine Teenie-Tochter, spürt eine Standhaftigkeit, die er bis anhin noch nie an ihr gesehen hat.

Hat er sich zu wenig Zeit genommen, um seiner Tochter beim Aufwachsen zuzusehen?

Macht Trauer verletzlich?

Durchlässig vielleicht?

Können hinterlassene Lücken und Narben jemals heilen?

Und überhaupt, was ist das Gegenteil von Tod?

Wenn das Leben in irgendeiner Form weitergeht, kann das Gegenteil von Tod nicht das Leben sein!

In seiner Fassungslosigkeit verliert er sich in wirren Gedanken, die unkontrolliert durch ihn hindurchrasen.

Erneut umarmt er Sasha, dann halten sie Mutter ein letztes Mal und küssen sie goodbye. Leise weint der Vater, Sasha greift nach ihrem neuen Freund Sardonyx und der Puppe, die stark nach ihrer Mutter riecht. Auch das Lavendelsäcklein hält sie fest an sich gedrückt und hört der Amsel zu. Sasha schwebt zwischen betäubt sein, großer innerer Leere und Vorfreude auf ein zukünftiges Wiedersehen.

Freundschaft

Tashi und Sasha sitzen im weichen Gras vor dem Dimensionentor, das sie bald durchschreiten werden. Beide sind vertieft in ihren eigenen Gedanken, in ihrer Trauer und das Gefühl des Alleinseins. Zögernd berührt Sasha Tashis Hand, der versucht, Gräser ineinanderzuflechten.

„Denkst du wirklich, dass ich meine Mutter wiedersehen darf, wie es die Sternenmutter versprochen hat? Ich bin so müde; dass ich sie nie mehr fühlen oder hören könnte, ist fast unerträglich."

Lange schaut Tashi vor sich hin, ohne zu antworten, er hat gerade selber viel zu verarbeiten.

„Ich habe ganz vergessen Tashi, dass du auch Probleme hast. Wie geht's bei dir weiter? Mit deinen Eltern?"

Er schaut sich nach seiner hübschen Freundin um, sie denkt immer auch noch an andere. Ihre Haare leuchten seidig im Schein der von Wolken verhüllten Sonne, die nur ab und an einen Strahl auf die Erde schickt. Andächtig betrachtet er sie, atmet tief durch und beantwortet traurig ihre Frage.

„Mein Vater hat uns endgültig verlassen! Sie lassen sich scheiden. Ich habe keine Ahnung, wie es weitergeht. Ich will aber unbedingt bei meiner Mutter bleiben. Im Alkohol verseuchten Leben meines Vaters habe ich keinen Platz, das würde ich nie überleben, und auch nicht überleben wollen!"

Dann sind beide wieder still, Tashi legt sich ins Gras mit einem Halm im Mund und schließt die Augen. Sasha weint geräuschlos vor sich hin.

Die beiden großartigen Kinder sind dem Geschehen ihrer Eltern hilflos ausgeliefert. Sasha ist überaus dankbar, dass sie einen verständnisvollen Vater hat, er scheint noch viel aufmerksamer geworden zu sein seit Mutters Tod. Das Gespräch mit seinem Boss hat gefruchtet und Vater ist jetzt viel öfters zuhause. Alles Sichtbare hat sich so weit fließend geregelt.

„Wirst du bei deiner Mutter bleiben können Tashi?"

Lange bleibt die Antwort aus. Er kaut auf dem Grashalm herum und schneidet sich dabei in die Lippen. Dann setzt er sich auf, mit starker, leicht wütender Stimme antwortet er: „Ich will nicht, dass ich fremdbestimmt werde. Auf alle Fälle werde ich bei meiner Mutter bleiben! Sie hat es gerade sehr schwer, ist noch in Behandlung, aber ich weiß, dass es ihr bald besser gehen wird. Ich will selber entscheiden können, was mit mir geschieht!"

Leise antwortet Sasha:

„Vielleicht sollten wir unsere Eltern bald zusammenbringen, das würde sicher beiden helfen, die gegenwärtige Situation besser zu bewältigen, meinst du nicht?"

„Lass meiner Mutter Zeit, sie muss erst sich selber wieder finden. Sie hat vergessen, wie sich Freude anfühlt, sie hat vergessen, wie Freiheit schmeckt. Wenn ich das Licht in ihren Augen wiedersehen kann, dann bringen wir die beiden zusammen. Sowas hat doch die Sternenmutter bereits vorausgesagt? Oder habe ich das geträumt? Ach du große Scheiße, alles Scheiße momentan."

Sasha sieht, wie seine Augen feucht werden. Er berührt die blutenden Lippen und wischt das Blut ärgerlich an seinem Ärmel ab. Sie lässt ihn und schweigt. Sitzen sie doch gerade beide in einer sehr ähnlichen Situation.

Er setzt sich auf.

„Sollen wir durch das Portal Sasha, bist du bereit?"

„Ja bitte, ich freue mich schon auf Klara, die uns bestimmt aufstellt und auf deine schöne Sternenmutter, die uns trösten kann, ja bitte lass uns gehen."

Sasha verschweigt, dass sie vor kurzem, als ihre Mutter noch lebte, aus Verzweiflung hierher kam. Dass sie es mit Hilfe ihrer Wächter und Helfer sogar zur Sternenmutter geschafft hat. Sie weiß nicht genau, weshalb sie ihm nichts davon erzählt hat und auch jetzt nicht beichten möchte. Er wird es wohl zur rechten Zeit von Klara erfahren.

Mit einem einzigen Satz steht Tashi auf und reicht die Hand, um Sasha ebenfalls aufzuhelfen. Verstohlen wischt er sich eine Träne weg und putzt ein weiteres Mal die blutende Lippe, die der scharfe Grashalm verursacht hat.

Auftanken

Hand in Hand schreiten sie auf das Portal, das geliebte Dimensionentor zu. Tashi kann bereits das Blätterrauschen seines großen Freundes, des Baumes hören.

Er beginnt ruhiger zu atmen, spürt, wie sich seine Kraft aufrichtet. Er ist sich sicher, dass sein Wesen selbst im Schlaf den genauen Durchgang finden würde. Dieser Gedanken, dieses Vertrauen zaubert sofort ein schwaches Lächeln auf sein Gesicht.

Er schaut auf Sashas Haare, die beim letzten Mal statisch in alle Richtungen standen und am erhöhten elektrischen Dimensionentor kleben blieben. Sie schaut ihn an und weiß, was er denkt!

„Heute scheinen meine Haare zu gehorchen! Oder selbst meine Haare sind zu müde, um zu reagieren?"

Kaum haben sie das Portal durchschritten, warten bereits Klara und die Sternenmutter empfangsbereit beim Tor. Die Kinder sind so überrascht, dass sie mit weit geöffneten Augen brüsk stehenbleiben.

Sasha löst sich als Erste und umarmt die Sternenmutter, sogleich folgt Tashi und so stehen sie alle direkt beim Portal in der Anderswelt.

Klara hüpft aufgeregt, sie freut sich doch so auf ihre Lieblings-Menschenfreunde. Tashi beugt sich ihr entgegen und umarmt sie innig. Allein diese Umarmung hat heilende Wirkung auf sein geschundenes Gemüt.

Lange bleibt Sasha in der Umarmung der Sternenmutter, diese, in ihrer Weisheit und Größe, nimmt Sashas Trauer und Müdigkeit in dieser einen Umarmung wahr.

Die Sternenmutter weiß, dass Sashas Mutter gestorben ist, sonst wäre das Mädchen jetzt nicht hier. Sie fragt nichts, hält Sasha einfach tröstend in ihren Armen.

Sashas Wächter, Silk und Sensitiv stehen mit Nga und Waka daneben und betrachten ihre Schützlinge. Es ist still, nur das Rascheln der Blätter und das Bächlein in der Nähe sind zu hören. Noch schweigen die Amseln im großen Weltenbaum, auch die Ahnenbank wartet still, bis sich alles wieder harmonisch zusammenfügt. Nach geraumer Weile löst sich Sasha aus der Umarmung. Tashi küsst seine Sternenmutter, redet mit Klara und spaziert seinem Freund, dem Baum, entgegen. Klara hat sich noch nicht groß geäußert, sie spürt, dass es ihrem Lieblingsmenschen nicht gut geht. Als er mit ihr zu reden beginnt, hört sie einfach zu.

Indessen nimmt die Sternenmutter Sasha bei der Hand und schlendert gemütlich der Ahnenbank entgegen.

Verstohlen meint Klara:

„Ich denke Tashi, Sasha hat dir wohl nicht erzählt, dass sie uns ohne dich hier an diesem Kraftort besucht hat? Bevor ihre Mutter starb, war sie so verzweifelt, dass sie durch das Portal gefunden hat, natürlich mit Hilfe ihrer Wächter Silk und Sensitiv."

Er bleibt stehen, schaut Klara völlig erstaunt an und weiß wahrhaftig nicht, was er dazu sagen soll. Hat sie tatsächlich beim letzten Besuch so viel gelernt, dass sie das geschafft hat?

„Silk und Sensitiv haben sich unglaublich bemüht Tashi, du hättest sie sehen sollen. Sasha war so erschöpft, dass sie in Silks Armen eingeschlafen ist, noch bevor sie den Durchgang durchs Portal geschafft haben. Sei ihr bitte nicht böse."

„Klara, wie kann ich denn auf Sasha böse sein, sie muss wirklich sehr verzweifelt gewesen sein und sehr mutig ist sie dazu! Das hätte ich nicht erwartet ..."

Nachdenklich betrachtet er die ihn umgebende friedvolle Landschaft, die ihn immer von neuem stärkt und wieder in Harmonie einschwingt. Er betrachtet seinen Baum, nimmt Klara vom Boden in die Arme und weint. Leise, aber er weint. Tashi weint selbst in sehr schwierigen Situationen höchst selten.

„Scheint so, als gehört sie zu unserer Seelenfamilie, zu unserem Baumstamm, besser gesagt zu unserem Stammbaum!"

Tashi schweigt erstaunt, dann murmelt er:

„Sonst hätten sie das Portal doch nicht alleine finden können! Das wird ja immer spannender." Abwesend streichelt er Klaras Federn, die sich immer noch ruhig verhält, die Berührung aber über alle Maßen genießt. Versonnen spaziert er weiter seinem großen Freund, dem Baum, entgegen. Die Amselfamilie zwitschert völlig aufgeregt, als sie Tashi kommen sehen.

Seine Miene erhellt sich und freudig ruft er ihnen entgegen. „Ja, meine Lieben, seid ihr aber aufgeregt! Es ist so herrlich euch zu hören, eure schönen Melodien." Er streckt die Arme aus, falls ein Amselfamilien-Mitglied zu ihm hinfliegen möchte. Die Amselmutter hat das erst ein einziges Mal bei seinem Bruder Ramosh getan. Aber vielleicht möchte eines der Jungen zu ihm fliegen? Sie sind jetzt alt genug, um aus dem Nest zu fliegen.

Es dauert auch nicht lange und ein Junges fliegt scheu auf seine Hand. Das Amselkind schaut ihn mit schiefem Köpfchen an, beinah wie Pixie das tut. Genau, Pixie, seine Elfenfreundin hat er auch noch nicht gesehen. Laut meint er zu Klara:

„Na ja, wir sind ja gerade erst angekommen." Das kleine Amseljunge ist neugierig und hüpft nun auf den ausgestreckten Arm.

„Du bist aber ein ganz süßer, kleiner Vogel. Schau mich gut an, damit wir uns kennenlernen können. Du wirst wohl noch eine Zeit mit deiner Familie hier im Baum bleiben?"

In diesem Moment schwingt der Baum hin und her, die Blätter rauschen ihr Lied und nun weiß Tashi, dass bereits eine neue Reise angesagt ist. Eigentlich fühlt er sich überhaupt nicht bereit, schon wieder Neues zu erleben. Er würde sich gerne ein wenig der Trauer hingeben. Der Enttäuschung, dass er es nicht geschafft hat, seinen Eltern Harmonie und Frieden zu vermitteln.

Aber sie wollten auch nicht zuhören, beide Eltern wollten nichts unternehmen für eine gegenseitige Besserung. Tashi fühlt sich schuldig, fühlt, als hätte er schwer versagt! Er wollte vermitteln, aber es hat nicht geklappt.

Klara und sein Baum beginnen beide auf ihn einzureden. „Tashi! Das hat dir doch bereits dein Meistermentor Merlin mitgeteilt, dass du nicht für deine Eltern verantwortlich bist! Was der Mensch seiner Seele nicht selber schenkt, dafür kann niemand was. Jeder ist für sich selbst verantwortlich."

„Ja ich weiß, Merlin hat das öfters erwähnt, da ich so viel auf meiner Reise über den Regenbogen gelernt habe, dachte ich, habe ich mehr Verantwortung und müsste diese auch teilen. Aber ich kann es wirklich nicht, ich bin jeglicher Verantwortung müde geworden. Manchmal erscheint mir, als hätte mein Hiersein wirklich nur wenig oder überhaupt keinen Sinn."

Wieder seufzt er schwer, er lässt Klara auf den Boden, meckert vor sich hin.

Keine Anschuldigungen, einfach Überdruss und Überforderung, denen er Luft machen muss, um sich zu befreien.

Er versucht eine dämliche Grimasse zu ziehen, um sich selbst und seine ungleichen Freunde zu erheitern, die geduldig neben ihm stehen und ihn gewähren lassen. Dabei merkt er, dass das getrocknete Blut auf seiner Lippe wieder aufreißt.

„Ach Mann, ich fühle mich daneben, neben mir selber, neben eben allem...", wirft die Arme in die Luft und muss halbwegs grinsen über seine eigenen Worte.

Er atmet bewusst einige Male tief durch, um sich zu mitten. Dann widmet er sich aufmerksam dem Blätter-Rauschen, den Vorbereitungen, die er mittlerweile bestens kennt für weitere Lektionen im Sammelsurium seiner Erfahrungen.

Dann spricht er leise wieder zum kleinen Amseljungen, das immer noch auf seinem Arm sitzt.

„Hörst du das auch? Dieser Kraftort wird schon wieder ganz lebendig! Da geht bald die Post ab. Kannst du auch so magisch zwitschern wie deine Mutter? Sie ist die Magierin dieses Baumes! Es ist wundervoll und erfrischend, ihr zuzuhören. Du spürst schon, dass sie jetzt gerade wieder etwas anzettelt mit ihrem Gesang? Und das Rauschen und Rascheln der Blätter? Du wirst dich bald daran gewöhnen und die Unterschiede in den Gesängen feststellen."

Der junge Amselvogel hört Tashi aufmerksam zu und bewegt sein kleines Köpfchen hin und her, so als würde er jedes Wort verstehen.

Tashi muss lächeln, die kleine Amsel ist mutig, sich einfach so zu ihm zu gesellen. Darüber freut er sich und bedankt sich auch beim Amseljungen.

Das Rascheln der Blätter wird lauter und irgendwie dringlicher.

„Tashi, komm her."

Der große Baum, sein Freund, ruft ihn laut und deutlich. Er kommt auf den Baum zu, schaut weit hinauf in die Krone. Er kann seinen Kopf kaum ganz nach hinten biegen, so hoch ist die Krone, die hohen Äste greifen tief in den Himmel hinein.

Freundlich spricht sein Baum:

„Setze dich erst mal zu mir, dann schütte dein Herz aus. Erst danach beginnen wir dein neues Abenteuer! Ohne Aufbau keine Weiterreise!"

Der Baum lächelt, Tashi setzt sich auf die großen herrlichen Wurzeln und umarmt Klara erneut, die sich dicht neben ihn gesetzt hat. Das Amseljunge hüpft spielerisch hin und her und pickt im Gras, in das Tashi seine Füße gegraben hat.

Klara legt ihren Kopf auf Tashis Arm, diese Geste löst die Traurigkeit und langsam beginnt er sich zu regenerieren und nimmt seinen traumhaften Kraftort neu wahr.

„Erlebst du gerade wieder dein altes Trauma?

Aus der Familie, aus der Familiengemeinschaft ausgestoßen zu werden?

In vielen Leben hast du das immer wieder erfahren, auch weil du mehr oder weniger immer deine eigene Freiheit gesucht hast!

Du wurdest ausgestoßen, weil du nicht in die Sippschaft oder das Reglement der damaligen Familienkulturen gepasst hast. Dein Freiheitsdrang hat dir oftmals mehr Barrieren und Hindernisse beschert als die Unabhängigkeit, nach der du so gesucht hast. Einmal deine *innere* Freiheit erkannt, wird sich das Wunder deiner Freiheit auf allen deinen weiteren Ebenen manifestieren!"

Tashi schrickt hoch, aber ja, genau. Die Zugehörigkeit wird ihm erneut entrissen, entzweit und gespalten! Dass er das nicht selber erkennen konnte?

„Mein Gott Baum, wie weise du bist, mein Freund. Wie konnte ich das übersehen … ja, aus dem Nest zu fallen oder aus dem Nest gestoßen, abgewiesen und ausgegrenzt zu werden, ist das Thema."

Dann wendet er sich dem kleinen Vogel zu.

„Hast du mich deshalb angeflogen kleiner Vogel? Du bist bereit, aus dem Nest zu fliegen, ohne deine Familie verlassen zu müssen? War das deine Botschaft für mich? Aber bin ich bereit, dasselbe zu tun? Erst musste ich meine Seelenfamilie hinter dem Regenbogen zurücklassen, und hier auf Erden geht's auch nicht ohne Abschied und Entzweiung. Und offensichtlich, wie du erwähnt hast, immer das Gleiche schon in vielen anderen Leben erlebt."

Dann wird es still, Tashi vertieft sich in seine Gedanken und streichelt abwesend Klaras schöne weiße Federn.

„Trauma hast du gesagt, Baum? Das Trauma des Alleingelassen-Werdens, des Sich-nicht-wert-Fühlens, dass sich jemand um mich kümmert?

Die akute Einsamkeit, die sich damit einstellt? Könnte es sein, dass sich meine Mutter auch so fühlt?"

Niemand antwortet auf Tashis Selbstgespräch.

„Vielleicht wurde ich deshalb so wütend, als ich dachte, ich müsste die Probleme meiner Eltern lösen. Ich kann es nicht, ich kann nur meinen eigenen Schmerz erlösen, damit auch meine Mutter ihren Schmerz heilen kann. Ich wünsche mir, dass sie sich so schnell wie möglich wieder an ihr schönes Licht im Herzen erinnern kann. Sie soll aus ihrer Depression und Verzweiflung herauskommen! Bitte hilf mir, mein Freund, du Allwissender, du weiser Baum. Bitte!"

Erkenntnis

So hat man Tashi nicht oft erlebt an diesem seinem traumhaften erquickenden Kraftort. Der Baum berührt seinen wilden Haarschopf mit einigen zarten Ästchen, antwortet aber nicht, noch nicht. Der kleine Vogel hüpft direkt vor sein Gesicht und singt eine leise heilsame Melodie. Tashi lässt den Kopf hängen, Tränen des Erkennens lösen sich und brechen aus tiefsten aufgestauten Ebenen an die Oberfläche.

Niemand weiß, wie lange er dort sitzt, man hört nur leises Schluchzen, den Schmerz, den er zu seinem eigenen auch noch von seiner Mutter übernommen hat, löst sich langsam aus seinem Energiefeld.

Die Blätter rascheln, Klara eng an ihren Lieblingsmenschen gekuschelt. In dieser stillen Gemeinschaft in der lebendigen Natur geschehen Erkenntnis, Erlösung und Heilung.

„Warum, Baum, habe ich immer wieder meine wilde Unabhängigkeit, meine Freiheit gesucht? Was hat mich denn veranlasst, immer über denselben Stein, dasselbe Thema zu stolpern? Ich weiß nicht, weshalb ich mich am wohlsten fühle in meiner eigenen Gesellschaft. Bin ich wirklich ein so eigenwilliger Eigenbrötler? Wovor habe ich Angst?"

Der kleine Vogel lauscht Tashis laut gedachten Gedanken, der Baum bleibt lange still.

Tashi grübelt tief in sein inneres Wesen. Die Traurigkeit über seine Eltern öffnet neue Schleusen, die vorher nicht angezapft wurden, weil kein Bedarf dafür war.

Er beobachtet den kleinen Vogel, streichelt Klara, die sich ganz still verhält.

Er eröffnet ein Selbstgespräch, die eigenen Gedanken in Worte zu fassen, um sich selber zuzuhören, hilft ihm, sich selbst und die Situation besser zu verstehen.

„Was will ich denn immer retten? Wen genau will ich retten? Wo habe ich das Wesentliche meiner Frage ausgeblendet? Klara? Kleiner Amselfreund? Wenn die Seele ein Original ist, worin besteht denn die Sehnsucht nach Ganzheit? Dass man sich in der Polarität als getrenntes Wesen wahrnimmt, das haben sie mir auf meiner Regenbogenreise oft genug erzählt. Das habe ich erkannt und auch akzeptiert. Aber das Trauma, aus der Familie, aus der Gemeinschaft der einen Seelenfamilie ausgestoßen zu werden, habe ich noch nicht gemeistert!"

Klara nistet sich erneut ein, nachdem sie eigentlich auf Tashis Frage antworten wollte, er aber ohne Aufforderung auf eine Antwort weitergesprochen hat.

„Ich habe irgendwann einmal, vielleicht vor vielen Ewigkeiten, meinen Stammbaum verlassen? Habe mich in den Wettbewerb der Polaritäten gestürzt und meine Wahrheit, mein Original dabei vernachlässigt und sogar vergessen?"

Ein Moment großer Stille und Andacht. Man ist nicht so sicher, ob Tashi nun fertig philosophiert hat.

Dann ganz plötzlich beginnt der Weltenbaum zu ächzen und zu stöhnen, bewegt sich herrschaftlich und dehnt seine großen Äste in alle Richtungen aus. Die Amselfamilie fliegt ganz aufgeregt im großen Baum umher. Da bahnt sich definitiv etwas an. Tashi schreckt aus seiner Tagträumerei auf, er schaut weit nach oben in die Krone und hört sich das Ächzen und Stöhnen an.

Der Baum scheint zu lachen, ein fröhliches tiefes gurgelndes, rauschendes Lachen inmitten des sich nach allen Seiten räkelnden Stammes.

Erstaunt betrachten Tashi und Klara, was als Nächstes geschieht.

Eine herrliche, tröstende, tiefe väterliche Stimme, die ihn sehr an Merlin erinnert, ertönt aus dem mächtigen Baum.

„Mein lieber Junge, alte Seele, deine Suche nach dir selbst verhilft dir zu tiefsten Erkenntnissen. Diese Sehnsucht treibt dich immer weiter auf deinem Weg nach Hause. Das ist gut so, genau wie Amethyst es dir enthüllt hat."

Dann hört man wieder tiefes Lachen, das einem an großväterliches Wissendes, schelmisches Amüsieren erinnert.

Tashi verzieht unwillkürlich das Gesicht, neigt sich Klara entgegen und freut sich über die freundliche Stimme seines Baumes. Der erklärt weiter:

„Tja so ist das! Man muss den Urgrund aller Dinge, die Entstehung des Geistigen erst erkennen, denn alle sichtbare Materie bildet sich aus diesen Urformen, diesem einen Urgedanken. Das sind die Sehnsucht, das Sehnen, das Suchen zurück in diesen Urgrund. Dein Helfen wollen ist teilweise sich selber helfen, zurück in die Liebe, die du bereits auf deiner Reise mit Rosenquarz erlebt hast. Aus dieser einen Quellenliebe, dem Lebensstrom, dieser ungeheuren nie versiegenden Lebenskraft, ja, aus dieser Gnade wolltest du immer wieder helfen, anderen den Weg zurück in ihren geistigen Ursprung weisen. Aber die wenigsten wollten darauf hören. Die bittere Enttäuschung dieses Nicht-wissen-Wollens hat nicht nur dir, sondern vielen originalen Lichtseelen den Glauben an die Liebe genommen.

Die Einsamkeit wurde immer stärker empfunden durch das Nicht-akzeptiert-Werden und Nicht-verstanden und Gehört-werden-Wollen. Die Dunkelheit hat das Licht verstoßen. Viele Lichtwesen haben sich in ein Menschenkleid gestürzt, um ihren verirrten suchenden Anteilen zu helfen.

Ein Original-Lichtkörper sieht nicht aus wie ein Menschenkörper. Dieser könnte die überaus große Lichtkraft gar nicht halten. Erinnerst du dich noch an deine Reise ins Schattenland? Da hast du immer wieder die Einheit, das Auflösen der Körperlichkeit erfahren dürfen."

Nachdenkliche Stille breitet sich aus. Alle hören dem Baummeister zu.

„Auf Gaia behaust meistens nur ein Seelenaspekt die menschliche Hülle, was zu massiver Einschränkung führt."

Liebevoll schaut der Baum in Tashis Gesicht, wedelt mit einigen zarten Ästen um ihn herum.

Klara betrachtet Tashi, der sich total in die Erklärungen des Baummeisters vertieft hat.

„Dann ist also ein Menschenwesen fast völlig leer ohne seine geistigen Lichtwesen-Anteile, sprich ohne seine Lichtgemeinschaft?"

Klara hat diese überaus wichtige komplizierte Frage gestellt.

Erschrocken schaut Tashi auf seine Freundin, selbst die Amsel, die sonst so fröhlich daherzwitschert, wirft einen erstaunten Blick auf Klara.

„Klara? Du Gütiger, was für eine kluge Frage! Du erschreckst mich ... interessiert dich dieses Thema denn auch?"

„Ja irgendwie schon, weshalb liebe ich dich denn so sehr, oder du mich? Sind wir vielleicht auch Lichtpartikel aus der Ursuppe die, wenn nicht durch die Erfahrung einer Inkarnation, möglicherweise denselben Körper behausen würden? Dann wäre ich genauso du wie du ich?

Du würdest mich nicht als Klara, deine beste Freundin, ich dich nicht als Tashi, meinen Lieblingsmenschen, erleben?"

Sie erinnert sich an das Erlebnis, das ihr Moldavit erlaubt hat, nämlich sich als Hologramm in einem Menschenkörper zu erleben. Von diesem Erlebnis hat sie Tashi nie etwas erzählt. Fällt ihr erst jetzt ein, wo die Erinnerung wieder auftaucht. Hm, nein sie will es auch jetzt nicht erwähnen.

„Himmel Klara, ich bin perplex! Das erscheint mir überaus tiefschürfend, und dennoch irgendwie auch logisch. Das sich dauernde Sehnen nach etwas, das einen erfüllen würde. Die Schönheit, die Erfüllung des Ganzseins durch die Wiederfindung zersplitterter Anteile des Selbst. Alles, was ich verberge, was ich nicht wahrnehmen kann, ist dennoch ein Teil von mir!

Erst jetzt verstehe ich richtig, was mir damals Magenta versucht hat zu erklären. Die Spiegel; wir spiegeln uns in allen Dingen, und alle Dinge spiegeln sich durch uns! Ach Mann, das ist wahrhaft schwierig, diese tiefen Erkenntnisse in Worte auszudrücken! Puhhh..."

Der Baum und die Amseln horchen den beiden philosophierenden Klara und Tashi zu. Niemand unterbricht sie. Dann meint Klara noch:

„Man spricht doch von zwölf DNS-Strängen. Dann wäre vielleicht jedes dieser Stränge ein Wesen, eine eigene Dimension oder Wirklichkeit?"

„Hmmm... Klara, du überzeugst mich immer mehr! Vielleicht ist die Illusion der Trennung ein Programm, suggeriert durch die dunklen Mächte? Darüber müsste ich mich mit meinem versöhnten Archonten unterhalten! Der hätte sicher eine ganze Menge über Programme zu sagen. Du meine Güte Klara, was ist nur mit uns los???"

Er schaut tief in den Baum hinein, der Baum, der alle Antworten des Lebens gespeichert hat.

Schließlich war die Antwort vor der Frage bereits vorhanden!

Der Baum schmunzelt leise, dann beginnt er sich erneut zu regen und zu dehnen und sein herrliches fröhliches Lachen schallt durch den Raum, über Tashis erquickenden, vor Leben sprühenden Kraftort.

Klara hüpft freudig von einem Bein aufs andere, animiert Tashi zum Mitmachen, um sich zu lockern.

„Komm, lass uns zur Sternenmutter und zu Sasha zurückgehen Tashi. Wir erfahren bestimmt noch mehr über dieses Thema, es interessiert mich nämlich auch. Komm jetzt."

Er lacht über ihren beinahe befehlerischen Ton, dann bedankt er sich bei seinem Freund, dem Baum, und der Amselfamilie.

So hüpft Klara zufrieden vor ihm her, zurück zur Ahnenbank, die bereits auf die beiden wartet.

Sie werden freudig begrüßt von Sasha, die sich etwas traurig, aber dennoch entspannt an die Sternenmutter anlehnt. Sasha hält Sardonyx, den sie an einem Lederband um den Hals trägt, fest in einer Hand. Die beiden haben sich durch den Schmerz des Verlassenwerdens total miteinander verschmolzen. Sardonyx und ihre geschenkte Puppe des Spitals wurden zu wunderbaren Tröstern. Die Sternenmutter hat sich geduldig alles angehört, was Sasha über das Sterben ihrer Mutter erzählen wollte – musste, um die Last der Trauer loszuwerden. Nun steht Sasha auf, direkt auf die hüpfende Klara zu. Sie braucht Klara, um mit ihr zu spielen, das Leben und die Fröhlichkeit wieder zu fühlen.

Tashi setzt sich zu seiner geliebten Sternenmutter, schaut zu, wie Klara ihrem zweiten Lieblingsmenschen, Sasha, mit Witz und Listigkeit versucht, Freude zu bereiten. Er denkt sich, dass sein Regenbogenhuhn einfach ein ganz spezielles, himmlisches Geschenk ist. Prompt hat sie seine Gedanken vernommen, zwinkert ihm schelmisch zu und widmet sich wieder Sasha.

„Sternenmutter, ich bin so dankbar, dass ich immer wieder zu dir kommen kann. Dass du da bist für mich, dass du mich verstehst. Nicht wie die Menschen, die so wenig Ahnung haben, was hinter den sichtbaren Dingen verborgen liegt. Durch deine Gegenwart lerne ich, mein Trauma der Trennung ganz zu lösen. Ich will nie mehr ausgestoßen werden, getrennt werden, verloren gehen, entführt werden oder irgendetwas Ähnliches erleben. Vielleicht hat diese gespeicherte Ur-Verlust-Angst ein so unabhängiges Wesen aus mir gemacht?"

Lange schweigt die Sternenmutter, schaut weit in die Ferne, als würde sie von dort, jenseits des Logischen, Antworten finden. Sie nimmt Tashis Hand in ihre schöne, gepflegte Hand, lächelt ihn an.

„Tashi, Junge. Könnte es auch sein, dass du immer tief in dir drin wusstest, dass du nie, auch gar nie alleine bist und deshalb den Wirbel der äußeren Welten nicht wirklich brauchst?

Dass du ein Ausdruck aller deiner Liebsten und deiner Quelle, die bereits in dir wohnen, bist? Dass du sie alle BIST? Die große zentrale Sonne, die alles nährt, dich immer trägt? Egal in welcher Wirklichkeit du gerade verweilst? Könnte es sein, dass du unbewusst gerne alleine bist, um die Stimmen deiner geistigen Heimat besser zu vernehmen?" Er lehnt sich ganz in sie hinein, seiner Sternenmutter, noch immer hält er ihre Hand. Wie kann sie doch so schöne weise Worte verwenden. Immer wieder beglückt ihn ihre Art, tiefe Gespräche zu führen, ohne jemals ausgelacht oder beurteilt zu werden. Hat sie vielleicht recht mit dem Gesagten? Er braucht weder Ablenkungen noch Zerstreuung. Er liebt die Hingabe an seine Stille, das Geheimnisvolle, das hinter allen Schleiern der vielen Wirklichkeiten liegt. Das Hineinhören in das Unbekannte, von dem die Menschen gar nichts wissen wollen?

Viele Menschen haben Angst vor der Stille ...

Ja, möglicherweise hat sie recht und er hat aus dem Mangeldenken heraus geurteilt anstatt aus der Fülle?

Hat er möglicherweise die falschen Fragen gestellt?

Oder die richtige Frage aus dem falschen Blickwinkel gestellt?

„Könnte es sein, dass du immer wieder versucht hast, dich zu verstellen, um dich an andere anzupassen?

Du bist ein Original! Originale sind und bleiben das, was sie sind. Keine Hybriden, kein Mischwesen, keine genetische Manipulation!

Die Sehnsucht nach Zugehörigkeit, der Versuch sich an Programme anzupassen, die nie deine waren?

Könnte es sein, dass deine Seele eine Hohepriester-Seele ist?

Früher waren diese Hohepriester und Hohepriesterinnen die Avatare und Eingeweihten hohen geistigen Wissens, welches sie durch die kosmischen Räte gelernt und weitergelehrt haben!

Du bist kosmische Liebe und Lebenskraft. Aus dieser Liebe heraus wolltest du helfen. Aber deine kosmische Liebe wurde verwehrt, nicht angenommen oder verstanden, bis du aufgehört hast, an diese Liebe zu glauben. Damit hast du dein eigenes Wesen verleugnet …

Könnte es sein, dass alles, was existiert, nur ein Programm ist und du das Programm der kosmischen Liebe verkörperst?"

„Hääähhh??? Sternenmutter …!!!"

Er steht etwas ruppig auf, schaut sie streng an.

„Jetzt wird's aber langsam kompliziert Sternenmutter! Deine Erläuterungen werden immer komplexer, je öfter wir zu dir auf Besuch kommen. Was ist geschehen?"

Sie schmunzelt.

„Je länger du in der Menschenwelt verweilst, umso mehr verändern sich deine Fragen Tashi. Das Leben in der Menschenwelt IST kompliziert! Und sehr komplex, im Vergleich zu unseren Dimensionen, wo das Wissen, die Ganzheit, *nicht* das Denken, vorherrschen.

Du hast das Trauma erwähnt, und daraus sind tiefe Fragen entstanden, die dich beschäftigen. Zeit für einen Spaziergang?"

Klara und Sasha reagieren überrascht auf Tashis ruppiges Aufstehen. Klara spaziert stolz und aufrecht Richtung Tashi. Sieht so aus, als brauchte auch er Aufheiterung. Fröhlich beantwortet sie die Frage der Sternenmutter.

„Ja, lasst uns doch zum Baum spazieren."

Dabei schaut sie verschmitzt zur Sternenmutter, die ihr fröhlich entgegenlächelt und sie streichelt. Erneut schlendern sie los, auch Nga und Waka die die ganze Zeit kein Wort erwähnt haben, unterhalten sich jetzt mit Silk und Sensitiv, Sashas Wächtern.

Tashi entspannt sich wieder und freut sich, einfach hier zu sein, obgleich ihn insgeheim vieles aufwühlt, was seine Sternenmutter erklärt hat.

Wenn das Wissen und die Weisheit aus den unterdrückten Kammern erwachen!

Weiß man eigentlich, wer man in Wirklichkeit ist?

Kann diese komplizierte Frage jemals vollumfänglich beantwortet werden?

Nga nimmt sich seiner an, hält ihn um die Schultern, um seine Nähe zu vergegenwärtigen.

„Du hast schon länger nicht mehr so richtig tief durchgeatmet, Tashi. Das hast du immer so gerne und so oft getan. Tue es, damit du wieder ins Fließen kommst. Lass die Traurigkeit, die dich von deinen Eltern belastet, los, du kannst nichts ändern, auch sie haben ihren Plan ausgesucht. Du darfst die Verantwortung loslassen. Liebe sie einfach in ihrem So-Sein, ohne Partei zu ergreifen oder sie retten zu wollen. Dir selbst zuliebe!"

Nga neigt sich ihm entgegen, da die Wächter ja beinahe doppelt so groß sind wie ihre Schützlinge.

Tashi lächelt Nga entgegen.

„Danke, Nga, für deine Anteilnahme. Ich darf in diesem Leben lernen, Verantwortung loszulassen und mich trotzdem geborgen zu fühlen. Mit der Geborgenheit in der Menschenwelt hab ich's noch nicht so ganz. Geborgenheit, die Angst, das Nestchen zu verlieren, könnte eine meiner Lebenslektionen sein. Das Lernen hört wahrlich nie auf!"

Endlich seufzt er wieder sein vertrautes tiefes Seufzen. Waka und Nga tauschen zufriedene Blicke aus. Langsam beginnt sich ihr Schützling wieder in sich hineinzufühlen, kommt zu sich selbst. Raus aus den Sorgen der Eltern, raus aus der Traurigkeit, raus aus der Helferrolle, raus aus den Schuldgefühlen, raus aus den Unsicherheiten seiner gegenwärtigen Situation.

Hinein in das Urvertrauen, hinein in die kosmische Existenz. Hinein in die Üppigkeit des lebendigen Lebens.

Langsam nimmt Tashi die Umgebung, seinen überaus herrlichen Kraftort wieder richtig wahr. Klara hüpft freudig um sie alle herum, sie liebt es sehr, wenn viel Betrieb herrscht und sich ihre Familie, wenn auch nicht in Huhn Form, um sie herumscharen. Ihre Federn wippen prächtig während des Spielens, das Silber glänzt aus ihrem Federkleid. Stolz hält sie ihren schönen weißen Kopf ganz hoch. Die vier Wächter unterhalten sich miteinander und erneut erhalten Silk und Sensitiv Tipps, wie sie Sasha in ihrer Trauer helfen können.

Die Sternenmutter wird von beiden Kindern flankiert, die sich bei ihr eingehängt haben. Sie ist glücklich über ihre neue Rolle als Geschichtenerzählerin. Endlich kann sie ihre Weisheit, ihr mystisches Wissen an neugierige und offene Ohren weiterschenken.

Im Schutz des großen Weltenbaumes beginnen sich Sasha und Tashi zu entspannen. Der Wind spielt mit den Blättern, lässt einen Hauch seines Zaubers über die kleine Gesellschaft, die sich ihm nähert, fließen.

Auch die Amselfamilie trägt zur allgemeinen Harmonie bei. Die Jungen zwitschern und singen ihre neuen Lieder. Tashi lächelt, er liebt das Singen der Vögel sehr, es beruhigt ihn, hilft ihm, sich an sein Seelenzuhause zu erinnern. So als wären Vögel ein Teil von ihm selbst.

Klara hat seine Gedanken trotz des Spielens mitbekommen, kurz und knackig antwortet sie:

„Sind wir auch! Wir Vögel sind eine Absplitterung deiner Seelenverwandten!"

Dann hüpft sie, freches Grinsen, stolzen Hauptes, weiter, allen voraus.

„Durch unser Zwitschern eröffnen wir Codes und Erinnerungen in der Zellstruktur der Natur, auch die Menschen erinnern wir an ihre höheren, erweiterten Zugehörigkeiten und Möglichkeiten des Ausdrucks. Wir Vögel aller Arten sind ein Ausdruck der Weltenseele, der Leichtigkeit und des Friedens."

Die Amselmutter hat Klaras Kommentar gehört und in ihren eigenen Worten ergänzt.

Tashi ist erstaunt, seine Welt wird offener, er versteht immer mehr des Gelernten. Sein ganzer Kraftort wird zum Sprachrohr großen Wissens, ein Speicher vollen und lebendigen Bewusstseins. Alles kommuniziert, ergänzt sich, fließt in eine größere Einheit zusammen.

Er drückt die Sternenmutter, um seiner Dankbarkeit Ausdruck zu verleihen. Leise summt er vor sich hin. Seine Wächter freuen sich darüber, schon lange hat er nicht mehr richtig geatmet oder sich gefreut. Die häusliche Belastung wurde zu viel für ihn.

Nun, das soll sich jetzt auf dieser neuen Reise ändern! Nicht nur Tashi, auch Sasha wird bald wieder Freude empfinden können. Alles braucht seine Zeit …
Alles *hat* seine Zeit …

Der Baum empfängt die kleine Gesellschaft mit seinem väterlichen, tiefen und warmen Lachen. Man kann die Spannung förmlich spüren, ein geheimnisvolles Versprechen, das der große Weltenbaum aussendet.

„Ich öffne dir ein Portal durch meinen Stamm, da sollst du durchschreiten, wenn du bereit bist. Natürlicherweise wartet ein weiteres Abenteuer auf dich!"

Er lächelt seinen Jungen an und macht eine fröhliche Grimasse. Tashi lacht über die freundliche Bemühung des Baumes. Dann studiert er nachdenklich über die Frage nach.

Tja, was soll er tun? Nein sagen?

Bis anhin war er immer bestens beschützt auf seinen Reisen. Alle seine Freunde halfen ihm durch gewaltige Veränderungen und unglaubliche Abenteuer. Warum soll er sich nicht erneut auf ein Wagnis einlassen?

Er schaut die kleine Amsel fragend an, die immer noch auf seinem Arm sitzt. „Na mein Kleiner?", worauf die kleine Amsel aufgeregt auf seinem Arm hin und her hüpft und dann zurück in den hohen Baum fliegt.

„Ja klar, das ist auch eine Art von Antwort. Du lässt mich frei, damit ich die Arme frei habe …"

Liebevoll umarmt Tashi seinen schützenden Freund, den Baum, tritt einen Schritt zurück, um sich mental und emotional auf das neue Erlebnis einzulassen.

„Ok. Da ich schon hier bin, lasse ich mich gerne führen, aber es wird wohl nicht so schmerzvoll werden wie bei Malachit und Moldavit? Kannst du mir das versprechen?"

„Ich verspreche nicht gerne irgendetwas. Aber die Umpolung, die du mit Moldavit und Malachit erlebt hast, geschieht nicht wieder! So viel weiß ich mit Bestimmtheit. Deine Reise mit

Amethyst und Lavendelquarz war ja auch ganz anders, nicht? Etwas anderes weiß ich auch …" Der Baum schmunzelt und zwinkert Tashi entgegen. Der macht große Augen und fragt gespannt: „Oh, dann teile dein Geheimnis, lass mich nicht länger warten!"

„Andrach und Pixie werden auch wieder mit dir reisen!" Ein Freudenruf ist zu hören. „Ja, ist das toll! Andrach hat es mir zwar versprochen, dennoch. Dann sage ich klar *ja* zu deiner Einladung. Du hast gesagt, du wirst mir ein Portal öffnen? Ich sehe aber gar keines."

Der Baum schmunzelt erneut und in diesem Moment formt sich langsam ein großer Torbogen in dem Währschaften Stamm. Es sieht aus, als würde jemand von innen mit einem Lichtschwert die Form des Tores ziehen. Die erstaunten Zuschauer sehen nur die Spitze des massiven Lichtschwertes, das sich durch die Rinde von innen nach außen ritzt. Bei genauem Beobachten sieht es sogar eher aus wie Lichtkugeln, die von innen geworfen werden und von außen wie Lichtblitze erscheinen. Bei jedem Einschlag werden die Größe und Form des Durchgangs klarer. Es wird ein ganz schönes, sehr hohes Portal.

Tashi nimmt etwas Abstand, um das Szenario besser betrachten zu können. Es ist beeindruckend! Er hört die Amsel zwitschern, die Blätter rascheln, hört das seltsame Geräusch der Lichtkugeln, die von innen her arbeiten. Seine übersinnlichen Antennen sind bereits ausgedehnt, die Wahrnehmung fokussiert. Er riecht den überaus würzigen und erdigen Duft der Baumrinde, die durch die Formgebung leicht erhitzt wird. Aber nur leicht, das erstaunt ihn auch. Warum staunt er überhaupt noch über irgendetwas in diesen Dimensionen?

Er müsste es ja wissen …
Hier gibt es nichts, was es nicht gibt …
Alles ist möglich …
Hier gibt es keine Grenzen außer den selbstgedachten …
Entweder man glaubt nicht an sich selbst …
Nicht an Wunder und Magie …
Oder man glaubt überhaupt an nichts …

Er grübelt schon wieder ganz nach Tashi Art und schaut gebannt zu. Der Durchgang ist beinahe fertig, mit geschlossenen Augen schnuppert er den warmen Duft geschnitzter Holzrinde und Harz, die an ihm vorbeischweben.

Sein Energiefeld noch weiter ausgedehnt, konzentriert er sich, wie die letzten Zentimeter des Durchgangs heraus geschnitzt werden. Ein sanftes Licht leuchtet von innen her aus dem Portal, alles bleibt still.

Die Sternenmutter und Klara laufen schnell zum Baum, weil es plötzlich so ruhig geworden ist. Sasha bleibt mit ihren Wächtern bei der Ahnenbank und legt sich hin, um sich ganz ihren Gefühlen hinzugeben.

Die Blätter des Weltenbaumes rauschen irgendwie beinahe übermütig – in gewisser Vorfreude vielleicht? Auch die Mutteramsel singt leiser, aber immerhin, sie singt weiter.

Klara schaut Tashi fragend an. Die Sternenmutter strahlt den Baum an. Das war wieder mal ganz saubere Arbeit. Ein herrliches Tor, haarscharf und genau bearbeitet. Keine Ecken und keine Kanten! Wie immer in diesen Reichen, da läuft's einfach rund!

Der Weltenbaum lässt ein paar Ästchen zur Sternenmutter gleiten, um sie zu berühren. Klara und Tashi nehmen das zur Kenntnis, aber niemand spricht.

Dann auf einmal, sehr langsam beginnt sich der große Durchgang von innen her zu öffnen. Es ist ein schweres Tor; der Duft, den die Bewegung der Öffnung freigibt, ist überaus berauschend.

Klara traut sich nicht mehr zu nahe an die Rinde des Baumes. Sie erinnert sich noch gut, als sie das beim Besuch bei Rosenquarz tat und Schwups, in den Baum gestupst wurde. Das will sie hier nicht mehr erleben. Alle drei stehen und warten, was denn hier auf sie zukommen soll.

Nun öffnet sich das Portal von innen her ganz auf, die Amsel fliegt zu den dreien und schaut neugierig in die Öffnung. Die drei schauen sich an, noch können sie nichts erkennen als schimmerndes, gleißendes, weißes perlmuttfarbiges Licht und herrlichen Waldduft.

Ein Wesen formt sich aus den strahlenden, noch unscharfen Konturen. Und ganz nebenbei, natürlich leuchtet und schwebt Pixie aus dem Inneren des Portals auf sie alle zu. Sie lächelt ihr schelmisches verführerisches Lächeln und verzaubert die Zuschauer augenblicklich. Tashi ist entzückt über dieses Wiedersehen, Klara freut sich auch, da sie die Gegenwart der Lichtelfe als neue Freundin, nicht als Konkurrenz, akzeptieren konnte. Nachdem Pixie ihre Freunde gebührend begrüßt hat, berührt sie Tashis drittes Auge, damit er die Kontur, das schimmernde Wesen, das aus dem Baum heraus durch den Durchgang in den Kraftort tritt, wahrnehmen kann. Es ist wiedermal ein großer Fürst.

Azrael

Tashi kennt diese Erscheinungen mittlerweile. Sie zeigen große kosmische universelle Meister an. Der Fürst steht einfach da, ohne sich zu bewegen. Ganz ruhig lächelt er die Sternenmutter an, die plötzlich große Augen macht.

Klara weiß nicht, was jetzt kommt, sie kennt den Fürsten, hat ihn aber schon sieben Ewigkeiten nicht mehr gesehen. Das will etwas heißen, in Regenbogenhuhnjahren sind dies mehrere Äonen!

Die Sternenmutter geht dem Fürsten entgegen.

„Azrael? Du bist es wirklich? Welch großartige Überraschung. Was bedeutet deine Gegenwart in diesem spektakulären Umfeld?"

Sie hält ihm ihre elegante Hand hin, er ergreift sie und zeigt ihr die Andeutung eines Kusses, ein Zeichen seines Respektes für sie, da sich die beiden schon lange kennen.

Tashi staunt schon wieder, ach, obwohl er sich so oft vorgenommen hat, es nicht mehr zu tun!

Pixie schwebt zwischen dem Fürsten, Tashi und der Sternenmutter hin und her, dabei berührt sie immer wieder spielerisch Klaras lange glänzenden Federn, die sich über diese Aufmerksamkeit freut. Die Amsel sitzt auf den Schultern der Sternenmutter.

Ein Bild wie aus einem Bilderbuch. Jeder betrachtet jeden, besonders bestaunen sie die Erscheinung Azraels und die unglaublich schöne Öffnung des Baumes, aus dem immer noch herrliches Licht strahlt.

Azrael richtet sich elegant der Sternenmutter entgegen.

„Möchtest du mit uns reisen Sternenmutter?"

Verblüfft schaut sie sich um, schaut Tashi an. Sie wurde noch nie offiziell auf eine Reise mit Tashi eingeladen. Sie hält inne, um das Resultat ihrer Entscheidung zu fühlen. Azraels Stimme ist sehr ruhig, gelassen. Mit einem Timbre, das einem die Knochen zu streicheln scheint. Tashi hat schon sehr viele Stimmen gehört, diese aber ist wieder einzigartig. Lächelnd betrachtet er sie alle und wartet geduldig auf die Antwort seiner Sternenmutter.

„Azrael, ich bleibe hier mit Sasha. Gerne lasse ich mich von dir beraten, wie ich Sasha weiterhelfen kann, damit sie mit dem Sterben und dem Übergang ihrer Mutter besser klarkommt. Sie braucht jemanden, der ihr zuhört. Der sich ihr ganz widmet. Ich werde meine inneren Antennen ausdehnen, damit ich dich empfangen kann, wenn ihr unterwegs seid! Somit werde ich telepathisch mit euch reisen. Natürlich wäre es mir eine Ehre mit dabei zu sein. Aber Sasha bedarf ganz meiner Aufmerksamkeit. Azrael, du weißt, ich kann mich jederzeit und überall einklinken, darin bin ich Meisterin und werde es auch auf dieser Reise anwenden. Was meinst du?"

Er verneigt sich ganz leicht vor ihr, nur eine Andeutung, aber auch eine respektvolle Geste.

„Sternenmutter, du Großartige. Was immer deine Entscheidung sein soll, natürlich wird das respektiert. Möglicherweise werden Sashas Antennen erweitert, dass auch sie uns, unter deiner Obhut, aus anderen Dimensionen empfangen kann. Wenigstens ein klein wenig, das wäre doch optimal! Sie wünschte sich, mit Tashi hierher an diesen Kraftort der Anderswelt zu kommen, nun wird sie schnell lernen, wie man mit kosmischen Kräften zusammenarbeitet!

Du Sternenmutter, Meisterin, wirst deine Aufgabe als Erzählerin und Überbringerin alten Wissens aufnehmen! Deine Geschichten werden jetzt in die Menschenwelt hinausgetragen! Deine neue Aufgabe hat mit Sashas Erscheinen begonnen."

Azrael, der große Fürst, nickt subtil, um ihr seine Bewunderung zu zeigen. Tashi strahlt seine schöne Sternenmutter an, er ist ungeheuerlich stolz auf sie. Niemals würde er sie aufgeben! Er seufzt leise, weil ihn dieser Austausch der beiden sehr berührt. Und weil er seine Sternenmutter so sehr liebt. Ohne Worte nimmt er ihre Hand und drückt sie zärtlich und anerkennend. Die Erkenntnisse und Reifeprozesse, die er durch seine jeweiligen Abenteuerreisen erlebt, bringen sein Wesen immer mehr zum Strahlen und zeigen dessen Auswirkungen nun auch im Menschenkleid. Die Veränderungen sind subtil, aber dennoch intensiv. Die Menschen um ihn herum werden darauf aufmerksam.

Pixie hat sich nun wieder an ihren Lieblingsplatz begeben, nämlich Tashis Haarschopf. Sanft hält sie beide Hände auf seine Stirn, um ihm zu zeigen, dass sie Platz genommen hat.

„Wir alle werden miteinander verbunden sein und du, Sternenmutter, wirst unsere Reise mitverfolgen! Ich werde mich bei dir einschleusen, damit du meine Frequenz, meine Worte und Segnungen empfangen kannst."

Azrael lächelt erneut, ein freundliches, respektvolles Lächeln. Noch immer hält er ihre Hand, nun küsst er sie endgültig und gibt ihr die Hand zurück.

„So soll es sein!"

Tashis Hand haltend, haucht sie ein „Danke" und tritt einen Schritt zurück, wieder neben Klara, die sich diskret und ruhig verhalten hat.

Im Portal beginnt es intensiver zu schimmern, Azrael tritt unter den Torbogen und hält beide Hände einladend Tashi entgegen. Der schaut erst seine Sternenmutter, dann Klara an, beide nicken leise.

„Azrael?"

„Ja mein Junge! Heute reisen wir in mein Reich. Hier wirst du erleben, wie mein Team und ich den Menschen helfen, die die Schattenwelt, Planet Erde, verlassen. Ich helfe ihnen, sich zurechtzufinden und auf ihre neue Aufgabe in den Anderswelten vorzubereiten. In einigen Kulturen nennt man mich auch den Sensenmann, davon bin ich aber weit entfernt. Das ist geradezu eine schwere Beleidigung! Du wirst schon sehen, es wird dir gefallen. Das ‚Sterben‘, Transformation, Formveränderung gehören zum Lebendigsein! Das eine ohne das andere gibt es nicht. Ich weiß, dass du das mit Amethyst eigenhändig erlebt hast. Transformation hört nie auf, denn es ist Wachstum!"

Tashi seufzt.

„Tja, das stimmt wirklich. Manchmal wird man von diesem ständigen Wandel richtig erschöpft."

Dann schweigt er, überlegt und fragt die Sternenmutter: „Kann ich dich denn so lange alleine lassen mit Sasha? Macht es dir auch wirklich nichts aus?"

„Tashi, du weißt doch, alles, was an diesem Zauberort geschieht und geschehen darf, ist wunderbar orchestriert, damit sich alles neu ordnen kann. Ich bin sehr gerne mit Sasha und ihren Wächtern zusammen. Und du weißt ja, wir dürfen uns jederzeit in euer Erlebnis dazuschalten. Bestimmt wirst du viel dazulernen und zu neuem Verständnis gelangen. Genieße deine Reise, wir sind ja gerne hier beim Baum und der Ahnenbank. Sasha wird diese Erholung sehr guttun."

„Dann, Azrael, möchte ich mich nur ganz kurz von Sasha verabschieden."

Er rennt zurück zu Sasha, die ihm entgegenspringt, umarmt sie und versichert ihr, dass sie hier an seinem Kraftort bestens beschützt und aufgehoben ist.

„Tashi das weiß ich doch. Ich bin sehr dankbar und glücklich, Zeit mit deiner Sternenmutter zu verbringen. Geh jetzt."

Sasha berührt Pixie in Tashis Haarschopf, worauf ihr die Elfe einen farbigen Lichtball, der eher wie eine Seifenblase aussieht, zuwirft. Lachend schubst Sasha Tashi in Azraels Richtung, damit er nicht mehr zögern soll. Der große Fürst fängt den springenden und stolpernden Tashi auf.

„Nun aber sollten wir uns langsam auf den Weg machen. Man erzählte mir von dir und deiner Neugierde, deiner unglaublichen Lernfähigkeit. Deshalb bin ich sehr erfreut, dich in ein weiteres Kapitel des größeren Wissens einzuweihen."

Tashi ist überrascht, dass seine Reisen selbst im universellen Raum offensichtlich aus vielen Reichen und von deren Wesen beobachtet werden.

Er spitzt seine Ohren, denn plötzlich klingt leise Musik aus dem Baum, eine Einladung vielleicht? Es ist herrliche, andersweltige Musik, die Klänge zart und dennoch kräftig. In diesen seltsamen ungewohnten Klängen schwingt eine Elfenstimme, die an ein Echo von weither erinnert und tiefe Sehnsucht nach Zugehörigkeit weckt, die Stimme erscheint ihm verführerisch sogar.

Seine Sinne werden geschärft und sind nun voll auf Empfang eingeschaltet. Die Musik, die verschiedenen Düfte des Baumes, des Harzes, die Schönheit, die ihn umgibt. Einfach alles nimmt er in seiner ihm ganz eigenen Art wahr.

Dann dreht er sich um, wendet sich an seine Sternenmutter und umarmt sie von Herzen, innig und lange. Dann darf auch Klara, die schon ganz aufgeregt ist, ihren Lieblingsmenschen kuscheln. Jedes Mal, wenn Tashi von einem Abenteuer zurückkehrt, ist er leicht verändert, zum eigenen Vorteil natürlich!

Azrael unterbricht Klaras Gedanken.

„Klara, möchtest du wenigstens mit uns durch das Tor schreiten und dir ein Bild machen? Du wirst nach kurzer Besichtigung meines Reiches zurück bei Sasha und der Sternenmutter bleiben. Aber ich kenne deine Neugierde …"

Azrael lacht, weil er weiß, dass Klara ganz gerne mit dabei gewesen wäre. Er zwinkert ihr zu. Sie ist hocherfreut über die Möglichkeit, wenigstens einen Eindruck des nächsten Abenteuers ihres Lieblingsmenschen Tashi zu bekommen. Natürlich will sie, auf alle Fälle! Hoch erhobenen Hauptes flattert sie auf Azrael zu.

Der große Fürst macht lachend Platz, um die beiden einzulassen, genaugenommen die drei, denn Pixie verhält sich still an ihrem Lieblingsort.

Der Baum lacht ein herrliches, tiefes Lachen, das die Landschaft erfüllt und vibrieren lässt. Sogar die Ahnenbank nimmt das Lachen auf und hüpft kurz auf und ab. Sowas haben ihre Bewohner noch nicht gesehen. Das sind ja ganz neue Ausmaße! Alles reagiert auf jede feinste Strömung, die sie umgibt. Erneut hält Azrael seine Arme auf, um Klara und Tashi durch das Tor einzulassen. Die Amsel hat die Klänge, die aus dem Baum strömen, aufgenommen und nun singt sie die Melodie mit. Eine bezaubernde Melodie, die rundherum liebend gerne aufgenommen wird.

„Wow!"

Beide, Klara und Tashi, staunen ob des schimmernden Lichts, das aus dem Baum strömt und sie sofort einhüllt. Die Augen müssen sich erst an das gleißende Licht gewöhnen. Es riecht herrlich frisch im Baum. Natürlich sind sie durch das Portal in andere Dimensionen eingetreten. Das Innere des Baumes dehnt sich dementsprechend weit und weiter aus.

Ein langer breiter Korridor eröffnet sich vor ihnen. Auf beiden Seiten des weiten Korridors sind viele Türen angebracht, die sich jeweils genau gegenüberliegen. Tashi sieht viele halboffene Türen, aus denen ebenfalls Lichter strahlen, die einen weniger kräftig als andere. Die vorherrschende Farbe dieses Ortes ist Murena, leicht Aubergine, Lila, Blau, ihm unbekannte Farbnuancen, aber dezent und beinahe transparent. Der Korridor zieht sich in die Länge, wird breiter und größer, während sie am gleichen Ort stehen bleiben.

Klaras Federn sehen umwerfend aus, sie werden von überirdischem Neonlicht bestrahlt, das direkt aus dem Boden strömt. Pixie starrt auf Klara, diese Farbenpracht macht auch ihr großen Spaß. Sie klopft sanft an Tashis Stirn und zeigt mit ihren kleinen zarten Händchen direkt vor dessen Nase in Klaras Richtung.

Erstaunt beobachtet er seine Freundin Klara und wie sie sich in diesen herrlichen Farben badet und sich immer wieder um sich selber dreht, um das farbige Schimmern ihrer Federn voll auszukosten.

Dann, nach längerem Betrachten, schaut er mit gekrauster Stirn tief in den langen Korridor. Entfernt in der Distanz sieht er ein Symbol auf dem Boden, geworfen durch das Licht einer halboffenstehenden Tür. Es ist ein riesengroßer Schlüssel. Lange betrachtet er ihn, der Schlüssel aus Licht bewegt sich nicht, scheint ihn aber zu rufen.

Azrael hat das bemerkt.

„Dieses Symbol ist der Wegweiser für unsere Reise! Schau noch etwas tiefer in die Ferne. Da wirst du noch etwas anderes entdecken!"

Tashi bemüht sich, kneift die Augen zusammen, um sich zu konzentrieren.

Die Klänge werden intensiver, der Korridor offener und breiter. Nicht zu vergleichen mit den dämmrigen modrigen Korridoren, die er mit Sandalphon auf seiner Reise mit dem versteinerten Holz erlebt hat. Hier ist alles viel offener und von großer Kraft und Schönheit. Obgleich er auch Verzweiflung und Angst spürt, die aber nicht von ihm selber stammen.

Ganz hinten, noch weiter entdeckt er Bewegungen, die ihn stutzig machen. Das hingegen erinnert ihn an etwas sehr, sehr Freudiges.

„Oh mein Gott Azrael, ist das Andrach?"

Andrach

Kaum hat Klara diesen Namen gehört, beginnt sie aufgeregt herumzuhüpfen, ihre langen von Neonlicht schimmernden Federn einem Ballett gleich. Der ganze Korridor wird noch größer und dehnt sich auf alle Seiten aus. Andrach, Tashis Seelendrache und Gefährte, fliegt fröhlich auf sie zu.

Das gibt ein unglaublich ausgelassenes Wiedersehen.

„Mein Tashi Junge, ich habe dir doch versprochen, dass ich bei deiner nächsten Reise wieder dabei sein werde. Hallo Klara du Gute, das ist schön, dass wir uns wiedersehen. Und auch deine neue Begleitung, die überaus süße Pixie, selbst dein neuer unauffälliger Amethyst-Begleiter, alle sind wir wieder vereint. Hallo Waka und Nga."

Andrach lässt sein herrliches, fröhliches Drachengrunzen ertönen, das zur allgemeinen Freude beiträgt und einige neugierige Köpfe aus den leicht geöffneten Türen lockt.

Azrael spürt Klaras Ungeduld und hebt sie auf Andrachs Rücken, damit er eine Runde mit ihr drehen kann. Sie jauchzt und gackert und sprudelt, dass es alle hören können. Die Freude ist groß.

Tashi klatscht in die Hände, fühlt nach Pixie auf seinem Kopf und dreht sich um, damit er durch das Portal sehen kann, wo seine Sternenmutter stehen geblieben ist. Sie ist im strahlenden Schimmer eingehüllt wie in einem Vorhang, man kann ihre Konturen nur noch schwach erkennen. Trotzdem, die Sternenmutter kann die Freude und Klaras Glück hören. Sie lächelt, sie ist dankbar, dass dieses Abenteuer so freudig beginnen darf.

„Andrach, fliege doch deine Fracht ein wenig herum in diesem Raum, Klara ist von Natur aus neugierig, auf deinem Rücken kann sie sich aus höheren Perspektiven umsehen." Erfreut schaut Klara auf den Fürsten, der packt nun auch Tashi mit Pixie auf Andrachs Rücken. Der Raum verändert sich, wird immer größer und dehnt sich spielerisch in verschiedenen Formen aus. Die Musik hallt leise und fließend durch den Raum. Es ist weder eine Kathedrale noch eine Höhle noch sonst irgendetwas, nach dem man sich ausrichten kann. Beinahe wie bei Amethyst ist es einfach gigantischer Raum ...

Leise nimmt Andrach den Rundflug auf, nur das Rauschen seiner großen Flügel ist zu hören, die Musik und das Flügelrauschen ergänzen und verflechten sich harmonisch ineinander.

Aus den leicht offenen Türen strahlen Lichter. Aus einer Tür strahlt besonders starkes Licht, es liegt weit hinten im Raum, dort wo Andrach herkam und das Symbol des Schlüssels am Boden sein Licht ausstrahlt.

Azrael begleitet sie, schwebt lautlos einmal hinter, dann wieder neben Andrach her.

Die Türe zieht sie magisch an. Je weiter sie fliegen, desto schneller verändert sich der Boden unter ihnen. Er wird flüssig, verliert seine Festigkeit und Struktur. Nachdenklich beobachtet Tashi die Veränderung, fragt aber vorerst noch nichts. Es ist angenehm warm, nicht zu kalt und nicht zu warm, so als würde sich der Raum der eigenen Körpertemperatur anpassen.

Das Licht der geheimnisvollen Tür wird noch stärker und zieht sie magnetisch an. Andrach fliegt direkt auf sie zu, dann öffnet sie sich wie auf einen Geheimcode weit auf. Das Licht darin strahlt so stark, dass man erst gar nichts sehen kann.

Klara legt einen Flügel auf Tashis Arm, der die Augen zusammenkneift, um das Blenden etwas zu mindern. Azrael steht unter den Türrahmen, eigentlich eher ein Torbogen, denn es ist keine normale Türe. Auch sie verändert sich in der Größe, je nach Bedarf, wer durch sie hindurchtreten möchte.

Andrach wartet auf die Einladung des Fürsten, in das Licht einzutreten. Eine Stimme aus dem lichten Raum spricht:

„Willkommen Erdling! Tashi!"

Erdling? Ist er das denn? Er kann nicht weiterdenken, denn ein wunderbares Glitzern beginnt im Raum, überall strömen kleine Glitzer-Partikel umher und berühren nun die Besucher. Dieses Glitzern wirkt wie ein Magnet oder ein Vakuum, das sie förmlich durch die große offene Tür in den Raum zieht.

Andrach klappt seine Flügel nach oben, um sie, wie schon öfters, wie ein Klappmesser aussehen zu lassen, damit er durch den Bogen fliegen kann.

Dieselbe Stimme, die bereits gesprochen hat, begrüßt die Besucher.

„Wir freuen uns auf dich Tashi, du wirst hier so einiges sehen, dass du mit deiner hübschen Freundin Sasha teilen wirst. Unser Wissen soll aus unserem Raum weitergetragen werden, damit die tieferen Wirklichkeiten verstanden werden können! Du bist unser Sprachrohr Tashi! Von überall her wird uns die Botschaft zugetragen, wie ungemein mutig und starken Willens du bist. Wir sind begeistert und würden dir gerne mehr aus unseren Dimensionen zeigen. Bist du bereit dich in weitere Abenteuer einweihen zu lassen? Auch diese Reise wird unvergesslich in deiner Zellstruktur verankert!"

Man hört nur die Stimme, die sich selbst wie Raum anhört. Keine Figur, kein Wesen, keine Form. Nur die Glitzerpartikel und das sich verändernde strahlende Licht.

Klara schubst ihn an.

„Du solltest stolz sein auf diese Komplimente Tashi. Ich jedenfalls bin es, auf dich und dass ich zu deinem Team gehöre!"

Sie schaut ihn von der Seite an, auch Pixie macht sich leise bemerkbar und klopft sanft auf seine Stirn. Sie hat sich still verhalten und ist glücklich, an ihrem Lieblingsort in Tashis Haarschopf zu liegen. Sie lächelt, sie weiß natürlich, wie er sich entscheiden wird.

„Ich bin sehr geehrt über diese Worte. Natürlich bin ich neugierig, es fühlt sich leicht und angenehm an. Ich fühle zwar Tränen, die aber nicht von mir stammen. Da mein Team voll zur Verfügung steht", dabei schaut er auf seine treuen Wächter Nga und Waka, seinen neuen stillen Amethyst-Begleiter, Klara, Pixie und Andrach, „bin ich gerne bereit, auf deinen Vorschlag einzugehen und mich in eine erneute Geschichte einweihen zu lassen!" Er atmet tief, jetzt hat er doch tatsächlich wieder eine Entscheidung getroffen, die ihn, wo auch immer, hinführen wird. Dann schaut er intensiv zu Azrael, der ihn respektvoll anlächelt. Tashi klinkt sich ganz in die Energie des Raumes, der Musik und seiner Freunde ein. Sein Energiefeld dehnt sich bereits mächtig aus.

Plötzlich beginnen kleine Perlen im Raum voller Glitzer auf und ab zu hüpfen, sie berühren weder den Boden noch die Decke, die bis anhin sowieso nicht auszumachen waren, weil das Licht und das Glitzern noch immer sehr mächtig strahlen. Trotz dieses Strahlens und Glitzerns ist der ganze Raum in weiches, sanftes pastelliges Licht gebadet. Immer mehr Perlen hüpfen auf und ab, bis der ganze Raum voll von ihnen ist, und tanzen nebeneinander her, ohne sich zu berühren. Beinahe wie übergroße Regentropfen, die im Sonnenlicht auf die Erde fallen. Nur eben, dass die Perlen den Boden nicht berühren.

Pixie setzt sich aufrecht hin, das ist ganz und gar ihr Stil! Sie klatscht freudig in die Hände, beginnt selber sanft auf und ab zu hüpfen, immer schön im Takt mit den Perlen. Es werden noch mehr und sie beginnt übermütig zu lachen. Alle beobachten ihr Aufwachen mit Erstaunen. Aufgeregt ruft sie:

„Azrael, Tashi, die Tränen beginnen zu tanzen! Schau, wie wunderschön sie strahlen!"

Sie streckt sich in ihre ganze kleine Größe auf und beobachtet klatschend das Hüpfen der Perlen. Eine Träne tropft leise und unbemerkt über ihre zarten Wangen. Andrachs Augen werden groß und das glitzernde Licht wird in seinen Augen reflektiert. Elfen und das Feenvolk weinen doch nicht! Das ist ja ganz was Neues.

„Es sind Tränen der Erlösung Andrach", flüstert ihm Azrael zu.

Tashis
Seelenschmetterling

Tashi hält seine Hand nach oben, um Pixie zu berühren, in diesem Moment erscheint klar und deutlich sein Schmetterling, den ihm Freyja geschenkt hat, damals auf seiner Reise ins Schattenland. Die Hand bleibt mitten in der Luft hängen. Sein Schmetterling, der ihm in schwierigen Situationen immer wieder mit dem Seelenlied beigestanden hat, erscheint sehr groß in seinen prächtigen Violett- und Orange-Schattierungen. Ein wenig Goldstaub hat sich auf seinen Flügelrändern abgesetzt. Türkis leuchtet es auf seinem Rücken. Ein kleiner Tupfer nur, dennoch ist die Farbe kräftig strahlend. Mitten in den hüpfenden und tanzenden Perlen bleibt er schwebend vor dem Trüpplein stehen.

„Ach du, mein lieber Schmetterling! Dass ich dich hier sehen würde!"

Pixie streckt ihre Arme dem Schmetterling entgegen. Der schaut die süße kleine Elfe verträumt an und berührt sie mit den goldigen Rändern seiner Flügel. Respektvoll fragt er sie:

„Darf ich dir die Träne trocknen, Pixie?"

Pixie berührt ihre Wange, sie hat nicht bemerkt, dass da eine Träne fließt. Sie nickt nur und der strahlende Schmetterling wischt sie weg. In dem Moment, in dem die Träne trocknet, wird sie zu einer Perle! Alle beobachten diese magische Szene. Sofort hüpfen andere naheliegenden Perlen dazu und nehmen die transformierte Träne, die zur Perle wurde, in ihren Kreis auf. Sie mischen sich zusammen und tanzen weiter.

Das Staunen aller ist beinahe greifbar.

Nun meldet sich Azrael. Mit sehr ruhiger, langsamer, starker Stimme, die einen bis ins Mark trifft, spricht er, dabei öffnet er seine Arme weit aus.

„Tashi, du bist bereits eingestimmt auf die neue Reise. Es ist Zeit, Klara zurück zur Sternenmutter zu bringen. Selten kommt ein noch feststoffliches Wesen in unsere Ebenen." Er spricht Klara direkt an. „Es tut mir leid, dass wir dich heute nicht mitnehmen können. Aber du wirst wie die Sternenmutter direkt mit uns allen in Verbindung bleiben und die Reise von Tashis Lieblingsplatz, der Ahnenbank, verfolgen. Die Fenster in viele Ebenen sind jetzt weit geöffnet, sowie du alle diese offenen angelehnten Türen findest. Sasha wird euch brauchen und ebenfalls kurze Einblicke in Tashis Reise erhalten."

Seine ausgeweiteten Arme deuten an, den leuchtenden Lichtraum voll von tanzenden Perlen zu verlassen.

Tashi wendet sich seinem Schmetterling entgegen.

„Und du? Kommst du mit auf meine Reise? Du warst noch nie dabei! Das wäre ja ganz toll, wir sind schon ein ganzes Trüpplein Reisender, das sich immer mehr erweitert!"

„Tja mein Lieber. Du hast bereits so viel Unglaubliches erlebt, nun erfolgt ein Neubeginn für dich. Dein altes Selbst, das du bereits mit Moldavit und Malachit hinter dir gelassen hast, verlässt deine Aura. Du weißt ja, dass jedem Neubeginn immer erst ein Transformationsprozess oder ein Sterbeprozess vorangeht. Amethyst ist nun auch fest verankert in deiner Aura, das bedeutet, du hast das Menschliche überwunden. Das kleine armselige Selbst ist endgültig aus deinem Wesen deaktiviert worden. Also Transformation auf allen Ebenen. Da muss ich einfach bei dir sein und dich unterstützen. Du wirst schon sehen! Du bist umgeben von Flügeln: Andrachs Flügel, Pixie, ich, selbst Klara hat Flügel. Ein Zeichen deiner neuen Leichtigkeit. Lass dich überraschen!"

Tashis Schmetterling flattert leicht mit den goldumrahmten Flügeln und fächert ihm humorvoll zu. Wie alle seine Begleiter kann sich auch sein Schmetterling in alle möglichen Größen verwandeln. Gerade hat er sich auf fast die halbe Tashi Größe erweitert. „Du machst mir Hoffnung auf eine wundervolle Reise, Schmetterling. Danke." Leicht und sanft berührt er die bestäubten Flügel seines Freundes. Klara gluckert ein wenig um Aufmerksamkeit, sie will ganz nahe bei Tashi sein, bevor er sie verlässt. Aber immerhin darf sie ihn mitverfolgen, das tröstet sie.

Langsam verlassen sie den Lichtraum, wenden sich dem Eingang oder Ausgang, je nachdem, aus welcher Perspektive man das Portal betrachtet, entgegen. Je weiter sie zurückfliegen, umso stabiler und fester wird der Boden unter ihnen wieder. Andrach fliegt elegant hin und her, nahe den beleuchteten Türen entlang. Erstaunt beobachten sie, dass der Raum nicht mehr leer ist wie bei der Ankunft. Der Raum ist bevölkert von herumwandelnden Seelen, die sich frei bewegen und fleißig durch die offenstehenden diversen lichtfarbigen Türen ein und aus gehen. Azrael erklärt den staunenden Gästen:

„Das sind verstorbene Seelen. Diese Wesen haben ihren festen Körper verlassen und verweilen nun auf einer Zwischenstation, bis sie weitergeleitet werden. Nachdem sie von uns oder von ihnen bekannten, vorausgegangenen Seelen willkommen geheißen wurden, genießen sie ihre neue Freiheit und lernen, mit der neuen Situation zurechtzukommen. Darüber gibt's bald mehr zu erklären, lass uns erst mal reisefertig machen."

Manche Seelen, die aussehen wie leuchtende Geister, winken dem Trüpplein zu und lächeln ihnen freundlich entgegen. Klara und Tashi winken etwas perplex zurück. Pixie träumt immer noch ganz vertieft von den tanzenden Perlen und ihrer Träne, die zu einer Perle geworden ist.

Ruhig und gelassen segelt Andrach, wie es eben seine Art ist, durch den gewaltigen Raum, Azrael neben ihnen her. Es ist ein stetiges Geläuf von Geistern zu beobachten, sie wechseln immer wieder die Türen, die halbwegs offen stehen, begegnen sich und sind mit sich selbst beschäftigt. Einige werden von Mentoren begleitet, die mit Sicherheit nie ein Menschenkleid getragen haben. Man könnte fast annehmen, es seien Begleiter – Engel, die als Berater fungieren. Das Trüpplein staunt, beobachtet alles, aber niemand spricht. Keine Fragen an Azrael, das ist erstaunlich! Beim Durchgang im großen Weltenbaum wartet die Sternenmutter auf Klara. Das nebulöse Glimmern hat sich aufgelöst und sie ist klar sichtbar. Sie freut sich schon auf das stille Trüpplein und Klara, die ihr bestimmt Neues zu erzählen hat. Die Sternenmutter weiß um den Raum, den Zwischenraum, in dem Fürst Azrael Vorsteher ist, aus diesem Grund betritt sie auch das Tor nicht.

Andrach gleitet durch den Torbogen mit Tashi und Klara beladen, Pixie auf den Schultern von Tashi, tief in Gedanken versunken. Auch Tashis Schmetterling, groß, geschmeidig und bezaubernd leuchtend schwebt neben ihm her. Die Sternenmutter ist erstaunt alle so schweigsam vorzufinden.

„Schmetterling? Dich habe ich ja sehr lange nicht mehr gesehen. Wie schön, dass du dieses Mal auch von der Partie bist! Offensichtlich wirst du mit Tashi reisen?"

Sie hat leise gesprochen, beinahe geflüstert, weil alle so ruhig sind.

„Danke Sternenmutter, herrlich, auch dir wieder zu begegnen. Ja ich werde mit auf Tashis Reise gehen. Darüber freue ich mich sehr. Übrigens, ich soll dir von Frejya aus ihrem Reich die herzlichsten Grüße überbringen. Sie weiß um deine neue Aufgabe und wird dich mit allem Benötigten beliefern! So wie Tashi alle nur erdenkliche Unterstützung bekommt, wirst auch du beschenkt aus deinem eigenen Kosmos! Dass du eine Königin bist, weißt du ja. Nun ist es an dir, dieses Wissen sichtbar zu machen, auf dass alle deine Schönheit sehen können! Sei gegrüßt edle, schöne Sternenmutter!"

Worauf sich der Schmetterling leicht verbeugt.

Die Sternenmutter ist überwältigt, so viel Aufmerksamkeit für ihre neue Aufgabe.

Azrael schreitet lachend auf sie zu.

„Hier, Sternenmutter, ist deine Fracht zurück!"

Auch er empfindet Ehrfurcht vor ihr, vor ihrer Weisheit, ihrer Schönheit und ihrer stolzen Art, ganz einfach man selbst zu sein. Sie ist bestimmt nicht arrogant oder in irgendeiner Form hochnäsig, das gibt es in ihrer Dimension gar nicht. Im Gegenteil, auch sie hat durch die Äonen viel Leid erlitten und ist daran gereift und stark geworden. Ihre Funktion ist die einer Hohepriesterin, in der sich so manche archetypischen Muster vereinen. Nämlich die einer weisen Frau, einer Königin, einer Schöpferin und Beraterin. Ebendiese Berater-Funktion wird sie wieder aufnehmen an Tashis Kraftort.

Sie lächelt Azrael zurück, sie hat ihre neue Aufgabe erkannt als Geschichtenerzählerin längst vergangenen Wissens.

„Azrael, ja, es Zeit, die kosmischen Geschichten zu erzählen!"

Dabei seufzt sie genau wie Tashi! Nun ist es gewiss, woher Tashi dieses berühmte Seufzen her hat. Eine Familientradition über viele Zeitlinien hinweg!

Azrael legt seine Hand auf ihre Schultern. Er weiß, dass sie mit der Menschenwelt nichts mehr zu tun haben wollte, auf keinen Fall. Sie wollte einfach nur ihren Sohn Tashi auf seinen Reisen begleiten und für ihn da sein, weil sie genau weiß, wie schwierig und beschwerlich es im Schattenland sein kann. Nun wird ihr eine Aufgabe zugetragen, in der sie ihr uraltes Wissen wieder aus den gespeicherten Schubladen herausholen soll.

Sie wendet sich Azrael entgegen, berührt seine Hand mit der ihren.

„Dann beginnt ein neuer Abschnitt auf dieser Reise für mich. Wie bereits von Klara erwähnt, hat meine Aufgabe mit Sasha zu tun! Ich versuche ihr ebenfalls eine gute Sternenmutter zu sein."

„Daran zweifle ich auf keinen Fall! Du bist unsere Königin und deiner Sache sehr bewusst. Sei herzlich willkommen mit deinen Geschichten!"

Er wendet sich Andrach entgegen und ruft Klara.

„Klara, es ist Ahnenbank-Kraftort-Zeit! Lass mich dir von Andrachs Rücken runterhelfen."

Azrael streckt ihr die Arme entgegen, aber zuerst verabschiedet sie sich von Tashi und Pixie, dann krault sie Andrach hinter den Ohren und wir wissen ja mittlerweile, dass er dort ziemlich kitzlig ist. Er gibt sein übliches Grunzen, was seine Freunde zum Lachen bringt, speit kurz seinen Atem, aber dieses mal ohne Feuer! Dann gleitet Klara in die starken Arme von Fürst Azrael. Während der ganzen Abschiedszeremonie hält sie einen Flügel ganz dicht an ihrem Körper. Tashi wundert sich, sagt aber nichts. Die Sternenmutter nimmt Klara entgegen, dann ist es Zeit für die beiden zurück zur Ahnenbank zu gehen. Tashi bleibt auf Andrachs Rücken sitzen und schaut den beiden nach, wie sie langsam verschwinden.

Ein leichter Lichtnebel versperrt die Sicht zur Ahnenbank. Tashi schaut hinauf in die Krone seines Baumes. Er nimmt wieder den frischen harzigen Duft wahr und atmet tief und langsam ein.

Was wir hier nicht sehen, weil der Lichtnebel die Sicht versperrt, ist, weshalb Klara ihren Flügel so dicht an ihren Körper hält. Die Sternenmutter spricht Klara darauf an. Sieht aus, als hätte sie sich wehgetan.

Das Geschenk

Dem ist aber ganz und gar nicht so. Leise, damit es niemand hören kann, flüstert sie:

„Sternenmutter! Ich habe dir ein Geschenk gebracht. Lass mich kurz runter und ich zeige es dir."

Als sie am Boden steht, löst sie ihren Flügel und zum Erstaunen und Entzücken der Sternenmutter lässt Klara eine große dunkle, leicht rosa, je nach Lichteinfall, violett schimmernde Perle fallen.

„Du hast sie mächtig verdient Sternenmutter! Ich musste sie einfach mitbringen für dich! Es gab so viele davon, ich hoffe, ich kriege jetzt keine Schwierigkeiten mit irgendjemandem deswegen! Ich glaube sogar, Andrach hat das beobachtet, aber überhaupt nicht darauf reagiert. Dem entgeht doch auch gar nichts! Ich hoffe, du freust dich darüber? Du hast doch auch schon so viele Tränen weinen müssen."

Scheu schaut sie auf die Sternenmutter, deren Augen strahlen. Freudig kniet sie sich neben Klara hin und umarmt sie zärtlich.

Die Augen der Sternenmutter glänzen, man will doch jetzt nicht weinen! Hier an diesem herrlichen Kraftort! Klara sieht das, aber wartet ab.

„Du wunderbare Klara, dass du an mich gedacht hast? In dieser Art und Weise? Du bist wahrhaftig großartig und ich bedanke mich überaus herzlich für dein wunderbarstes Geschenk."

Intensiv bestaunen die beiden die perfekte Schönheit der Perle, den seidigen Glanz, den sie ausstrahlt. Man wendet die Perle auf alle Seiten, um die beinahe perfekten Rundungen und deren Ausstrahlung aufzunehmen.

„Wahrhaftig ein Geschenk der Schöpfung, so edel, so reich, so stolz. Ein Geschenk des Meeres an die Menschen! Auch hier zeigt sich das Licht in seiner Vollendung wie in ihren Geschwistern, den Edelsteinen. Ein spezieller Zauber scheint aus ihnen zu strahlen." Die Sternenmutter vertieft sich weiter in die prachtvolle Perle. Die Erleichterung, dass sie nun zur Geschichtenerzählerin avancieren darf, dass ihre Geschichten, ihr Wissen sogar Zuhörer finden soll in den niederen Welten, das erscheint ihr wie die Perle. So lange Zeit musste sie schweigen. Sie lebt mit gleichgesinnten Seelen zusammen, die das Wissen selber haben, nun aber wird sie dieses Wissen erst einmal Sasha weitergeben. Das ist doch ein Anfang, somit können die Geschichten durch die unteren Welten reisen und von den Menschen aufgenommen werden.

Sowie durch eine Irritation, aus einem Fremdkörper im Gefüge einer Muschel vollendete Schönheit wurde, so werden aus dem langen, äonenlangen Schweigen der Sternenvölker die Stimmen erneut gehört. Man wird ihre Schönheit, ihre Weisheit annehmen wollen. Die Menschen sollen ihr unterdrücktes Wissen, ihre Zugehörigkeit zu den Sternen wiedererkennen. Das ist die Schönheit der Perle. Und die vielen, unendlich vielen Tränen, die diesem Erwachen vorausgegangen sind.

Die Sternenmutter seufzt schon wieder. Klara nimmt es zur Kenntnis, dieses Seufzen ist wirklich ganz und gar Tashi!

Auf einmal beginnt Klara über ihren eigenen mutigen Streich zu kichern. Die Sternenmutter kehrt aus ihrer Vertiefung zurück und stimmt schnell in das verschmitzte Gekicher ein, da sie spürt, was Klara denkt.

„Vielleicht sollten wir das abluchsen der Perle bei Gelegenheit Azrael mitteilen, damit du ganz frei von Schuldgefühlen bist. Du hast sie aus dem Meer der Tränen gepflückt, und ja, da waren bestimmt viele von mir auch in diesem Meer. Von früheren Zeiten, bei uns gibt es keine Tränen mehr. Meine feuchten Augen sind aus Dankbarkeit, nicht aus Traurigkeit! Du wunderbare Klara!"

Dabei drückt sie sie ganz fest an sich, dann nimmt sie Klara auf die Arme und zusammen schlendern sie der großen Ahnenbank entgegen. Sasha hört ihr Kommen und setzt sich verschlafen auf, um ihnen Platz zu machen.

Kaum sitzen sie auf der Bank, beginnt die Perle auffällig zu strahlen, so stark, dass die drei auf diese Kraft aufmerksam werden. Sie lassen sich auf das Strahlen ein und warten, was die Perle weiter tut. Die Köpfe über der Perle, die sich plötzlich sehr sanft zu bewegen beginnt, staunen und harren der Dinge, die sich da ergeben. Die Perle beginnt sich auszudehnen, wird größer und schimmert immer strahlender.

Die elegante Hand der Sternenmutter ist wie geschaffen für so viel Schönheit und Geschichte, die die glänzende Perle vermittelt.

Perle

Eine fremdartige, zarte echoartige Stimme beginnt sanft zu erzählen.

„Ich bin aus den Tiefen des universellen Ozeans. Ich widerspiegele dir deine innere Wahrheit und Schönheit! Durch alle Dimensionen bewahre ich mir meine Kraft und meinen Edelmut. Ich bin zu dir gekommen Sternenmutter, weil deine Zeit gekommen ist, die wahre tiefe Schönheit, das königliche Wesen, das du in deinem Ursprung bist, zum Leuchten zu bringen. Aus dem Ozean des Unbewussten, aus den Urmeeren, aus der Urquelle bist du gekommen. So wie wir Perlen bist du an die Oberfläche des Bewussten gekommen und hast eine Form angenommen, um für alle sichtbar zu werden.

Wir Perlen werden im Ozean geboren und geformt, dann werden wir gepflückt, aus dem Wasser, aus dem Unterbewusstsein geholt und zum Schmuckstück verarbeitet, um die Wahrheit, die Erinnerung an die ewige Schönheit des Kosmos an die Trägerin, den Träger, weiterzuleiten.

Wir Perlen sind wie ein Spiegel! Auch wir müssen einen Wandel, eine Transformation durchmachen, indem wir aus dem Wasser geerntet werden und an die Luft kommen, um unseren Dienst weiterzutragen. Das Leben ändert ständig und wandelt kontinuierlich seine Form. Meine Antwort auf das lebendige Leben sind Liebe, Schönheit, Sinnlichkeit, Wahrheit, Ruhe und Gelassenheit. Du, Sternenmutter, erlebst gerade einen Neubeginn, denn deine Weisheit, die Urgründe des Wissens wollen hinausgetragen werden durch viele verschiedene Zeitlinien. Du bist die Trägerin alter vergessener Mysterien. Diese Mysterien haben dich gerufen, um aufzuwachen und lebendig zu werden. Die Mysterien wollen nicht nur unter die Menschenkinder, sie wollen weiter hinaus in andere Galaxien, die ebenfalls einen großen Wandel durchmachen. Ich bin deine Perle, ein Spiegel deiner Selbst, und helfe dir auf deiner neuen Reise. Wie gefällt dir das?"

Alle drei heben ihre Köpfe, um sich gegenseitig anzuschauen. Hat die Perle wahrhaftig so deutlich zu ihnen gesprochen? Alle nicken gleichzeitig zu dieser stillen Frage. Die Sternenmutter scheint zu leuchten, sie freut sich unglaublich über diese Befreiung lange unterdrückter Talente, wichtige Informationen irgendwie verständlich auszudrücken und gewillten Zuhören weiter zu erzählen. Das innere Meer, der Ozean des Seins beginnt sich zu bewegen, um etwas Neues in Form zu bringen. Dankbar lächelt sie erst Klara, dann Sasha an.

Freudig spricht sie zu der Perle:

„Perle du wunderschöne, du glimmernde glänzende, ich bedanke mich für dein Hiersein. Klara hat mich reich beschenkt mit deiner Schönheit, wahrlich ein Liebesbeweis inniger Vertrautheit. Gerne übernehme ich die Aufgabe, die schlafenden und vergessenen Mysterien wiederzubeleben. Es ist mir eine Ehre!"

„Du BIST die Mysterien, Sternenmutter! Und Klara, du brauchst dein Geheimnis nicht zu beichten! Azrael hat gesehen, dass du eine Perle mitgenommen hast. Aber da sie nicht eigennützig, sondern für eure Sternenmutter-Königin ist, hat er es geschehen lassen. Du wusstest noch nicht, wie wichtig ich für eure Sternenmutter bin."

Die Perle schweigt, Klara ist sehr dankbar, dass sie dem Fürsten Azrael nichts zu beichten braucht. Verschmitzt und ohne Worte zwinkert die Sternenmutter Klara zu. Diese neigt den Kopf leicht, als möchte sie sich verbeugen.

Flüsternd wiederholt Sasha einige Worte der Perle.

„Weißt du Perle, das war schön, was du gesagt hast. Nämlich, dass du aus dem Meer gepflückt wurdest, um an die Luft zu kommen. Diese Wandlung hat ja auch ähnliches mit dem Sterben und Umwandlung zu tun. Meine Mutter müsste sich doch jetzt viel besser fühlen, da sie aus dem Gefängnis des Körpers in ein größeres Feld von Bewusstheit eingetreten ist, oder? Ist das nicht ein ähnlicher Prozess?"

Die Sternenmutter streichelt Sashas herrliche Haare.

„Du bist einfach ein kluges Mädchen Sasha. Du hast immer so tolle Fragen. Damit ich die anvertrauten Mysterien aufwecken und fließen lassen kann, sind deine Fragen genau richtig. Aber solange Perle antworten kann, lassen wir sie doch selbst zur Sprache kommen. Perle?"

Die Perle bewegt sich ganz leicht in der eleganten Hand der Sternenmutter.

„Ja Sasha, das siehst du genau richtig. Deine Mutter hat ihre Form in ein anderes, leichteres Element gewechselt und fühlt sich bereits viel freier. Wie bereits erwähnt, das Leben selbst, die Lebenskraft ist immer in Bewegung. Durch Bewegung ergibt sich Form und Form verändert sich unaufhörlich."

Es bleibt ganz still. Das Gelernte will aufgenommen und verarbeitet werden.

Leise flüstert Klara in diese Stille.

„Sternenmutter, jetzt wirst du noch zur Perlenkönigin!"

Die Sternenmutter atmet tief aus, lacht und umarmt Klara, ihre so treue Freundin.

Sasha ist sowohl entzückt und erstaunt über diese ganze Entwicklung. Dass sie die Geschichte der Perle hören und verstehen kann, dass sie ein Teil dieser herrlichen Familie geworden ist, wo doch die ihre gerade auseinandergefallen ist. Dieses Zugehörigkeitsgefühl schenkt ihr neue Kraft und sie schöpft Hoffnung, dass auch ihr Vater bald wieder zu sich findet. Er hat den Tod der Mutter überhaupt noch nicht verarbeitet. Nachdenklich betrachtet sie die Schönheit der Perle und lehnt sich tiefer an die Sternenmutter. Sie vermisst ihre Mutter schmerzlich, auch wenn sie im Kopf sehr wohl versteht, was abläuft und abgelaufen ist.

Aber die Emotionen sprechen ihre eigene Sprache. Sie empfindet den Schmerz viel weniger stark an diesem herrlichen Kraftort. In der Menschenrealität ist sie nicht nur der eigenen Trauer, sondern auch noch des Vaters Trauer ausgesetzt. Sie seufzt und ist so dankbar, dass sie wieder hier sein darf mit ihren Freunden.

Der Baum, der gerade sehr mit dem Durchgang für Tashi beschäftigt war, bewegt einige zarte Äste in Richtung Ahnenbank. Er will die Sternenmutter, die neue Perlenkönigin berühren und dabei die strahlende Perle bewundern. Sie spürt ihren Freund, den Baum, öffnet die Hand weit, damit er die neue Begleitung am Kraftort bewundern kann. Er sprüht einen sanften Windhauch über die lebendige Perle, die sofort darauf reagiert.

Sie lächelt dem Baum entgegen:

„Es ist schön, so feierlich willkommen zu werden. Das Verstanden- und Erkanntwerden im eigenen Wesenskern, in seiner ganz eigenen Art und dabei mit anderen Elementen zusammenzukommen, ist magisch.

Ein Familienzusammenschluss verschiedenartiger Wesen und dennoch alle mit dem gleichen Ursprung des Wissens!"

Die Perle schweigt, rollt sich ganz leicht in der schönen Hand, um sich von einer anderen Seite zu zeigen. Ihr Schimmern ist königlich, ihre Worte weise, ihr sanftes Lächeln dankbar und magnetisch. Die Aura weit ausgedehnt, betrachtet sie ihren neuen Heimatort und die Umgebung, in der sie ihr Wissen weitergeben wird. Die Perle bestaunt die schöne Sternenmutter, Sasha, deren Haare kupferfarbig im Licht der Sonne leuchten, der Baum, der sich immerwährend auf die eine oder andere Art bewegt. Sie lauscht der Amselfamilie, hört das Rauschen des nahen vorbeifließenden Baches, was sie natürlich sehr erfreut, als aus dem Wasser Geborene hier die vertraute Musik des Wassers zu hören. Die Perle verbindet sich mit der neuen Umgebung, indem sie ihre Aura noch weiter ausdehnt und alles in diesem neuen Feld auf sich einwirken lässt.

Man schaut ihr gebannt zu, wie sie mit dieser Anpassung fertig wird. Selbst die Ahnenbank nimmt mit der Perle Kontakt auf, sendet ihr Wellen von Willkommens-Energien zu, während die Zentralsonne ihre Kraftstrahlen über die Gegend ausstrahlt und damit den Ort in einen traumhaften Lichtvorhang badet.

Sasha ist entzückt über diese ruhige und harmonische Stimmung, die sich über alles legt. Sie tankt neue Hoffnung, Dankbarkeit und Kraft aus diesem Geschehen. Die Geborgenheit, die sie mit ihren ungewöhnlichen Freunden fühlt, füllt die Leere, die sie so oft nach dem Sterben der Mutter empfunden hat, wieder auf. Dieser, auch für sie noch eher neue magische Ort ist Balsam für alle ihre Sinne.

Die Sonne scheint ihr Licht direkt in die Kristallgläser, die warten, bis man sich ihrer erinnert. Während die Sternenmutter mit ihrer Perle kommuniziert, wird Sasha auf die Kristallgläser, die durch die Lichtbrechung wie Diamanten leuchten, aufmerksam. Alle Edelsteine, der Rosenquarz, Lavendelquarz sowie ein Stück Amethyst liegen wie immer bereits im Wasser, um es zu veredeln und ihre Informationen weiterzuleiten. Sasha bewegt sich geräuschlos aus ihrem gemütlichen Sitz, bedient sich und reicht auch der Sternenmutter ein Glas weiter.

Sie prosten sich zu, auch auf den abwesenden Tashi, der bereits durch das Portal im Baum verschwunden ist.

Unwillkürlich greift Sasha nach ihrem Sardonyx, der um ihren Hals hängt. Sie liebt ihren Stein, der ihr immer wieder zu neuer innerer Kraft verholfen hat.

Beide sind so sehr vertieft in ihre jeweiligen neuen Begleiter, der Perle und den Sardonyx, dass es Klara allmählich langweilig wird. Charmant beginnt sie um Sashas Wächter zu tanzen, um ihre Aufmerksamkeit zu erheischen. Nachdem sich die beiden Wächter, Sensitiv und Silk, wie zu Hause fühlen, ist es ihnen recht, mit Klara zu spielen und sich auf neue Abenteuer einzulassen.

„Silk, Sensitiv, lasst uns zum Baum spazieren. Vielleicht können wir Geräusche hören, die aus dem Baum strömen und uns etwas über Tashis Reise mitteilen? Wir können's ja versuchen?

Was meint ihr? Sasha ist hier gut aufgehoben, wir könnten uns selbständig machen."

Die beiden neigen sich ihr entgegen, fragen dann Sasha und die Sternenmutter, ob sie sich umsehen könnten.

„Aber sicher doch, geht und genießt diesen Ort, bestimmt werdet auch ihr Erfahrungen machen."

Klara flattert um Silk und Sensitivs Beine und ist glücklich, dass sie mit ihren Begleitern auf Entdeckungsreise gehen kann. Sie vermisst das überaus duftende Lavendelfeld des letzten Abenteuers und hätte nichts dagegen, ein weiteres Mal darin herumtollen zu können. Und anständig flirten wie mit Moldavit wäre auch wieder einmal gefragt. Jetzt seufzt sie wie Tashi und hüpft vor den beiden Wächtern auf und ab, ihre langen Federn hinter sich her ziehend.

Sie ist ganz vertieft in ihren Gedanken, als Silk plötzlich Richtung Himmel nach oben zeigt und in die Hände klatscht. Alle drei machen große Augen, ein Sonnenstrahl der Zentralsonne scheint ihnen auf direktem Wege ein Zeichen zu senden. Auf diesem hellen breiten Sonnenstrahl schwebt der ihnen bekannte Adler der letzten Reise entgegen.

„Oh Herrjeh, wenn das mal kein Zeichen sein soll. Bloß nicht wie letztes Mal, als man Sasha das Sterben ihrer Mutter angekündigt hat. Du liebe Güte ..."

Klara hat vor Schreck laut gegackert, für alle hörbar, so dass jetzt selbst Sasha und die Sternenmutter auf sie aufmerksam werden.

Sasha will sofort von der Ahnenbank aufstehen, aber die Sternenmutter hält sie zurück. Sie setzt sich wieder hin, sie ist gespannt und nervös. Sie hat den Adler auch gesehen und hat Angst vor seinem Besuch.

Das majestätische Tier fliegt durch die weit ausgebreiteten Äste des Weltenbaumes, immer direkt mit dem Zentralsonnenstrahl verbunden und landet dann sehr elegant vor Klara, Silk und Sensitiv. Er lächelt die drei an, putzt seine großen kräftigen Federn, steht direkt vor Klara, um sie respektvoll zu begrüßen.

Sein Haupt glänzt ganz wunderbar, als hätten sich die Sonnenstrahlen alle auf seinem Kopf gebündelt. Man betrachtet diese gesammelte Kraft mit Staunen. Er lächelt wieder, räuspert sich beinahe leicht übermütig und mit verschmitztem Humor. „Schön, dass wir uns wiedersehen, Klara! Dein Federkleid strahlt wieder mal in den hellsten Weiß- und Silberschattierungen." Der Adler strahlt sie an wie damals Moldavit, sie weiß seine Begrüßung noch nicht richtig zu deuten.

„Dann mach uns doch mal schlau, edler Bote, weshalb besuchst du uns? Soll wieder jemand sterben?" Sie schwenkt ihre ebenso gerühmten Federn, um ihn symbolisch zu warnen.

„Wohl nicht, sonst würdest du nicht mit deinem verschmitzten Lachen meine Federn rühmen! Von wegen Federn, könntest du eine deiner kraftvollen Federn für Sasha hierlassen? So als Erinnerung, dass du auch Freudvolles und Aufbauendes aus der Sonne mitbringst. Deine Feder als Zeichen schwieriger, bestandener Prüfung des Lebens würde sie bestimmt freuen."

Der Adler streckt sich und weitet seine großen Flügel aus, die Spannweite beträgt gut und gerne bis über drei Meter hinaus. Ein wahrhaft beeindruckendes Bild. Klara tritt einen Schritt zurück, um diese imposante Schau besser zu sehen, Silk und Sensitiv neben ihr.

„Meine Federn sind das Symbol der Einweihung in die nächste erweiterte Etappe des geistigen Verstehens. Gerne schenke ich Sasha diese Freude."

Erneut betrachten sich die beiden Federviecher, jetzt ziemlich intensiv; Klaras schöne strahlend weiße, daneben die sonnendurchfluteten goldig braunen Federn des majestätischen Adlers ergänzen sich prächtig. Dann streckt der Adler seine Federn bis in die letzten Spitzen, zupft mit dem scharfen Schnabel zwei seiner größten Federn aus dem Kleid und reicht je eine Silk und Sensitiv, die sie mit Ehrfurcht entgegennehmen.

„Mit diesem Symbol wird Sashas Erinnerung an ihre Einzigartigkeit, ihre Zugehörigkeit zum großen Ganzen Universum geweckt. Und …", vielversprechend neigt er den stolzen Kopf Klara entgegen, „überbringe ich Sasha eine erfreuliche Botschaft. Sie soll ihrer Mutter auf dieser Reise wieder begegnen. So wird sie lernen, dass nichts ein wirkliches Ende hat, bloß weil etwas einen neuen Weg, eine neue Richtung eingeschlagen hat!" Er zwinkert Klara zu, um seine Worte zu unterstreichen. Silk und Sensitiv neigen sich dem Botschafter entgegen und bedanken sich herzlich für diese frohe Nachricht.

„Dürfen wir unserem Mädchen diese Botschaft übermitteln oder sollen wir damit warten?"

„Wartet noch und überbringt ihr erst mal die Federn, das wird sie freuen. Grüßt sie von mir. Ich werde aus eurem sichtbaren Feld aufsteigen, dennoch in eurem Kraftfeld verweilen und alles aus meiner Adlerperspektive beobachten. Bestimmt werden wir uns auch in Zukunft immer wieder begegnen."

Er schüttelt seine enormen Flügel zurecht, büschelt sie nahe an seinen Körper, um sich flugbereit zu machen. Dann wendet er sich ein letztes Mal an Klara:

„Deine Freundschaft ist sehr wichtig für Sasha, du bringst ihr die notwendige Freude und den Humor zurück."

Dann meint er zu Sashas Wächter:

„Sagt ihr, dass ich wiederkommen werde und das Geschenk meiner Federn sie bis dahin erfreuen soll. Meine Federn passen sowohl zur Perle der Sternenmutter sowie zu Sashas großen Tröster Sardonyx. Sie soll wieder fliegen lernen und die Schwere der Trauer ablegen!"

Er verneigt sich leicht und schwebt davon. Als er nahe an Sasha vorbeifliegt, winkt er ihr mit dem Flügel zu.

Die Sternenmutter lässt Sasha los und sofort rennt sie zu Klara und ihren Wächtern.

„He, was war denn das? Ihr schaut gar nicht so traurig aus wie bei seinem ersten Besuch auf unserer Amethyst-Reise. Wie lautet seine Nachricht dieses Mal?"

Klara, Silk und Sensitiv gucken sich verschwörerisch an, die großen Federn hinter dem Rücken versteckt. Niemand antwortet.

„He macht mal, was hat der Adler überbracht? Warum seid ihr so geheimnisvoll? Oder war sein Besuch gar nicht für mich gedacht?"

Ihr flammendes langes Haar in der Sonne steht sie demonstrativ vor Klara.

„Komm schon, bitte Klara!"

„Hmmm, lass uns zur Sternenmutter zurückkehren, dann wirst du sehen ..."

Sasha gehört nicht unbedingt zur geduldigen Sorte Mensch. Aber sie hat gelernt, dass alles seine Zeit und Richtigkeit hat, also fügt sie sich und spaziert mit ihnen zur Ahnenbank. Die Sternenmutter bemerkt das verschmitzte Gesicht ihrer Wächter und lächelt. Sasha sieht das und versucht es wieder, indem sie sich gleichermaßen demonstrativ vor Silk und Sensitiv hinstellt. Nun lacht Silk und lässt die Feder hinter dem Rücken hervorzaubern. Sasha macht große Augen. Die Größe der Feder ist beträchtlich. Sogleich überreicht auch Sensitiv die zweite Feder und freudig nimmt Sasha das herrliche Geschenk entgegen.

(Der Adler hinterlässt auch Ihnen, liebe Leserschaft, eine große kraft- und sonnendurchflutete Feder, damit die Erinnerung an die universelle Herkunft des großen Geistes wieder aktiviert werden kann. Möglicherweise sind Sie ja auch gerade in einer Umbruchphase und können etwas Unterstützung gebrauchen!)

„Der Adler lässt dich grüßen, schenkt dir zwei seiner Federn und hat versprochen, dich später auf dieser Reise erneut zu besuchen. Cool?"

Alle lachen wegen des Wortes „cool", weil das eindeutig aus dem Amethyst-Reich stammt. Nach Erklärung von dessen Bedeutung wird das „cool"-Wort des Öfteren von allen verwendet.

Cool = abkühlen/gewaltig/zurückhaltend/gefasst/beherrscht/unbeirrbar/ besonnen etc.

Freudig hüpft Klara um Sasha und ihre Wächter herum. Die mächtigen Federn beeindrucken selbst sie. Sasha zeigt ihr das Geschenk und sie vergleichen die zarten weiß silbrig durchwirkten

Federn mit denen des Adlers. Die beiden spielen fröhlich, während sich die Sternenmutter wieder ihrem eigenen Geschenk, der herrlichen Perle, zuwendet.

Die Perle ruft ihr sanft zu, in ihre Dimension einzutreten. Sie schaut auf Sasha und Klara, die vertieft in ihr eigenes Spielen sind, dann zu Silk und Sensitiv. Die beiden nicken der Sternenmutter zu.

„Geh nur Sternenmutter, wir sind ja da und passen auf Sasha auf. Lass dich von der edlen Perle in ihr Reich einladen und verzaubern."

Und so lässt sich die Sternenmutter auf das, was die Perle ihr zeigen möchte, ein. Dabei verlässt sie die Ahnenbank, um sich etwas weiter entfernt ins weiche Gras zu setzen.

Die Stimmung um die Ahnenbank herum verändert sich, man schaut gebannt zu, wie die Sternenmutter in Trance fällt.

„Komm, Sasha, lass uns zum Teich gehen, da können wir weiterplaudern, während die Sternenmutter in das Perlenreich abtaucht. Das könnte eine Weile dauern! Ich kenne das von ihr, lassen wir sie."

„Hm, dann möchte ich noch meine gestrickte Puppe vom Spital mitnehmen. Wir könnten sie doch beim Weiher waschen, oder? Sie riecht immer noch nach Desinfektionsmittel. Ich möchte nur noch meine Mutter darin riechen, nicht das Spital. Und die Federn nehmen wir auch mit, ich möchte lernen, wie man sich auf diese symbolischen Kraft- und Hilfsmittel einlässt, so wie Tashi und Lavendelquarz es mich immer wieder gelehrt haben."

Sie nickt ihre Wächter neckisch an, sucht ihre Puppe, die sie neben der großen Ahnenbank deponiert hat. Sie trinkt noch kurz einen Schluck des strahlenden Steinwassers und winkt Silk und Sensitiv, mit ihnen zu kommen.

Die Puppe und die Federn in der einen Hand, den Sardonyx-Anhänger in der anderen machen sie sich auf den Weg Richtung Weiher.

Die Landschaft riecht absolut herrlich und erfrischend, als wäre ein Regenguss darüber ausgeschüttet worden. Geregnet hat es nicht, es erscheint Sasha so, nach der langen Zeit im düsteren Spital, im einsamen Haus ohne Mutter, das so farblos erscheint ohne ihre Wärme und Güte. Unvermittelt kämpft sie gegen die aufsteigenden Tränen. Immer wieder holt sie das Unbegreifliche ein und auf Dauer stark zu sein, ist einfach zu viel verlangt. Klara fühlt die Traurigkeit und versucht sofort abzulenken. Sie hüpft leicht vor ihr hin und her, gackert ein hübsches Liedchen, das die Stimmung aufheitern soll. Dann dreht sie sich um und versucht spielerisch, die Adler-Federn in Sashas Hand zu erhaschen. Eine einladende Geste, dieses Spiel mitzuspielen. Sasha ist es nicht danach und entschuldigt sich bei Klara. Sie drückt ihre Puppe trotz ätzenden Geruchs fest an sich und lässt die Tränen fließen, während sie weiterspazieren.

Silk und Sensitiv halten sich ganz nahe an sie, Silk der Gute, streicht ihr liebevoll über die langen kupferfarbigen Haare. Klara bleibt still und lässt Sasha lautlos vor sich hin weinen.

Beim Weiher angekommen, setzt sie sich hin, paddelt die Füße im Wasser und lässt die Tränen herzhaft fließen. Klara setzt sich neben sie und kuschelt sich ganz an ihre Seite. Trauern ist wichtig, sogar eine Kunst. Sich ganz hinzugeben, zu akzeptieren, die Gefühlspalette zu durchforsten, um später loslassen zu können.

Es dauert nicht lange und schon werden sie von den ersten herrlich bunten Fischen besucht, die freudig angeschwommen kommen. Durch ihre Tränen sieht sie das Auflaufen der Fische und muss doch ein wenig lächeln. Sie erinnert sich, hier gesessen zu haben, als Tashi ihr den Kraftort gezeigt hat und sie zum ersten Mal offiziell einer Elfe, Pixie, begegnet ist. Sie schmunzelt durch die Tränen hindurch, beugt sich den Fischen entgegen und plaudert mit ihnen. Sie erzählt den Fischen von ihrem Kummer, der manchmal überwältigenden Trauer und Einsamkeit ohne ihre Mutter. Die Fische haben sich im Halbkreis im Wasser um ihre paddelnden Füße versammelt und hören ihr aufmerksam zu. Immer wieder seufzt sie laut auf, Klara und ihre Wächter sind für sie da, ohne sich in das Gespräch mit den Fischen einzumischen.

Der Regenbogenfisch

Als sie sich langsam wieder beruhigt, schwimmt ein größerer Regenbogenfisch mitten durch den lauschenden Schwarm. Er stoppt vor Sashas Füßen und spricht sie an.

„Mädchen, ich habe gehört, du möchtest deine Puppe reinigen, die du im Spital bekommen hast. Ich bin hier, um dir deinen Wunsch zu erfüllen und deine Puppe mit dem Duft deiner Mutter zu füllen. Deine Mutter ist wohlauf, es geht ihr gut und sie leidet, weil du so traurig bist. Möchtest du mir die Puppe übergeben, nur für kurze Zeit, damit du sie neu zurückerhalten kannst? Lavendelquarz hat dir auf der letzten Reise deine Aura, dein Energiefeld gereinigt. Ich weiß, dass du Lavendelquarz in dein Herz geschlossen hast. Nun tue ich dasselbe aber mit deiner Strickpuppe. Möchtest du das annehmen?"

Sasha zieht die Füße aus dem Wasser, zieht die Beine hoch, umschlingt ihre Knie mit ihren Armen. Sie schaut auf ihre beiden Wächter, die ihr zulächeln, dann auf Klara, die nur nickt, und überreicht so ihre Puppe dem Regenbogenfisch.

„Danke für dein Vertrauen Sasha. Ich bin gleich zurück."

Der Fisch taucht unter und damit auch Sashas Puppe. Sie streckt sich und schaut den beiden nach, aber gleich schwimmen die Fische, die sich während des Gesprächs still verhalten haben, wieder zu ihr hin. Alle reden ihr durcheinander zu:

„Es ist alles gut Mädchen, du wirst die Puppe unversehrt und gereinigt wieder zurückbekommen. Freu dich, weil du dann endlich den Duft deiner jetzt wieder gesunden Mutter riechen wirst. Ein verfeinerter, nicht irdischer Duft, der sich ganz mit dir verschmelzen wird. Und jedes Mal, wenn du sie besonders stark vermisst, wird dir deine Strickpuppe ein wenig ihres neuen Wohlgeruchs freigeben, um dich zu trösten und dich mit ihr über Zeit und Raum zu verbinden. Ist das was? Tröstlich oder, Sasha Mädchen?"

Freudig schwimmen und plaudern die Fische durcheinander, um Sasha aufzuheitern. Klara beginnt jetzt mit den fröhlichen Fischen zu spielen und mit ihnen einen Reigen zu tanzen. Sasha öffnet ihre Körperhaltung, freut sich über ihre ungleichen Freunde, die doch alles versuchen, um ihr zu helfen. Erneut lässt sie ihre Füße ins Wasser und lässt sich auf das Spielen ein. Plötzlich beginnt sich das Wasser zu kräuseln, ein zarter Windhauch weht über den Weiher. Man hält mitten im Spiel inne und harrt der Dinge, die gleich geschehen werden.

Der Sardonyx-Stein um ihren Hals beginnt sich zu regen, sie hält ihn fest in ihrer Hand und der Stein wird augenblicklich sehr heiß. Sie erschrickt ein wenig. Jetzt, wo sie Tashi dringend braucht, um Fragen zu stellen, ist er nicht da. Sie wendet sich, um ihn zu suchen, aber er hat sich beim Weltenbaum mit Azrael zurückgezogen.

Klara und ihre Wächter berühren sie an den Schultern, um ihr zu zeigen, dass sie ja in besten Händen weilt. Sie seufzt wieder, ist aber doch erstaunt über die Hitze des Steins.

Aus den Augenwinkeln erkennt sie links eine seltsame, große grünliche Erscheinung, eher wie ein Nebelhauch, keine bestimmte Form. Die Erscheinung bleibt in kurzer Entfernung seitlich neben ihr stehen, bewegt sich nicht mehr. Die Fische schnappen nach Luft und wollen wissen, was da vor sich geht. Klara plustert sich auf, um das Wesen zu beeindrucken, das macht sie immer, wenn sie einen Neuankömmling noch nicht kennt. Aber an diesem Tashi-Kraftort gibt es nur hilfreiche Wesen und Gestalten, keine störenden oder gar zerstörenden Energien. Das neblige aussehende Wesen wechselt sanft seine Farben, durchscheinend und matt. Vom seltsamen Grün zu Beige, zu Dunkel, beinahe Schwarz und Weinrot, leicht bläulich oder altrosa. Die Farben mischen sich harmonisch ineinander, sind aber nicht so stark und ausgeprägt wie die kräftigen Farben des Regenbogens. Alle betrachten den Neuankömmling und bewundern das sanfte Farbenspiel.

„Ich bin dein neuer Begleiter: Sardonyx!"

„Ohhh!"

Sardonyx

Sardonyx lächelt, schwebt ein ganz wenig näher zu Sasha. Sie steht auf und realisiert, wie groß das Sardonyx-Wesen wirklich ist. Scheu und dennoch vertrauensvoll nähert sie sich dem nebelhaften Wesen und möchte es umarmen. Aber wie umarmt man eine wolkige, neblige doppelt so hohe Gestalt wie man selbst? Die beiden Ungleichen stehen sich gegenüber, Sardonyx dehnt seine Energie aus, um Sasha darin einzuhüllen. Sie lässt es gerne geschehen, denn sein Wesen scheint ihr so sanft, stark und bereits so vertraut durch den Stein, den sie von Oma bekommen hat. Die bekannte Vertrautheit ergab sich dadurch, dass sie den Stein immer wieder in ihren Händen festhält, um sich von dessen Präsenz trösten zu lassen.

„Darf ich mich mit dir und Klara auf das weiche Gras setzen? Du hast mich unbewusst zu dir hingezogen, weil du meine stille und kraftvolle Hilfe benötigst. Wenn du mehr von mir wissen möchtest oder Fragen hast, stelle ich mich gerne zur Verfügung. Ich habe viel Zeit, bin ganz für dich da."

Weiter dehnt er sein Energiefeld aus, Sasha versinkt tief in den warmen Farbschattierungen. Klara, Silk und Sensitiv stehen bereit, für alle Fälle! Aber die Situation fühlt sich herrlich entspannt und weich an. Sie schauen zu, wie Sasha sich einhüllen lässt, sich entspannt, Tränen sich erlösen dürfen.

„Mein liebes Kind, lehne dich tief in mich hinein, so kann ich dir den Druck, die sorgenvollen Gedanken wieder glätten. Ich bin hier, um dir Trost und Schutz zu spenden. Du sollst Frieden finden, damit du dich in deinem Umfeld erneuern und harmonisch integrieren kannst. Deshalb bin ich hier, dein Mentor, und führe dich in die Akzeptanz und Versöhnung mit dem Geschehenen."

Seine Stimme ist warm, verständnisvoll, mit einem liebevollen Gesichtsausdruck beobachtet er Sasha.

„Danke Sardonyx, ich bin froh, dass du zu mir gefunden hast, ich brauche deine Hilfe und Unterstützung sehr."

Silk, der sofort immer aufnimmt, welcher Gedanke oder welche Emotion auch Sasha beschäftigen, ist dankbar, dass sich durch das Weinen innere Spannungen und Verkrampfungen lösen dürfen. Sasha will tapfer sein, auch für ihren Vater, aber das gelingt einfach nicht immer und ist auch nicht notwendig. Im Gegenteil, Trauer muss gefühlt, durchlebt werden. Liebevoll betrachten die Wächter ihr tapferes, starkes Mädchen.

Trauern

„Sollen wir uns setzen?"
Sardonyx wiederholt seine Frage. Leise nickt Sasha in der einhüllenden Energieumarmung und so setzen sich alle wieder zu den Zuschauern aus dem Teich, den Fischen, die alles mitangesehen haben.

„Weißt du Sasha, du kümmerst dich um deinen Vater, du aber brauchst auch Aufmerksamkeit. Nun bin ich da, für dich!" Er zieht das Mädchen jetzt ganz in seine tröstende Kraft. Eine wirkliche, klare feste Struktur zeigt der neue Mentor immer noch nicht. Er weiß, was er tut und weshalb er in dieser nebligen weichen Wolke verweilt.

„Das Weiche, das Umarmende, das Kuscheln, die Geborgenheit, das ist es, was du jetzt gerade brauchst. Das, wofür deine Mutter zuständig war, und du so sehr vermisst. Wie fühlst du dich in meiner Gegenwart?"

Lange schweigt Sasha und starrt zu den Fischen, die Augen glänzend von den Tränen und träumt melancholisch vor sich hin.

„Ich bin froh, dass du da bist. Ich weiß so wenig über Sterben, Trauern, das, was nach dem Sterben kommt. Ich war so erschrocken, als ich Oma wiedersah und sie mir deinem Helfer, den Sardonyx Stein geschenkt hat. Auch sie musste erst damit zurechtkommen, dass das Leben immer weitergeht, auf andere Weise. Ich würde so gerne wissen, wo meine Mutter jetzt ist und wie es ihr geht. Ich wünsche mir den Kontakt, falls das möglich ist. Ich möchte mit ihr reden, ich möchte, dass sie mich trotzdem noch sehen kann. Ich wünsche mir einen Strohhalm, woran ich mich halten kann. Irgendetwas …"

Die Tränen fließen erneut.

„Die Trennung unserer kleinen Familie, die Zusammengehörigkeit, das Zerreißen dieses Bandes, ich glaub, ich schaff es nicht!" Sie gräbt den Kopf in ihre Hände, die langen Haare fallen über ihr Gesicht und glänzen im Sonnenlicht. Sie schluchzt leise vor sich hin.

Die Fische, die Sashas Traurigkeit aufgenommen haben, beginnen eine leichte Melodie zu singen, dabei kräuselt sich das Wasser an der Oberfläche. Weder Klara noch ihre Wächter mischen sich ein. Sasha soll sich endlich ausweinen, über ihren Kummer reden können, ein neues seelisches Gleichgewicht finden. Sie soll sich um sich selbst kümmern, was nun durch Sardonyx als weiser Mentor voll unterstützt wird.

Wunderbare, mitfühlende und ergreifende Stille dehnt sich aus, nur begleitet vom zarten Lied der Fische.

Sardonyx hüllt das Mädchen ganz und gar in sein Wesen und verdichtet sich, so dass sich Sasha wie in einen Sofasessel einkuscheln kann. Rundherum bleibt seine Energie flaumig weich.

„Akzeptieren und Loslassen sind Künste Sashas. Das Hin- und Herpendeln verschiedener Gefühlen wie Wut, Sehnsucht, Hoffnung, Verzweiflung, sie alle zehren an deinen Kräften."

Leise hat er ihr zugeflüstert und zieht sie noch tiefer in seine Energie. Sasha fühlt sich sehr geborgen und kuschelt sich tief in ihren neuen Freund.

Sie lauscht in die große Stille hinein, nimmt die Melodie der Fische wahr.

Mitten in diesen andächtigen Moment fliegt ein kleiner Schmetterling vor Sardonyx hin, durch dessen schützenden Energieflausch hindurch auf Sashas Arm.

Erstaunt blickt sie auf den kleinen bezaubernden, im Licht strahlenden Falter. Das zarte Tierchen sitzt bewegungslos und betrachtet das traurige müde Mädchen. Klara bewegt sich leicht, sie würde gerne sehen, wer sich denn auf Sashas Arm so bequem einrichtet. Sanft, um den Falter nicht zu erschrecken, bewegt Sasha den Arm in Klaras Richtung, damit sie ihn auch sehen kann. Das zerbrechliche Wesen lässt sich auch von Sashas Wächter bewundern.

Wie eine Statue verharrt der Schmetterling in unveränderter Position auf demselben Fleck. Sasha überrascht das, sie liebt Schmetterlinge, aber in der Menschenwelt sind sie nur schwer zu erhaschen und bleiben nie lange am gleichen Ort. Deshalb beginnt sie ein leises Gespräch mit dem Tierchen.

„Ich weiß noch nicht, wer du bist, aber du bist wunderschön. Du erinnerst mich an Tashis Elfe, Pixie. Du erinnerst mich aber auch an meine Mutter. Man bestätigt mir, dass es ihr nun gut geht. Weißt du vielleicht mehr darüber, wie es ihr geht?"

Melancholisch betrachtet sie den Schmetterling. Er ist weiß mit leuchtenden kleinen roten Punkten auf den Hinterflügeln und schwarzen Punkten auf den Vorderflügeln. Ein wunderschönes Tierchen. So zart, so zerbrechlich und doch so stark.

„Das ist ein Apollo-Schmetterling. Bestimmt ist er für dich gekommen!"

Sardonyx' Stimme ist so fürsorglich, so zärtlich wie die eines besorgten Großvaters. Bei diesem Gedanken muss Sasha sogar lächeln und sie wischt ein paar Tränen weg.

„Apollo ist der Name des griechischen Sonnengottes!"

Sie schaut auf Sardonyx, der kein ausgeprägtes Gesicht besitzt, dennoch ist in seinem ausgedehnten Energiefeld ein Wesen zu erkennen. Dankbar schaut sie ihren neuen Freund an, dann zurück zu Apollo.

„Darf ich dich Apollo nennen? Weißt du etwas über meine Mutter?"

Der Schmetterling Apollo bewegt sich und bleibt beinahe an Sashas Pullover Ärmel hängen.

„Ich komme zu dir als dein neuer Begleiter. Und ja, Mädchen, deiner Mutter geht es gut, sie ist wohlauf und hat sich, wie du weißt, wieder mit ihrer eigenen Mutter, deiner Oma, zusammengetan. Sie ist gesund, alle Erinnerung, die du im Spital gesehen hast, wenn du magst, kannst du löschen. Zu seiner Zeit werden diese Erinnerungen und Bilder verblassen. Mehr wirst du zu einem späteren Zeitpunkt auf dieser Reise erfahren. Vorerst sollten wir uns miteinander anfreunden, da ich bei dir bleiben werde. Gleich wie bei Tashi, wird es deine neue Aufgabe sein, zwischen den Welten hin und her zu reisen. Ein neues Aufblühen, ein neuer Zyklus beginnt auch für dich. Und da darf ich dich begleiten."

„Dann darf ich dich also Apollo nennen? Ich bin froh, dass es meiner Mutter wieder gut geht, sie musste so schrecklich leiden, ich kann die traurigen Bilder nur schlecht loslassen. Aber du hast mich getröstet und später noch mehr Information über sie versprochen. Darauf bin ich gespannt und freue mich sehr. Die Adlerfedern wurden mir auch geschenkt, auf dass ich mich wieder freuen kann. Genau, der Adler ist doch auch ein Bote aus der Ur-Sonne, und du heißt Apollo! Hmmm..."

Wieder schaut sie sich nach Sardonyx um.

„Jemand meint es wohl sehr gut mit mir, und du bist auch da Sardonyx."

Sie lehnt sich tief in das Energiefeld hinein, freut sich über ihre neuen Freunde und entspannt sich sichtlich. Klara atmet auf, die traurige Atmosphäre scheint sich langsam zu lösen. Sasha streckt ihr einen Arm entgegen und lädt sie ein, durch den Energieflausch hindurch zu ihr zu kommen. Das lässt sich Klara nicht zweimal sagen, sofort hüpft sie zu Sasha und kuschelt sich nahe an sie. Apollo schwebt lautlos auf Sashas Schultern. Ein Teil von Klaras langen Federn bleibt außerhalb von Sardonyx' kuscheligem Energiefeld hängen, das sieht lustig aus und bringt Sasha zum Schmunzeln. Ihre Wächter freuen sich über diese kleine Anekdote, die ihr Mädchen erheitert.

„Sardonyx, erzählst du mir ein wenig von dir? Es ist so beruhigend, so tief in deinem Energiefeld zu liegen und mich zu erholen. Es tut gut, außerhalb der Zeit zu sein, mich Erinnerungen und dem Schmerz hingeben zu dürfen und einfach zu sein. Ohne eine Maske des Tapfer-Seins spielen zu müssen. Danke."

Sie seufzt laut auf und dreht sich ein weiteres Mal Sardonyx entgegen, dort wo ein Anflug eines Gesichtes, eines überaus freundlichen Gesichtes zu erkennen ist.

Die Fische haben aufgehört zu singen, ihren Schwarm aufgelöst und schwimmen fröhlich im Teich umher, weiterhin öfters ein Auge auf Sasha gerichtet.

Man gibt sich ganz der wunderbaren erquickenden Stille hin, die durch die Landschaft schwebt. Die Stille mit ihren unendlichen Geräuschen der zwitschernden Vögel, das Gras, das vom sanften Wind die Musik eines Sommertages singt, das leise Plätschern des Wassers und der spielenden Fischen. Dann räuspert sich Sardonyx, dehnt sich weiter aus und beginnt zu erzählen.

„Vor vielen, vielen Millionen Erdenjahren bin ich auf diesen Planeten gekommen. Damals, am Anfang meiner Zeit, war ich mehr Staub als ein ausgewachsener Stein, zusammengesetzt aus verschiedenen Mineralien. Seit allen Zeiten fällt immer wieder radioaktiver Staub auf den Planeten und verändert dadurch die Elemente und die Struktur der Erde. Natürlich geschieht dies so langsam, dass man das nicht wahrnimmt und in über hundert mal hunderttausend und mehr linearen Jahren das Leben auf einem jeweiligen Planeten formt. Planet Erde, Gaia, ist wahrlich eine Schatzkammer an Mineralien, geologischen Wundern und Reichtümern. Das, Sasha, erkannten auch Zivilisationen aus anderen galaktischen Kreisen und begannen, nach diesen begehrten Mineralien zu suchen. Natürlich wurden sie fündig, worauf ein ganz neues System auf Gaia entstand. Die Entstehungsgeschichte der heutigen Menschheit sozusagen."

Sardonyx räuspert sich, eigentlich wollte er gar nicht auf dieses Thema eingehen. Sasha wendet sich ihm erstaunt entgegen, weil er nicht mehr weitererzählt. Selbst Apollo regt sich auf Sashas Schultern und wartet auf weitere Erklärungen. Aber Sardonyx bleibt eine gefühlte Ewigkeit ganz still, beinahe spürt man eine latente Traurigkeit, die ihn übermannt. Man sieht, wie er in seinen Erinnerungen abschweift.

Sasha erhebt sich aus ihrer gemütlichen Position, die sie sich in Sardonyx' Kuschelwolke ergattert hat. Sie schaut dem alten, tief in Gedanken versunkenen Steinwesen ins Gesicht und beobachtet die verschiedenen Farbwechsel, die durch die Erinnerungen stattfinden.

Sardonyx bemerkt ihr Staunen, räuspert sich wieder und kommt in diese Gegenwart zurück.

„Ja jetzt habe ich mich unterbrochen Mädchen. Also weiter mit unserer Entstehungsgeschichte, in Kurzform, das reicht oder?" „Wirst du uns auch noch mehr über die anderen Galaxien erzählen, die nach Reichtümern auf Erden suchten?"

Sie runzelt die Stirn, weil sie spürt, dass dies offensichtlich ein trauriges Thema zu sein scheint.

„Mal sehen Sasha, lass mich erst hier weitererzählen, ja?"

„Okay, Sardonyx. Bin gespannt."

Sie entspannt sich, Apollo, ihr neuer Schmetterling kitzelt sie zärtlich an der Nase. Sie lacht und spielt mit ihm, bis Sardonyx weitererzählt.

„Zuerst war da mal einfach nur Wasserstoff, das Nichtstoffliche. Unser Reich, das Reich der Mineralien, ist das älteste, dann folgt das Pflanzenreich, danach die Tierwesenheiten und erst dann erscheint die menschliche Spezies.

Lichte Schöpferwesen aus den höchsten Reichen waren schon mit uns auf Erden! Sie waren flüssiges Licht und hatten damals noch keine menschenähnlichen Formen angenommen, diese Entwicklung kam erst sehr viel später. Wir reden hier von Millionen und Abermillionen von linearen Jahren. Wir Edelsteine sind die interdimensionale Erweiterung und Ausdehnung des Menschen! Man sagt uns Edelsteinen nach, dass wir aus flüssigem Licht kristallisiert wurden. Alles, aber auch wirklich alles, was existiert, ist dem Wandlungsprozess des geboren Werdens, dem Leben und Sterben unterworfen. Vom größten Stern, Universen, Galaxien, Menschen und allem Existenten."

Bei diesen Worten bewegt sich Apollo und flattert mit seinen schönen kunstvoll dekorierten Flügeln. Sasha betrachtet das stark leuchtende rotfarbigen Tupfen- Muster auf dessen Hinterflügel. Rot als Schöpferfarbe, eine Primärfarbe!

Sardonyx schaut ihm zu, der Schmetterling schlechthin das allgemeingültige Symbol größter Transformation. Sowie die Lebensenergie von der Sonne kommt, so sind auch Schmetterlinge kosmische Boten.

Sind nicht die Sonnen allgemeine Lichtspender, die sich in allem Lebendigen widerspiegeln? Selbst in dem kleinen zarten Apollo, der seinem Namen alle Ehre tut.

Sardonyx lächelt bei diesen Überlegungen, sind doch auch alle Farben in sämtlichen Mineralien und Pflanzen wiederzufinden. Sasha ist erstaunt, dass sie Sardonyx' Gedanken hören kann. Sie freut sich mächtig darüber und bedankt sich heimlich bei Lavendelquarz und der Sternenmutter, die ihr auf der letzten Reise das dritte Auge immer weiter geöffnet haben, damit sie sich besser einstimmen kann auf die mit den für die Menschenaugen unsichtbaren Welten.

Verspielt betrachtet Sasha „ihren" Apollo und bittet Sardonyx, doch weiterzuerzählen. Diese unendlich lange Zeit, von der ihr Mentor erzählt, ist kaum auszudenken, so lange ist das alles her. Scheu fragt sie ihn:

„Sind diese Erinnerungen immer noch in unserer Festplatte gespeichert? Kann man sich an sowas erinnern? Ich meine, unbewusst natürlich. Tashi spricht immer von Raum und der Nichtzeit, langsam beginnt mich das sehr zu faszinieren. Mich in deiner Energiewolke einzukuscheln ist ja in sich selbst schon was sehr Ungewöhnliches. Geschweige denn herumreisen im Universum, wie Tashi das immer wieder tut. Nimmt mich wunder, wo er denn gerade wieder herumschwirrt."

Sie entschuldigt sich für die Unterbrechung, wobei sie zart und verträumt mit Apollo spielt. Ihr Schmetterling mischt sich ins Gespräch, leise nur und schaut sie dabei mit glänzenden Augen an.

„Weißt du Mädchen, man kann Wirklichkeiten mit den Augen anschauen, mit dem Geist oder mit der Seele. Es gibt verschiedene Versionen des Schauens, so kreiert jedes seine eigene Wahrheit."

Dann lächelt Apollo und schweigt.

„Das braucht aber ganz schön viel Reife, sich diesen tiefen Dingen hinzugeben. Wäre ich Tashi nicht begegnet, würde ich kaum zu euch gereist sein. Oder nicht?"

Sardonyx wirbelt seine herrlichen Energien um Sasha herum, um sie aufzulockern.

„Wenn deine Seele sich diese Lektionen ausgesucht hat, um zu lernen, dann hätte sie sich Wege gesucht und auch gefunden, genau dahin zu kommen, um das, was du lernen wolltest, auch zu lernen oder zu erleben. So ist das mit dem Leben, es bringt dich dahin oder dorthin, wo du dir unbewusst ausgesucht hast, zu sein und Erfahrungen zu sammeln! So einfach ist das ..."

Sasha ist kurz aus ihrem gemütlichen Sitz herausgerutscht, weil Sardonyx gerade mit seinen wolkigen Energien herumwirbelt. Sie versucht sich neu zu organisieren, aber rutscht weiter in Schieflage.

„Mädchen, setze dich wieder ins weiche Gras, Füße ins Wasser, wenn du möchtest und ich erzähle weiter, wo ich aufgehört habe, weil du mich mit deinen wissbegierigen Fragen unterbrochen hast."

So setzen sich Sasha, Klara und Apollo dorthin, wo sie vorher mit den Fischen geplaudert hat, während Sardonyx eine etwas festere Form annimmt und sich ganz nah neben sie schmiegt. Dabei hält Sasha ihren Sardonyx-Anhänger fest in der einen Hand, mit der freien Hand streichelt sie Klara und zwinkert ihr zu. Apollo hat es sich auf ihrem Arm gemütlich gemacht und Sardonyx nimmt den Gesprächsfaden wieder auf.

„Geist schwebte über dem Wasser, so heißt es doch, nicht wahr? Nachdem sich Wasser auf Planet Erde gespeichert hatte, entwickelten sich die ersten Formen, sprich Einzeller. Man könnte sagen, die Schöpfung, oder der Geist, der über allem schwebte, begann sich zu erkunden und zu erschaffen. So ging das über Millionen von Jahren und immer mehr Formen entwickelten sich durch die Zellteilung. Also hat ein und alles, jegliche gewordene Form ein Doppel, irgendwo im Gedächtnis der Ewigkeit gespeichert."

„Sehen denn die Doppel immer genau gleich aus, im Geist und in der manifestierten Form?"

Das war wieder eine von Sashas geistreichen Fragen. Wie Tashi will sie genau wissen, wie die Dinge funktionieren. Ein klarer und neugieriger Intellekt.

„Hat dir Tashi von seinem Amethyst erzählt?"

„Ja, habe ich aber nicht ganz kapiert, eigentlich hat er es nur flüchtig erwähnt."

„Bei Tashi hat sich Amethyst als Zwillingswesen vorgestellt, ein Original, das sich in seiner Wesenheit nie verändert hat. Man darf dabei nicht vergessen, wie lange Schöpfungsprozesse dauern! Sie hören nie auf! Tashi hat sich wie du und so viele Menschen in die Umlaufbahn des Lebens gestürzt, um Erfahrungen zu sammeln. Dabei blieb ihr Doppel immer ‚zuhause' in der Quelle, was oder wo das auch sein mag. So bleibt die Erinnerung für immer gespeichert, aber nicht unbedingt bewusst präsent."

Er betrachtet Sasha, die aufmerksam zuhört und Apollo bestaunt, er bleibt zum zweiten Mal an ihrem weichen Stoffärmel der Jacke hängen. Er versucht auch nicht, sich zu befreien. Sasha erscheint es, als würde Apollo etwas mitteilen wollen.

Der Schmetterling schaut Sasha an und wartet auf ihre Reaktion.

„Ja? Apollo? Hast du was Ergänzendes zu Sardonyx' Thema beizutragen?"

Apollo lacht und meint: „Du bist ja schon richtig hellsichtig! Ja, habe ich, etwas zu ergänzen."

Er versucht sich vom Ärmel zu lösen, aber seine zarten Füßchen bleiben hängen. Sanft hilft ihm Sasha, damit er sich bloß nicht verletzt. Dann schwebt er lautlos direkt vor ihr Gesicht, was sie wiederum an Pixie erinnert. Ein Glücksgefühl übermannt sie, jetzt hat sie neben Silk und Sensitiv auch einen Begleiter, der überall mit ihr in der Anderswelt herumreist.

Apollo

Apollo schaut entschuldigend nach Sardonyx, der seine Erklärungen unterbrochen hat. Gerne würde er Sasha auch ein paar interessante Fakten mitteilen. Sardonyx in seiner Weisheit nickt und lässt Apollo gewähren.

„Weißt du, wie viele Schmetterlingsarten bekannt sind? Also ich meine auf Planet Erde. Was denkst du, Sasha?"

Sie verzieht das Gesicht, das hatten sie noch nicht in der Schule, sie müsste raten. Aber darin ist sie ganz schlecht! Sie sagt nichts dazu und wartet mit großen Augen auf die Antwort Apollos.

„Es müssten so um die hundertachtzigtausend meiner Artgenossen geben. Ganz schön deftig gell, und wir sind überall auf Gaia zuhause. Außer in der Antarktis da ist es entschieden zu kalt für uns."

Überrascht schaut sie den erzählenden Apollo an. Na sowas, Antarktis, daran hätte sie gar nie gedacht.

„Mein Name Schmetterling bedeutet auf Altgriechisch: Psyche oder Atem – Seele – Odem. Ist das nicht wunderbar poetisch? Unsere Spezies verwandelt sich viermal! Vom Ei zur Raupe, von der Raupe zur Puppe und endlich zu unserer vollen Entfaltung – dem Schmetterling. Eine lange und beschwerliche Reise in einem einzigen Leben! Nichts als Wandel und das für eine einzige Spezies! Übrigens Sasha, erinnere ich dich an Pixie, weil unsere Art, wir Schmetterlinge nicht nur mit der Ur-Sonne, sondern auch mit dem Feenreich verbunden sind!"

Apollo lächelt sie freundlich mit großen Augen an.

Sardonyx ergänzt mit seiner Geschichte:

„So ist auch unsere Metamorphose, aus dem Magma im Erdinneren eine erste Form in unserer Entwicklung. Planet Erde entstand aus interstellarem Staub und Gas. Man darf nicht vergessen, dass sich die Schöpfung über einen langen Zeitraum immer weiterentwickelt hat. Unzählige geologische Epochen haben sich immer wieder neu gebildet und damit die chemischen Wechselwirkungen verändert. Das Urgestein hat sich über Millionen von Jahren verschoben, Länder sind versunken, weggedriftet, Kontinente haben sich getrennt und neu zusammengesetzt. Wenn sich Kontinentalplatten ineinander verkeilen, wird durch den ungeheuren Druck Gestein aufgespalten. Dies erlaubt eine Metamorphose und neue chemische Zusammensetzungen entstehen. Das Leben selbst existiert und wandelt sich ununterbrochen. Dabei ist alles einem genialen Zyklus unterworfen. Hieraus erkennst du Sasha, dass auch wir Edelsteine aus Staub, Mineralien und Kristallen entstanden sind und einen sehr, sehr langen Entwicklungsweg hinter uns haben. Jedes Mal, wenn du deinen Sardonyx, den du um deinen Hals trägst, berührst, berührst du mein Wesen, das seit Millionen von linearen Jahren unterwegs ist! Ist das nicht sagenhaft faszinierend?"

Unwillkürlich greift Sasha nach dem Sardonyx-Anhänger, den sie um den Hals trägt. Sie versucht die Zeit, die gewaltige Entstehungsgeschichte dieses Wunders, von Staub bis zum fertigen Edelstein zu spüren.

„Natur ist beseelt, sie zeugt noch vom Paradies, das die Erde – Gaia – einst war. Natur in ihrem Ursprung ist Schönheit, Faszination und Heilung. Daher auch die Heilkraft, die aus uns Edelsteinen und dem Pflanzenreich strömt."

Die Energiewolke von Sardonyx verändert sich, zieht sich etwas zur Seite und gibt so Sasha frei. Fragend schaut sie ihn an, in diesem Moment schwadern die Fische alle zusammen ans Ufer und sammeln sich im Schwarm. Freudig rufen sie Sasha, sich doch zu ihnen zu setzen. Sie folgt dem Aufruf und guckt den aufgeregten

Fischen zu, die das Wasser durch den freudigen Tumult in Aufruhr bringen. Sasha, Klara, Apollo schauen neugierig ins gurgelnde Wasser. Sasha hält eine Hand ins Wasser, um mit den Fischen zu spielen, als sich plötzlich der Schwarm wie vorhin schon erneut teilt. Alle machen Platz für den großen Regenbogenfisch, der wieder zurückkehrt.

Majestätisch schwimmt der große edle Fisch durch den Schwarm, der aussieht, als wäre er ein König. Lange bleibt er unbeweglich vor Sasha, direkt am Gras Rand des Teiches und schaut sie lange an. Dann schmunzelt er so dezent, dass es kaum wahrzunehmen ist. Aber Apollo hat es gesehen, er schwebt auf den großen Fisch zu, gerade nahe genug, um nicht aus Versehen mit den durchscheinenden leuchtenden Kiemen erwischt zu werden. Klara hüpft näher ans Ufer, wobei sie ihre herrlichen langen Federn hinter sich her schleppt.

Der Regenbogenfisch bewegt sich elegant, schüttelt sich und zaubert Sashas frisch gereinigte, transformierte Puppe vor ihre Nase. Sie erschrickt, macht einen Freudensprung, wobei sie fast ins Wasser fällt und von Sardonyx, der still zugeschaut hat, aufgefangen wird.

Sie nimmt die Puppe entgegen, riecht an ihr, sieht sie gründlich an, als würde sie sie zum ersten Mal sehen.

„Oh die sieht ja völlig neu aus, heller, frischer, nicht mehr gefüllt mit Traurigkeit und Tränen. Hmmmm sie riecht so herrlich, erneuert."

Sie atmet den neuen Duft tief ein, dann setzt sie sich wieder ans Ufer, wendet sich dem Regenbogenfisch und dem freudigen Schwarm zu.

„Ich bedanke mich herzlich für diese Transformation Regenbogenfisch. Nun dürfen die alten traurigen Energien umgewandelt werden in Neues und Befreites. Es hilft mir zu akzeptieren, dass meine Mutter wirklich nicht mehr mit uns ist, und dennoch weiß ich, dass es ihr gut geht und ich sie irgendwann in dieser Anderswelt wiedersehen werde. Vielen, vielen Dank für meine Puppe."

Dabei kuschelt sie die gereinigte Strickpuppe mit dem liebevollen Gesicht ganz fest an sich, streckt die Nase tief in den

Bauch und die Haare der Puppe. Sie riecht leicht nach Pfefferminze und Lavendel. Der Lavendelduft erinnert sie an das große herrliche Lavendelfeld ihrer letzten Reise und wie Tashi einen kleinen Bund davon für ihre damals kranke Mutter gepflückt hat. Sie seufzt, die Augen immer noch geschlossen, während Bilder ihrer Mutter vor ihren inneren Augen auftauchen.

Klara, die sonst sofort mit lustigen Kommentaren zur Stelle ist, bleibt still und schaut dem Mädchen zu, dessen Haare im Sonnenlicht unwirklich kupferig glänzen. Selbst die Fische geben sich dem Moment der Erinnerung hin, die durch Sasha flutet und sie zudeckt wie ein seidenes Tuch. Sardonyx nähert sich ihr und nimmt sie fest in seine Arme. Sie lässt es geschehen, seufzt wiederholt und lässt die Erinnerungswelle über sich rollen.

Der Regenbogenfisch zieht sich zurück, sagt nichts, dreht sich um und verschwindet so würdevoll, wie er erschienen ist. Der Fischschwarm schaut ihm nach, um sich dann wieder Richtung Sasha zuzuwenden.

Ein kleiner frecher vorwitziger Fisch hüpft aus dem Wasser, bleibt eine Nanosekunde in der Luft und purzelt fröhlich zurück ins Wasser. Klara streckt sich sofort, um zu sehen, was das bedeuten soll. Neugierig, wie sie ist, hüpft sie ganz nahe ans Wasser. Sasha zieht halbwegs den Kopf aus dem Gesicht ihrer neugereinigten Puppe und schaut mit halb zugedecktem Gesicht zu den Fischen. Der vorwitzige Fisch springt erneut aus dem Wasser und schaut direkt zu Sasha, lächelt sie schlitzohrig an, um gleich wieder abzutauchen. Zusammen beginnt der Schwarm Figuren im Wasser zu schwimmen, sie formen Blumen, ein großes Herz und immer wieder neue Formationen, die Sasha gefallen könnten. Langsam löst sie sich aus Sardonyx' Umarmung, um das Schauspiel besser zu betrachten.

Übermütig schwebt Apollo über dem sich bewegendem Schwarm, hin und her über dem Wasser. Zarte Sphärenmusik erklingt irgendwoher, das Tanzen der Fische und Apollo bringen neue Lebensfreude in Schwingung. Süßer Honigduft wie Nektar schwängert die Luft und verzaubert wie die sanfte Musik die umliegende Landschaft.

Durch den süßen Duft werden schimmernde Kolibris angelockt. Mit großen Augen bewundert Sasha das traumhafte Spektakel, das ihr geboten wird. Es scheint ihr, als würde sie direkt ins Paradies katapultiert. Wenn das doch ihre Mutter sehen könnte! Leise spricht sie mit ihr, nicht wissend, ob sie es hören kann oder nicht. Ist Sasha auch egal, was soll's, sowas Schönes muss man einfach mit jemandem, den man liebt, teilen. Sie hält ihre Puppe fest in der einen Hand, schmiegt sich tief an Sardonyx und beobachtet abwechslungsweise die Fische, dann wieder die süßen kleinen schimmernden Kolibris, die wie kleine Juwelen leuchten, sich an Blumen heften, um ihnen den Nektar zu entziehen und ihn weiterzutragen. So verteilt sich die Freude in immer größere Kreise. Klara führt einen kleinen Tanz auf, mit sich selbst beschäftigt, dann und wann betrachtet sie die Kolibris, die auf der Stelle schwebend, sich nie niedersetzend im Schwirrflug eine Blüte nach der anderen küssen.

Apollo ist glücklich über die Begegnung dieser Botschafter der Freude. Gehören sie, die Kolibris, mitunter doch ebenfalls zum Elfenland. Übersetzt heißen die Kolibris auch: Sternenelfen oder sogar Sonnenengel!

Apollo lacht und spielt mit den kleinen Vögeln. Er kommt kaum mit, da sie unglaublich behände sind, wie soll man da in einer Sekunde bis zu zweihundert Flügelschläge hinkriegen? Apollo versucht es und verliert dabei sein Gleichgewicht. Die Fische lachen fröhlich bei diesem Versuch, der vorwitzige springende Fisch hüpft ein weiteres Mal aus dem Wasser, während ein kleiner Kolibri sich Apollo erbarmt und direkt vor ihm in der Luft schweben bleibt.

„Wo wir hinkommen, herrschen Freude, Harmonie und Magie."

Verschmitzt lacht der kleine Kolibri erst Apollo, dann Sasha und Klara entgegen. „Wir sind Boten aus dem Licht und der Zukunft!"

Kaum gezwitschert, fliegt das Vögelchen mit großer Geschwindigkeit wie ein Blitz direkt auf Sasha zu.

„He, Apollo komm!"

Ganz im Gegensatz zum Kolibri schwebt Apollo gemächlich hinter ihm her und zusammen spielen sie mit Sasha.

„Ist einmalig, wie herrlich du schimmerst kleiner Vogel, einmal grün, um gleich wieder, je nach Lichteinfall, direkt in strahlendes Blau zu wechseln. Wow, ist das schön!" Sasha schaut den beiden zu, wie sie keck um sie herumfliegen. Lachend macht sie fröhliche tanzende Bewegungen, um Silk und Sensitiv ihre Freude zu zeigen. Sardonyx und Klara bewegen sich mit ihr, ein Augenblick des Zaubers und der Unbeschwertheit. Die frisch geklärte Spitalpuppe fest in den Händen hüpft sie mit ihren geflügelten neuen Freunden herum.

Nicht nur hat sie neue Freunde gewonnen, alte Gefühle und Emotionen, Traurigkeiten über den Abschied ihrer Mutter lösen sich durch diese überraschend geschenkte Magie auf. Selbst die Adlerfedern liegen im Gras und funktionieren als Boten und Kraftbringer.

Plötzlich hält sie inne.

„Kolibri, warte mal, du hast gesagt, du wärest ein Bote aus der Zukunft! Was meinst du damit?"

Kolibri bleibt mitten im spielerischen Flug direkt vor ihrer Nase schwebend, versucht sehr langsam und sanft mit dem Schnabel in ihre Nase, wie bei der üblichen Nektaraufnahme, zu gelangen. Sasha zieht ihren Kopf leicht zurück, aber Kolibri bleibt beharrlich. Sie lacht laut, weil die Berührung kitzelt und die zarten superschnellen Flügelschläge einen leichten Windhauch verursachen.

Apollo setzt sich auf ihre Nase und schaut dem kleinen Vögelchen zu. Apollo nur ein wenig kleiner als Kolibri, der gerade mal ungefähr sieben Gramm wiegt.

„Wir Kolibris sind Lichtbringer aus der Erinnerung des Paradieses, als die Menschen noch in Kontakt waren mit ihrer Urquelle. Wir bringen Harmonie, die Einheit mit der eigenen Seele. Du bist aus dem Elfenreich, daran sollst du dich wieder erinnern, dieses Wissen soll sich entfalten dürfen. Dein Vater arbeitet nun von zuhause, du hast ein friedliches Umfeld, außer der Schule, die du nicht besonders magst, dennoch, in diesem Umfeld hast du Zeit, dich ganz neu zu orientieren und zu entfalten. Mit unserer Begleitung in deinem Wesen wirst du auch weitere

Herausforderungen in deinem Leben meistern, weil du weißt, du bist niemals allein! Stimmt's?"

Sie streckt ihre Hand aus, damit Kolibri darauf landen kann.

„Du bist wahrlich ein Wunder der Schöpfung. Ich freue mich, dass ihr mich begleitet, ich brauche das sehr. Es war schon sehr schwierig wegen meiner Mutter, aber weil ich immer wieder mit Tashi in diesen Kraftort, dieses Paralleluniversum eintreten darf, kann ich Vergessenes wieder lernen und auffrischen, um es in meinem anderen Zuhause, in meiner Menschenwelt, anzuwenden. Ja ich bin sehr dankbar, dass mein Vater bei mir ist. Gerne würde ich ihm von euch allen erzählen, manchmal schaut er mich lange an, aber sagt nichts. Er hat es wie ich noch nicht überwunden, dass wir nun ohne Mutter sind. Vater ist sehr oft in sich gekehrt. Das macht mich traurig und es gelingt mir auch nicht immer, ihn aus dieser Tristesse herauszuholen. Dann erinnere ich mich an Silk und Sensitiv, an Lavendelquarz und Oma, die mich regelmäßig besuchen kommt, vor allem abends, wenn ich mich in mein Zimmer verkrieche und lange mit ihr rede."

„Sasha, das wird sich alles ändern, das wurde dir versprochen, aber es braucht Zeit! Du erinnerst deinen Vater an deine Mutter, außer der Haarfarbe hast du ihre schönen Augen und deine geschmeidigen, beinahe katzenhaften Bewegungen, sie ähneln sehr deiner Mutter. Du selbst bemerkst das nicht, aber er wird dauernd an seine Frau, deine Mutter erinnert. Hab Geduld, trage dein inneres Wissen mit dir und es wird in Harmonie geschehen, was geschehen darf! Vertraue!"

Darauf seufzt sie, das mit dem Vertrauen scheint ein lebenslanger Lernprozess zu sein. Was man nicht kontrollieren kann, das Unbekannte, sich auf etwas verlassen, was man nicht direkt selber steuern kann, das ist nicht immer einfach. Vertrauen! Hmmm …

„Deine Gegenwart, deine Welt zu erschaffen beginnt in deinem Inneren. Das ist die große Kraft, die Schöpferkraft, die die Menschen vergessen haben. Sie folgen ihrem Programm des Mangels, des Opfers und nicht des Schöpfers. Um dein Leben nach deinem Gusto zu leben, musst du ganz mit dir, mit deinen inneren Quellen verbunden sein. Das Wissen steht dir dort zur Verfügung, dies hilft dir zu ganz neuen Ausdrucksmöglichkeiten. Das ist das Geheimnis meiner Gegenwart Sasha, dich an deine Träume, deine Erinnerung zu erinnern! Haha witzig, die Erinnerung an die Erinnerung …"

Kolibri lacht fröhlich und saust erneut mit allergrößter Geschwindigkeit um alle herum, selbst um Sardonyx' Energiewolke. Apollo sitzt immer noch auf Sashas Nase und nimmt das kleine Show-off gelassen zur Kenntnis. Sanft öffnet er die reinen weißen Flügel, als müsste er sich wohlig dehnen, wobei der rote Fleck auf den Hinterflügeln gut erkennbar wird. Sasha lacht, von wegen Show-off!

Kolibri fliegt jetzt direkt durch Sardonyx hindurch. „Was heißt hier Show-off? Sasha, wirklich! Die schöpferische Schönheit ist nie Show-off, sondern Anerkennung des eigenen Selbst. Aber die Menschen haben den Bezug zum großartigen universellen Quellenselbst total vergessen. Das trennt sie von ihrer eigenen inneren Schönheit und dem großen Wissen. Mit diesem Wissen könnten sie wieder ihr eigenes Leben leben, es neu erschaffen, so wie die tiefe innere Sehnsucht es haben möchte. Diese Schöpferkraft ist verlorengegangen, durch Selbstsabotage, antrainierte Kontrollmuster und Doktrinen getrennt worden."

Kolibri ruht sich nun auf einer naheliegenden Blüte aus, scheint mit ihr zu flirten, versinkt beinahe darin, weil er so winzig klein ist.

„Die Erinnerung an das Paradies, an die Fülle und Üppigkeit, die uns einmal zur Verfügung standen. Das ist wirklich schwierig vorzustellen Sardonyx."

Sashas Blick verweilt träumerisch auf dem kleinen schimmernden Kolibri, der es sich gemütlich gemacht hat.

Leise hüllt Sardonyx Sasha wieder in seine Energiewolke. Augenblicklich fühlt sie seine fürsorgliche Wärme und Geborgenheit. Sie schmiegt sich tief in diese liebevolle Umarmung.

„Das, was die Menschen das Paradies nennen, ist eine Ausdehnung ihres originalen Selbst, das sich ihnen wieder zu erkennen geben möchte. Zeit, dass sie lernen diese Stimme wieder zu vernehmen. Die starken neuen Energien, die nun aus der Zentralsonne über den ganzen Planeten Erde fluten, aktivieren diese Erinnerungen, dieses Wissen wieder. Bis tief in die Zellstruktur wird erneuert, hervorgehoben, ausgegraben, umgepolt. Das kreiert Chaos auf absolut allen Ebenen, nicht nur auf persönlicher Ebene, sondern planetarisch!"

Sardonyx ergänzt, was Kolibri bereits erwähnt hat, die Zukunft ist jetzt!

„Das ‚Paradies‘, der Reichtum jeder Seele soll erwachen dürfen, das aber bedarf einiger Anstrengung seitens der Menschen. Es ist das Geburtsrecht einer jeden Seele, den Weg nach Hause, in die eigene Quelle anzutreten."

Sasha kuschelt ihre Puppe, träumt lange über die vielen Wahrheiten und Tatsachen nach.

Nach geraumem melancholischem Nachdenken und Vor-sich-Hindösen lächelt sie ihrem neuen Freund Apollo zu, fragt Sardonyx, ob sie doch wieder zur Bank, zur Sternenmutter gehen könnten. Sie liest die Adlerfedern auf und wartet auf Sardonyx' Antwort.

„Ich bin müde, die vielen neuen Informationen möchte ich gerne in Ruhe verarbeiten, damit ich sie verinnerlichen kann, so wie Tashi das immer wieder gelehrt hat. Kolibri, fliegst du mit uns weiter oder bleibst du hier in deiner schönen Blume?"

„Liebes Kind Sasha, ich bleibe hier, habe dir Freude und Erinnerung an höhere Ebenen gebracht, auf dass sie dich nun begleiten. Denke immer an mich, wenn du Freude brauchst, an meine Schönheit, die auch deine ist! Lebe deine Träume, die du dir vorgenommen hast zu erreichen. Strahle, Kind, strahle einfach deine Schönheit aus, alles andere folgt von selbst. Unterwirf dich nicht, nie! Das ist nicht im göttlichen Plan, Fülle soll dein Lebensbegleiter sein. Fülle nicht nur monetär, sondern vor allem in deinem Wesenskern, einmal entdeckt, kann sie überall gelebt und manifestiert werden. Nimm mich als dein Krafttier, damit ich dich begleiten kann!"

Damit flitzt Kolibri erneut eine Runde um Sasha herum, berührt sanft Apollo, um sich freundschaftlich zu verabschieden, und fliegt tief in die Blume hinein, durch sie hindurch und verschwindet zurück in seine eigenen Welten.

Mit offenem Mund beobachtet Sasha diesen Abgang, so schnell wie Kolibri erschien, so schnell war er wieder weg. Schon auf ihrer letzten Reise in Tashis Reich hat sie dieses schnelle Hier-, Dort- und Nirgendwo-Sein, erlebt. Mit sich selbst im Gespräch, flüstert sie leise:

„Tschüss Kolibri und danke für deinen Besuch. Gerne rufe ich dich und lasse mich von deiner Freude berühren, du bist so süß. Sogar kleiner als Pixie, so klein und so wundervoll."

Sardonyx schmunzelt und freut sich für Sasha, denn sie wird noch viele weitere Schönheiten und Magie erleben auf ihren Abenteuerreisen.

Als hätte Sasha seine Gedanken lesen können, schaut sie ihn treuherzig an.

„Sollen wir?"

Sardonyx nickt und zusammen mit Apollo und ihrer frisch gewaschenen herrlich duftenden Puppe schlendern sie zurück zur Ahnenbank. Sie winkt den sie am Ufer begleitenden Fischen zu, hört das Rascheln des Baumes, das in den meisten Fällen Neues ankündigt. Sie kuschelt sich ganz in Sardonyx, dessen Energiewolke sie umgibt wie ein schwingendes Seidenkleid, das in grünlichem, dunklem Anthrazit und tiefem erdigen Rot schillert.

Sie plaudert leise vor sich hin, an niemanden speziell gerichtet. Apollo schwebt vor sie hin, flattert einmal da-, einmal dorthin. Sie folgt ihm aufmerksam mit den Augen, hält die Puppe, genießt Sardonyx' Fürsorge und den Frieden, der sie umgibt.

„Die Sternenmutter wird staunen, wenn sie meine erneuerte Puppe sieht und ich ihr die Geschichte von Kolibri erzähle."

Sie versucht, die Sternenmutter bei der Ahnenbank auszumachen, aber noch sind sie etwas zu weit entfernt. Zwar sitzt jemand dort, aber wie die Sternenmutter sieht die Figur nicht aus. Sie kneift die Augen zusammen, bleibt stehen, um den Blick genauer zu fokussieren. Nein, das ist bestimmt nicht die Sternenmutter. Fragend schaut sie zu Sardonyx, ohne eine Antwort zu erhalten.

Langsam spazieren sie weiter, leise eine Melodie summend, die sie von der Sternenmutter gelernt hat. Sie hält die Puppe, als würde sie ihr die zauberhafte Landschaft zeigen. Durch die Puppe lebt ihre Mutter weiter und sie fühlt sich ihr sehr verbunden. Ab und an lächelt sie, beobachtet den schwebenden graziösen Apollo, summt und spricht mit sich selbst in der Annahme, dass auch die unsichtbaren Zuhörer bei ihr sind und sie vernehmen können.

Als sie sich der Ahnenbank nähern, sieht sie die Sternenmutter, die sich in der Distanz an ein lauschiges Plätzchen gesetzt hat und sich vertieft jemandem oder etwas hingibt. Sasha ist neugierig, wer denn auf der Ahnenbank sitzt? Sie beschleunigt ihre Schritte, umgeben von Sardonyx, der sich sehr still verhält, kaum spricht, ihr aber Wärme und Geborgenheit schenkt.

Ihre Wächter Silk und Sensitiv umgeben sie enger, da sie Sashas Neugierde ebenso wie ihre Unsicherheit spüren.

Schnell läuft sie jetzt auf die Bank zu, wissend, dass sie bestens abgesichert ist von ihren Behütern, inklusive Sardonyx.

Die Person auf der Ahnenbank sieht das Trüpplein auf sie zukommen, steht auf und kommt ihnen entgegen.

Abrupt bleibt Sasha stehen, das ist doch nicht möglich oder? Sie blinzelt erneut, ruft Apollo zu sich und staunt nicht schlecht. Unbewusst greift sie sofort zu ihrem Sardonyx-Stein, den sie immer um den Hals trägt.

Oma

„Oma?"

Alle wenden sich der beschwingten Person, die ihnen entgegenschreitet, zu. Der große Weltenbaum raschelt aufgeregt mit den Blättern und die Amseljungen fliegen übermütig um das Trüpplein herum. Es herrschen Freude, Staunen und Überraschung. Nur die Sternenmutter in der Distanz verharrt in ihrer Position, ohne sich umzudrehen oder sich unterbrechen zu lassen. Sie scheint ganz in ihrer eigenen Welt zu sein. Noch näher an Sardonyx geschmiegt, ruft sie erneut:

„Oma? Bist du es wieder? Oma?"

Oma lächelt erfreut, steht jetzt direkt vor ihrem Großkind und möchte es umarmen. Ob Sasha es geschehen lässt?

Nachdem sich der erste Freudenschock gelegt hat, rennt sie in Omas offene Arme. Sie riecht das leicht nach Rosen und Lavendel duftende Parfum, nicht nur auf ihrer Haut und in ihren Haaren, sondern in ihrer ganzen Aura. Sie schließt die Augen und atmet den Duft tief ein, erinnert es sie doch an das Lavendelsäcklein, das sie ihrer Mutter ans Sterbebett gebracht hat. Dabei wird sie ein ganz wenig traurig, melancholisch. Sie löst sich aus der Umarmung, schaut lange in das verjüngte zufriedene Gesicht ihrer Oma. Diese berührt den Sardonyx-Anhänger, den sie Sasha beim ersten Besuch als Tröster und Helfer geschenkt hat.

„Es freut mich, dass du ihn trägst, schenkt er dir doch Kraft und Ruhe."

Erneut umarmt sie das Mädchen kurz, dann aber meint Sasha:

„Das ist eine schöne Überraschung Oma. Sollen wir zurück zur Ahnenbank? Dann musst du mir erzählen, was dein Besuch bedeutet."

Hand in Hand spazieren sie zurück, Sasha stellt ihren neuen Begleiter, Apollo, vor. Nachdem sich Apollo auch Oma vorgestellt hat, sich von seiner schönsten Seite mit den künstlerisch dekorierten Flügeln gezeigt hat, zeigt sie nun auf Sardonyx, dessen Wesen Würde, viel Ruhe und Stabilität ausstrahlt. Oma wird sofort von allen aufgenommen und Sasha erzählt freudig von ihrer Begegnung mit Kolibri. Oma hat im Laufe der Gezeiten gelernt zuzuhören, nun widmet sie sich ganz Sashas fröhlichen Geschichten. Natürlich spürt sie, dass Sasha ihre Mutter als Gesprächspartnerin vermisst.

Angekommen bei der Bank, werden sie von Sashas Wächter flankiert. Die von der Sonne beschienenen Kristallgläser strahlen ihren Zauber über das alte versteinerte Holz der Ahnenbank. Oma bestaunt die vielen Farbfacetten, die vom durchscheinenden Licht gebrochen werden, und fährt mit den Händen über das warme Holz.

„Wahrlich ein Prachtstück diese Bank. Und wie viel Geschichte doch in diesen Millionen von Jahren gereiftem Holz lebt! Kaum vorstellbar, was Zeit vermag."

Zusammen bestaunen sie das reflektierende Licht und setzen sich gemütlich hin. Sasha wirft einen Blick in Richtung Sternenmutter, die aber überhaupt auf nichts reagiert.

Nachdem sich Klara ebenfalls neben Sasha auf die Bank gesetzt hat, schauen alle aufmerksam auf Sardonyx, der sich leise geräuspert hat, um seine Gegenwart zu demonstrieren.

„Sasha, du hast Kolibri erlebt und gesehen, die Freude, die dieses kleine Wesen durch seine Schönheit und Magie verströmt. Da dir Oma den Sardonyx-Stein geschenkt hat und ich nun als Wesen bei dir bin, möchte ich noch eine Kleinigkeit über mich erzählen. Von wegen Paradies, das dich mit deinen Erinnerungen aus Ursprungszeiten verbindet, welches dir Kolibri vermitteln wollte. Auch mir wird nachgesagt, dass ich im Paradies gefunden wurde. Was immer Paradies für jeden Einzelnen bedeuten soll. Durch meine Gegenwart wirst du an dein Ursprungselbst erinnert, an die Liebe und Gerechtigkeit, wie es zu Beginn der Entstehung des Garten Eden war." Sardonyx dehnt seine Energien auf alle Seiten aus und sein Licht strahlt tief in die Landschaft hinein.

„Man erzählt, dass ich einer der zwölf Steine des neuen Jerusalems bin, genau genommen, der fünfte von zwölf Steinen. Auf Planet Erde beginnt ein neuer Zyklus, der in vielen alten Kulturen bereits vor tausenden von Jahren angekündigt wurde. Die Zahl der zwölf wird immer bedeutungsvoller. Die zwölf Sternzeichen, die zwölf Monate eines Jahres, die zwölf Planeten in diesem Sonnensystem, die zwölf Chakren, oder Energie-Zentren, die im Erdenmensch endlich wieder aktiviert werden. Die zwölf DNS-Stränge, die zwölf Apostel, von denen Petrus das Symbol meiner Wesenheit vermittelt. Selbst die Ritter am runden Tisch des König Arthus symbolisieren die Zahl zwölf. Nachdem sich die Erde – Mutter Gaia – gründlich gereinigt hat, wird ein neues System eingeführt. Erweitertes, erwachtes Wissen und verfeinerte Strukturen werden diese eure Erde besiedeln. Leider geschieht das nicht über Nacht, dennoch, der Wandel ist schnell und gründlich reinigend. Es wird das alte Körpersystem radikal verändern, wobei viele Menschen diese neuen elektrischen Strukturen nicht mehr in ihren Zellen verankern können und die Ebene wechseln werden in eine ihnen vertrautere und bekanntere Komfortzone. Das Sterben und Neuwerden flutet über den Planeten Erde und erneuert alles bis hinein in die kristallinen Wissensstrukturen. Neue Pflanzen, neue Tiere werden entdeckt werden, die menschliche Spezies wird leichter, verfeinert und ätherischer. Interessenskonflikte werden weitgehend aufgelöst, das Machtsystem kollabiert, welches gleichzeitig alte Strukturen mit sich reißt und aus dem politischen Vermächtnis der galaktischen Vereinigung zensuriert wird."

Uff, das war aber eine lange Rede, Oma zieht Sasha in ihre Arme, zeigt auf Sardonyx, schaut ihn fragend an.

„Moment mal Sardonyx, du erzählst uns von neuen Welten? Hat sich nicht immer alles ohnehin weiterentwickelt auf Erden? Ich habe den Ersten und den Zweiten Weltkrieg auf Erden erlebt und doch ging's immer weiter."

Erstaunt schaut Sasha auf Oma, dann zurück zu Sardonyx.

„Ja das stimmt Oma, aber die geistige Entwicklung der Menschenspezies ist leider sehr vernachlässigt worden. Als du noch auf der Erde lebtest, hat sicher kaum jemand über Inkarnation oder Weiterleben oder sonstige geistige Themen gesprochen. Sensitive, sensible Menschen wurden oftmals in der Klapsmühle behandelt, weil man sie nicht ernst genommen hat. Du selbst hast erwähnt, dass du damals nicht an ein Weiterleben geglaubt hast, nicht wahr?"

Er bleibt still und schaut sie freundlich an, in keiner Weise vorwurfsvoll.

„Tja stimmt, da hast du recht. Tatsächlich habe ich nicht daran geglaubt, weil uns noch gelehrt wurde, dass außerhalb des Sichtbaren nichts wirklich existiert. Wie kurzsichtig im Nachhinein, oh herrjeh. Aber an einen Gott zu glauben, der uns gepredigt wurde und den kaum jemand gesehen hat, das war dann wiederum in Ordnung!"

Erneut drückt sie Sasha an sich und küsst sie auf den Scheitel.

„Tja das Leben, es ist unschlagbar, unendlich und bewegt sich in der einen oder anderen Weise immer weiter. Wie soll man sich da im großen unüberschaubaren Netz der Existenz überhaupt wahrnehmen? Scheinen doch alle gelernten Doktrinen ein Klacks im Vergleich zum endlos komplexen Ganzen. Jedenfalls erkenne ich, seit ich die Ebene gewechselt habe, dass das wahre Leben unbegrenzt ist, sich in alle weiten und Dimensionen ausdehnt."

Oma schweigt, spielt mit Sashas leuchtenden kupferfarbenen Haaren und küsst sie erneut, ganz in ihre eigenen Erinnerungen und Gedanken vertieft.

„Oma, ist meine Mutter bei dir, dem Ort, wo du nach diesem Besuch wieder hingehst? Wie geht es ihr?"

Lange betrachtet sie das Mädchen, schaut auf Sardonyx, um sicherzugehen, dass sie nicht zu viel verrät und die richtigen Worte findet für diese schwierige Antwort.

Sardonyx sieht Omas Gedanken und nickt ihr unterstützend zu.

„Kindchen, deine Mutter ist bei mir und vielen deiner Ahnen, die du nie kennengelernt hast, weil sie bereits vor deiner Geburt auf Erden gestorben sind. Wir lernen, alte Familienfehden, die viele hundert lineare Jahren auf Erden stattfanden, in Harmonie zu bringen, um eine gesunde starke Familiengemeinschaft zu werden. Wir lernen uns gegenseitig zu unterstützen, was leider auf Erden nicht geschah. Es gab viel Streit innerhalb der Sippschaft damals. Bevor wir uns weiter irgendwohin inkarnieren, was für ein blödes Wort übrigens, nenne es Neuausrichtung, und uns irgendwo wieder begegnen, wollen wir die alten emotionalen Lektionen miteinander bereinigen. Somit können wir uns ganz neu und frei von Altlasten begegnen und als Familiengruppe einen neuen geheilten Zyklus beginnen. Auch wenn wir uns nicht alle zur gleichen Zeit am gleichen Ort neu ausrichten. Es ist eine intensive Schule des Lernens und Erkennens. Als Mensch ist man so nachtragend, man wird von Gefühlen geleitet, welche hier, nach dem Tod oder Sterben oder der Erweiterung der Existenz, überhaupt keinen, aber auch wirklich keinen Wert mehr haben. Man streitet um Dinge, die völlig nutzlos sind. Man wird verbittert und schleppt ungeheuerliche Bürden, absolut nutzlos, mit sich herum. Übrigens wiederholt man diese Lektionen durch viele Inkarnationen, wieder dieses dämliche Wort Sasha, aber ich muss es ja irgendwie erklären können. Also durch jede Neuwerdung wiederholt man diese Lektionen, bis man sie begriffen hat. Alles, was man festhält, hält einen auch fest."

Oma atmet tief aus, sie hat sich geradezu leidenschaftlich über das neue Familienthema geäußert.

„Tut mir leid, ich bin abgedriftet Sasha, ja deiner Mutter geht es sogar sehr gut. Sie hat bereits in ihren Sterbestunden im menschlichen Körper noch viel erkennen können. Du hast mehr dazu beigetragen, als dir jemals bewusst sein wird. Wir sind enorm stolz auf dich, hast du deiner Mutter doch so viel Liebe in ihren schwierigsten Stunden geschenkt. Selbst deinen Vater hast du oft noch unterstützt und getröstet. Sie kann gar nicht warten, dich zu besuchen, aber noch ist es etwas verfrüht. Hab Geduld, das Warten wird sich lohnen, glaube mir."

Freudig strahlt Oma Sardonyx an, kuschelt Sasha und spielt weiter mit ihren schönen Haaren. Sie fragt Sardonyx, ob sie sich an dem herrlichen Edelsteinwasser, das in den Kristallgläsern leuchtet, bedienen dürfen.

Sofort reicht Silk Sasha und Oma ein Glas. Sasha ist ins Träumen abgedriftet, sie freut sich so sehr, ihre Mutter in naher Zukunft wiedersehen zu dürfen. Das wird wohl ein komisches Gefühl sein; in der Menschenwelt trauert sie um ihre Mutter und hier, in dieser Wirklichkeit, wird sie ihr erneut begegnen dürfen. Ganz schön zwiespältig.

Sie lächelt, Oma sieht das über dem Glasrand und fragt sie danach. „Ich denke gerade an Tashi, er mag nämlich das Paradies-Wort nicht besonders. Bis jetzt ist das Wort sehr oft gefallen, was ihn sicher stören würde, wenigstens könnte ich mir das vorstellen, wenn ich ihm vom Kolibri erzählen werde. Wo er wohl zurzeit ist?"

Niemand antwortet, Klara ist beinahe eingeschlafen neben ihr, was auch eher selten vorkommt. Aber als sie hört, dass jemand nach Tashi fragt, ist sie gleich hellwach. Sie räuspert sich, schüttelt ihre herrlich weißen, silberig durchwirkten langen Federn und hüpft von der Ahnenbank. Sie schaut sich um, sucht die Sternenmutter und schlendert gemächlich auf sie zu.

Leise berührt sie die abwesende Sternenmutter, die wie in Trance dasitzt und in die weite Ferne schaut, ohne irgendetwas zu fixieren oder zu sehen, Klaras Perle in den Händen. Die Perle scheint ein Eigenleben zu haben, denn sie rollt sich behutsam in der Hand, um Klara ihre Aufmerksamkeit zu schenken. Die Perle schimmert und strahlt, als wollte sie ihr etwas mitteilen. Verzückt bewundert Klara erneut dieses Naturwunder, setzt sich behutsam neben die Sternenmutter, ohne sie zu stören. Dann beginnt die Perle, telepathisch mit Klara zu kommunizieren.

Die Perle

Langsam zieht die leuchtende Perle Klara in ihre Gegenwart, in ihre eigene geheimnisvolle Welt. Klara wird es schummrig vor den Augen und wie die Sternenmutter fällt auch sie in leichte Trance.

„Guck Klara, hiermit führe ich dich in meine Entstehungsgeschichte und das Geheimnis der Verwandlung und Auferstehung aus dem Dunklen."
Die Perle winkt Klara zu sich.
„Komm noch näher, tiefer in meine Welt des Unbewussten, in meine stille Welt des Wassers und der Entstehung eines Wunders."

Die Stimme der Perle ist beinahe verschwörerisch, seidig sanft und leicht gurgelnd, Klara verfällt ihr augenblicklich und gehorcht der Einladung.

Klara spürt, wie sie von sanften Wellen umspült, von diesen Wellen tiefer in den Ozean gezogen wird und lässt sich einfach treiben. Je weiter sie in die Tiefe sinken, je stiller wird es. Sämtliche Geräusche werden von dieser Stille verschluckt. Klara hat zwar schon sehr viel erlebt, aber diese Stille, die sich wie ein Vakuum anfühlt, ist für die aktive bewegungsbedürftige Klara eher ungewöhnlich.

Ihr Körper, der gleichzeitig neben der Sternenmutter ruht, zuckt und ruckt unruhig, während ihr Bewusstsein immer tiefer in den Ozean gleitet, bis sie ganz von der Stille verschluckt wird. Die ersten Momente wehrt sie sich gegen dieses Verschluckt-Werden, gegen die Isolation, die sie plötzlich umgibt. Aber die sie führende Perle berührt Klara sanft und so überlässt sie sich gänzlich dem freundlichen, strahlenden Wesen, das selbst in der dunklen Stille ihren Glanz nicht verliert.

Sasha, vertieft ins Gespräch mit ihrer Oma, dreht sich um, um Klara und die Sternenmutter in der Distanz zu beobachten. Sie sieht, wie Klara zuckt, als würde sie träumen, und die Sternenmutter immer noch still in tiefer Trance dasitzt.

„Was meint ihr, Sardonyx und meine Wächter? Brauchen sie Hilfe oder was geschieht dort? Sollen wir sie alleine lassen?"

Sie schaut ihren Mentor und ihre Wächter an, wendet sich erneut um.

„Das gab es noch nie, dass ich hier ohne Tashi, ohne Sternenmutter und sogar ohne Klara gesessen habe. Was meint ihr, Silk und Sensitiv? Das fühlt sich komisch an Oma."

Oma nimmt sie in die Arme.

„Es sind wohl alle auf einer tiefen Innenreise unterwegs. Ist doch auch schön, dass wir Zeit miteinander haben oder?"

„Oma, ja sicher, so habe ich das nicht gemeint. Ich fühle mich auch nicht alleine. Offensichtlich vertrauen sie mir, um mich hier ganz ohne Führerschaft zu lassen."

Sardonyx kneift sie ganz leicht in den Arm und berührt ihre leuchtenden Haare.

„Ist es vielleicht an der Zeit, dass du deine eigene Führerschaft übernimmst, Sasha? Bin ich doch dein momentaner Mentor und Spiegel, auf dass du dich in mir wiedererkennen kannst. Ich helfe dir, dich aufzubauen, damit du wieder stark und ausgeglichen wirst. An diesem herrlichen Kraftort vertraut man sich gegenseitig und lernt, auch sich selbst zu vertrauen, den eigenen Gefühlen und der eigenen Intuition. Die eigene Führerschaft anzuerkennen bedarf großen Vertrauens und inneren Wissens. Aber deshalb bist du ja hier, um all das zu lernen."

Sie versucht Sardonyx' Worte zu fühlen, schaut ein letztes Mal in Richtung Klara und Sternenmutter, um sich dann ganz in Omas Arme zu kuscheln und aufmerksam zuzuhören, was die beiden, Sardonyx und Oma, ihr zu erzählen haben. Apollo hat sich in ihren Haaren eingenistet und es sich gemütlich gemacht.

Klara saust immer tiefer in den Ozean, der Druck, der im Vakuum entsteht, engt sie ein.

„Klara, nur noch ein kleines Stück und du bist da." Die schimmernde Perle hat leise auf sie eingesprochen, da sie Klaras Unwohlsein spürt. „Gleich sind wir da."

In diesem Moment öffnet sich ein Riesenportal, es wird immer heller und Klara richtet sich auf. Das Riesenportal mitten im tiefen Ozean strahlt hell gleißendes Licht aus. Sie schaut auf die Perle, die sie einlädt, durch dieses Portal zu gleiten. Klara weiß nicht, wie ihr geschieht, aber vertraut der Führung. Kaum hat sie eine Entscheidung getroffen, hört auch der Druck des Vakuums auf. Sie steht vor dem Portal, traut kaum sich zu bewegen, geschweige denn hindurchzugehen. Sie sieht nur strahlendes Licht, Aquamarin-Farben, die kräftiger erscheinen, kaum dass sie sich nur ein winziges Stück dem Portal nähert. So als würden die herrlichen leuchtenden Farben sie einladen. Die Perle wartet und lächelt freundlich, bis Klara den Mut findet, durch das Portal hindurchzuschlüpfen.

Sie tut es und ist erst mal geblendet vom Licht und der Schönheit, die sie umgibt. Sie steht auf dem Trockenen, kein Wasser, obwohl sie sich tief im Ozean befindet. Sie hat eine neue Welt innerhalb der ihr unbekannten Welt betreten.

Sie schaut auf die Perle und murmelt leise vor sich hin, während sie ihre langen glänzenden Federn zurechtbüschelt.

„Egal auf welches Abenteuer man sich mit Tashi einlässt, man wird immer wieder überrascht. Bei jedem neuen Portal, das sich uns eröffnet, schreiten wir immer durch einen Lichtvorhang. Hmmm… Tashis Abenteuer haben weder eine Richtung noch Begrenzungen. Man begegnet sich immer selbst, irgendwie, irgendwo und lernt über die eigene unbegrenzte Vielfalt des Existierens. Man existiert ja immer irgendwie, irgendwo."

Gerade muss sie an Moldavit denken, der sie in ein Menschenhologramm geschickt hat, um Tashi besser verstehen zu können.

Sie lächelt verschmitzt wegen seines Flirtens mit ihr. Sie ist dankbar um die vielen Erfahrungen, die sie bereits erleben durfte, es hilf ihr, sich ganz auf dieses neue Ereignis einzulassen. Sie hat gelernt zu vertrauen.

Die Perle schmunzelt, da sie Klaras Gedanken gesehen hat. „Und Klara, wie gefällt's dir hier?" Begeistert schaut sich Klara gründlich um, schillernde Farben und üppige Natur umgeben sie. Sie fühlt sich ganz klein in dieser Opulenz. Die Perle schweigt und wartet auf weitere Reaktionen Klaras.

Weit, weit hinten kann sie ein schloss- oder palastähnliches Gebäude erkennen, die Sonne scheint direkt durch das Gebäude hindurch, was es beinahe durchsichtig erscheinen lässt. Sie blinzelt in das helle sie umgebende Licht und hüpft einige Meter tiefer in das Dickicht dieser weitläufigen Natur. Die Perle schwebt still und unauffällig neben ihr her. Klara hält das traumhafte prunkvolle Gebäude im Blick und zielt direkt darauf zu. Niemand hält sie auf. Die Natur scheint sie zu begrüßen und mit ihr plaudern zu wollen. Da und dort wendet sie sich den imposanten, intensiv strahlenden Pflanzen zu und nickt ihnen freundlich entgegen. Das Gebäude zieht sie an wie ein Magnet, ihr Hüpfen wird ungeduldiger, typisch Klara. Möglichst direkt und ohne Umwege auf ein Ziel zu. Das mag sie – keine unnötigen Verschnörkelungen, die oft nur zur Ablenkung dienen.

Je näher sie dem Gebäude kommen, umso mehr Schmetterlinge und Vögel schwirren fröhlich und zwitschernd umher. Sie staunt nicht schlecht, erst durch den Ozean sausend und dann das! Sie schüttelt den Kopf, Tashi sollte das sehen. Aber wer weiß, auf welchen Trip er selber gerade herumgeführt wird. Sie schaut sich fragend nach der Perle um, die immer noch neben ihr her schwebt. Klara hat freie Wahl, wie sie diese neue Welt entdecken möchte. Das erstaunt sie ein wenig, da bis anhin die Reisen genau ausgeführt wurden. Die Perle erkennt Klaras Zweifel und antwortet dementsprechend:

„Tashi hat nach seiner Reise mit Amethyst große innere Abhängigkeiten und Kämpfe überwunden. Da er aus diesen alten

Mustern ausgestiegen ist, erneuert und passt sich natürlicherweise auch sein geliebtes und vertrautes Team an! Deshalb erlebst du hier neue Wirklichkeiten und Ausdehnungen in erweiterte Dimensionen galaktischer Existenzen, die sonst, mit limitiertem Bewusstsein, nicht zu erreichen sind. Gratuliere dir Klara! Ohne dein mutiges Wesen, das du bist, wärst du auch nicht Tashis beste Freundin. Gleich und gleich gesellt sich gern!"

Die Perle schmunzelt in sich hinein. Das mit der Resonanz ist DAS Geheimnis aller Dinge. Mit etwas oder jemanden in Resonanz gehen, ist der Schlüssel der Anziehung.

Klara freut sich über das Kompliment, oder ist es eine Tatsache?

„Ja manchmal brauch ich schon etwas Mut, um mit Tashi mitzuhalten. Aber es macht auch Spaß, immer wieder neue Seiten des Lebens, des Lebendigseins und der endlosen Vielfalt der Existenz kennenzulernen."

Kurze nachdenkliche Pause, dann meint sie enthusiastisch: „Also dann gehen wir jetzt weiter?"

Sie hüpft mit mehr Leichtigkeit jetzt, da sie ja von den üppigen Pflanzenwesen begrüßt und akzeptiert worden ist. Und die Anerkennung der Perle hat natürlich auch geholfen. Das Schloss, der Palast oder wie auch immer man dieses strahlende imposante Gebäude nennen möchte, glänzt leicht in goldenem Schimmer. Breite Treppen laden durch diverse Eingänge in große Hallen ein. Das kann man ausmachen, ohne erst dort zu sein. Das Gebäude scheint zu leben, beinahe als würde es atmen.

Viele menschenähnliche Wesen sind auf den Treppenstufen zu sehen, ein reges Auf- und Abgehen wie an einer großen Universität. Klara bleibt zwischen hohen saftigen Pflanzenblättern stehen, um das Treiben zu beobachten. Bunte Vögel fliegen um sie herum und laden sie ein, aus dem Versteck der großen Blätter herauszukommen und sich das Ganze genauer anzusehen. Immer wieder dreht sich Klara zur Perle, um sich zu vergewissern, dass sie alleine Entscheidungen über das Wie und Wohin treffen kann. Mutig schreitet sie aus dem Versteck auf die weite offene Fläche mit den herrlichsten sehr gepflegten Pflanzen und intensiv leuchtende Rasen zu. Wieder bleibt sie abrupt stehen, um die vor sich ausbreitende Herrlichkeit einzuatmen und zu genießen. Ihre strahlend weißen Federn mit leicht silberig schimmerndem Glanz, die sie hinter sich her schleppt, werden von den farbigen fröhlichen Vögeln bewundert. Klara ist eben ein außergewöhnlich auffallend schönes Huhn.

Lange steht sie vor dem großen faszinierenden Gebäude, betrachtet die vielen verschiedenen Eingänge und die menschenähnlichen Wesen, die ruhig und freundlich ein und aus gehen.

„Wo sind wir hier Perle?"

„In einer Auffangstation verschiedener Trauerzustände."

Klara schaut sie bestürzt an.

„Verschiedene Trauerzustände? Was bedeutet das denn?"

„Komm mit, ich zeige es dir."

Perle übernimmt nun die Führung, schreitet direkt über die ausgedehnten, gepflegten Wiesen Richtung Palasttreppen, Klara dicht hinterher. Sie mag den Duft des Grases, saugt ihn tief ein und schaut immer wieder rechts und links, um die Schönheit aufzunehmen. Sehr sanfte Töne begleiten sie, wie so oft schweben sie in der Luft, kommen nicht aus einer bestimmten Richtung. Sind einfach da und berieseln die Landschaft. Ob die Tonschwingungen aus dem Schloss kommen, ist nicht auszumachen. Klara hört auf zu eruieren und hüpft in gespannter Erwartung hinter Perle her zu den Treppen.

Bei den Stufen angelangt, wird sie von den Wesen freundlich begrüßt und bewundert. Nur angesprochen wird sie nicht. Sie wundert sich über das Verhalten, fragt aber nicht weiter danach. Perle hat nun die oberste Stufe erreicht und wartet auf Klara, zusammen schreiten sie durch einer der vielen Eingänge. Wieder empfindet Klara ein leichtes Vakuum, während sie durch den Eingang wie durch einen Lichtvorhang schlüpft.

Einmal aus dem Lichtvorhang heraus, hört das Vakuum sofort auf. Sie schaut sich um und kann momentan nichts erkennen. Nur traumhafte Farbschattierungen, die überall herumwirbeln.

„Das ist die Schule der Übergänge! In diesen Schulen lernt man, wie man mit zurückgebliebenen Familienmitgliedern, die man auf Erden hinterlassen hat, kommunizieren und Kontakt aufnehmen kann." Erstaunt betrachtet Klara den farbigen Raum, meint dann: „Oh, das wäre ja was für Sasha und ihre Mutter. Perle, war ihre Oma auch in diesem Schulungsraum? Oder wie kam es, dass Oma sich Sasha gezeigt hat?"

„Du gute Klara, zuerst an andere denken, das ist großzügig von dir. Oma ist schon viele lineare Erdenjahre in der Anderswelt, sie hatte genug Zeit, über alles Klarheit zu bekommen. Dieser Ort ist für schnelle Mitteilungen, die an verzweifelte Hinterbliebene durchgesendet werden möchte. Oftmals schon Stunden nach deren Ableben. Aber das will gelernt sein und auch der Empfänger muss doch vorbereitet werden. Viele Menschen haben noch immer nicht kapiert, dass das Leben immer weiterlebt. Dies zu akzeptieren, dauerte bei Oma ja auch eine Weile. Nun, lass uns mal weiter in den Raum hineintreten und sehen, was sich uns zeigen wird."

Langsam schreiten sie weiter in die wirbelnden Farbschwingungen und die sanfte begleitende Musik. Man hört leise Stimmen, die üben, wie man telepathische Informationen zur Erde schickt. Die Frequenzen müssen angepasst und gefunden werden. Da leider viele Menschen vergessen haben, wie man die innere Stimme empfängt, oder der Intuition vertraut, werden diese Informationen öfters über einen ausgebildeten Menschen, ein Medium oder sonst empfängliches Wesen überbracht.

Je tiefer die beiden in den Raum treten, umso größer wird er und nun kann Klara viele „verstorbene" Wesen sehen, die lernen, wie diese Übertragung stattfindet. Manche sind etwas ungeduldig und brauchen viel Überredungskunst und Freundlichkeit ihrer Lehrer/innen.

„Ist Sashas Mutter auch hier, Perle?"

„Nein Klara, Sascha hat ihrer Mutter ganz unbewusst beigebracht, wie man telepathisch miteinander kommuniziert. Da ihre

Mutter oftmals so viele Medikamente intus hatte, war sie bereits auf Erden halbwegs in der Anderswelt. In diesen abwesenden Zuständen, in denen sie nicht mehr ansprechbar war, hat sie gelernt mit ihren feinstofflichen Körpern zu agieren und zu kommunizieren.

Hab Geduld Klara, Sashas Mutter wartet, bis sie ihre Tochter noch auf dieser eurer Reise wiedersehen darf! Diese Begegnung wirst du auch noch erleben, freu dich drauf. Das wird ein Fest werden!"

„Und wie ich mich freue Perle. Ich möchte es Sasha so gönnen, dass sie immer in Verbindung bleiben kann mit ihrer Mutter."

Perle schaut auf die empathische, mitfühlende Klara, die sich so wünscht, dass alle glücklich und unbeschwert sein könnten.

Sie schreiten weiter, immer tiefer in den sich ausdehnenden Raum hinein. Klara beobachtet, wie manche weinen, weil es so lange dauert, bis jemand auf der Erde auf die Informationen reagiert, die die Verstorbenen doch sofort losschicken möchten. Man hört Seufzen und Frustration. Manche frisch angekommene, „Verstorbene" wissen gar nicht, was sie denn melden sollen, außer dass es ihnen so weit gut geht und sie, oft zu ihrer eigenen Überraschung, immer noch existieren.

Nach geraumer Weile erreichen sie viele weitere Korridore, Ein- und Ausgänge. Auf einen wird Klara sofort aufmerksam. Dieser Raum strahlt ein korallenfarbiges, diamantenes Licht aus. Magnetisch wird sie von diesen Strahlen angezogen. Perle folgt ihr ohne Aufheben. Klara ist erneut erstaunt, dass sie so selbstbestimmt einen Weg einschlagen darf.

Sie bleibt in diesem strahlenden Licht stehen, nimmt den Raum in sich auf. Ihr wird leicht schwindlig und sofort erkennt sie eine Riesenmuschel, eine offene Auster. Darin sitzt die Sternenmutter und winkt ihr fröhlich zu. Klara fällt beinahe in Ohnmacht.

„Du gütiger Himmel ..."

Klara setzt sich und muss sich erst mal wieder hinkriegen.

Abwesend murmelt sie noch einmal „Du gütiger Himmel ...", wobei Himmel in dieser Situation vielleicht nicht die geeignetste Wortwahl ist.

Sie schüttelt sich, ihr ist immer noch leicht schwindlig, mögen es die starken Energien sein, die von hier ausgestrahlt werden, oder die Überraschung, die geliebte Sternenmutter hier vorzufinden. Egal wie, sie muss sich dringend von diesem Schock erholen.

Dann aber sprudelt die Freude aus ihr heraus, sie steht auf und nähert sich der Sternenmutter, die sich ganz wohl zu fühlen scheint in der Riesenmuschel.

Was für ein krasser Szenenwechsel!

Klara betrachtet staunend und immer noch völlig überrascht die Sternenmutter, die völlig entspannt in einem strahlenden, korallenfarbigen langen, beinahe flüssig aussehenden Kleid mitten in der Muschel sitzt.

Noch sagt sie nichts zu Klara, da sie sieht, dass sich ihre tolle Freundin erst von diesem Schock erholen muss.

Die Auster öffnet sich weit auf, und langsam, enorm elegant steht die Sternenmutter auf, mitten in der Riesenmuschel! Klara und die begleitende Perle staunen mit offenem Mund. Wer nicht weiß, wie man sich eine Göttin vorstellen soll, wird es spätestens jetzt erleben. Klara ist überwältigt.

Schon immer war die Sternenmutter die pure Eleganz, Schönheit mit ebenso viel Weisheit und Klarheit, die sie wie ein Feld voller Magie umhüllt. Aber diese Vision ist über alles, was Klara bis anhin gesehen hat, erhaben. Ganz natürlich steht die Sternenmutter in ihrem vollsten Glanz aufrecht vor ihr, umgeben von allerschönstem, kräftig leuchtendem Perlenschimmer.

„Klara? Was für eine Überraschung dich hier zu sehen. Unsere Reisen werden ja immer vielfältiger. Schön, dass du auch hierhergeführt wurdest. Was meinst du zu meiner Riesenmuschel?"

Dabei tanzt die Sternenmutter einige sanfte weiche Schritte in ihrer Muschel. Das korallenrote Kleid schwingt dabei um sie herum wie ein funkelnder Schleier. Einfach zauberhaft und überwältigend.

Klara ist fixiert und mag gar nicht darauf antworten.

Die Auster spricht

„Ich bin die Hüterin der Geheimnisse aus den Tiefen des Seins!"
Die Riesenmuschel hat mit tiefer Stimme gesprochen. Die
seltsame Stimme ist weder männlich noch weiblich, undefinierbar, aber klar in ihrer Aussprache.
Klara kommt gar nicht mehr aus dem Staunen heraus. Während die Muschel gesprochen hat, haben sich ihre Muskeln in
der großen Schale, in der die Sternenmutter steht, leicht bewegt.
„Meine Wesenheit symbolisiert Transformation! Negative
Eigenschaften werden verwandelt, sowie eben eine Perle, mein
Meisterwerk, aus Schmerz entsteht. In der Menschenwelt bedeute ich unter anderem auch Luxus. Aber das wirklich wahre, unsere kollektive Wesenheit entspricht dem weiblichen, dem
schöpferischen Prinzip. Dem Ursprung des Lebens schlechthin!
Immerhin sind auch wir bereits über zweihundertfünfzig Millionen Jahre in den Weltenmeeren zuhause!"

Die Auster schweigt, betrachtet Klara, die ihr, immer noch total
erstaunt, gebannt zuhört.
„Wir Perlen-Austern entsprechen dem Ursprung des Lebens
aus dem Wasser, und unsere Perlen, durch Schmerzen geboren,
sind die Erfüllung dieser Transformation. Perlen symbolisieren
unsere Kinder, das Beste, was wir aus Schmerz geboren haben!"
Die Muschel öffnet ihre Schale noch weiter auf. Klara ist entzückt über so viel Schönheit: die Perlmuttschicht, die wie Seide
glänzt, und die Einzigartigkeit des Weichkörpers, der sanft pulsiert, sowie die starken Muskeln, die sie in ihrer Schale festhalten.

Klara erinnert sich an ein Sprichwort, das sie wohl von Tashi gehört hat:

Weicher Kern, harte Schale.

Sie beobachtet, wie sich die Sternenmutter ganz der inneren Fülle der Auster hingibt. Sie streckt ihre Arme weit nach oben, dabei umgibt sie ihr herrliches, korallenrotes Kleid wie flüssiges, seidenes Licht. Klara erinnert sich, die Sternenmutter in ihrem Trance Tanz schon einmal so erlebt zu haben. Ganz in ihrem Element verschmilzt die Sternenmutter mit ihrer Umgebung und wird eins mit der Wesenheit der Muschel. Klara steht wie magnetisiert da und staunt. Mehr gibt es nicht zu tun, sie ist überwältigt. Sie wendet sich ihrer Perle zu, die sie hierhergebracht hat und bis anhin kaum ein Wort mit ihr gesprochen hat. Die Perle ist die Wegweiserin in die inneren Schönheiten des Ursprünglichen, mystischen Weiblichen! Die stille Perle nickt Klara verständnisvoll zu. Just in diesem Moment beginnt die seltsame Stimme der Perlen-Auster zu erklären.

„Das urweibliche Schöpfertum, das viele tausend von Jahren unterdrückt worden ist, liegt in meiner Schönheit, in meinen Schmerzen, in meinem Wissen. Die Sternenmutter hat durch die Gezeiten des unterdrückten Wissens, des Patriarchats und verschiedener Herrscherzeiten viele, viele Tränen der Trauer geweint. Die Menschheit ist so unglaublich abgestumpft und getrennt von ihrem Quellenwissen, dass es beinahe unmöglich erscheint, diesen Originalzustand, das große kosmische Urwissen, wieder anzuzapfen.

Die Menschen wollen einfach nicht hören, sie wollen nicht fühlen, sie kennen ihre eigene Wahrheit gar nicht mehr. Die Menschen sind leer geworden, sie haben uns vergessen. Wir, die Wesen, die von der großen kosmischen Macht der Schöpferkraft, der Einheit erzählen, werden nicht mehr gehört!"

Die seltsame Stimme schweigt, und Klara kann das kollektive Feld der Traurigkeit über die Ignoranz der Menschen fühlen. Sie weiß, wie lange, äonenlang, die Sternenmutter ihr Wissen nicht mehr weitergeschenkt hat, weil es kaum jemand hören wollte. So ist sie in ihr schweigendes Wissen abgedriftet. Erst als Tashi seine kleine Freundin Sasha zum ersten Mal zum Kraftort, in die Parallelwelt mitgebracht hat, veränderte sich das Verhalten der Sternenmutter sehr subtil. Leise flüstert Klara zu der neben ihr stehenden Perle: „Ich wusste es, habe ich doch gesagt, dass unsere Sternenmutter zur Geschichtenerzählerin wird. Lange vergessene Geschichten der Menschen und des Kosmos."

Sie schneidet eine fröhliche Grimasse Richtung Perle und schlägt leicht mit ihren Flügeln. Sie will die Sternenmutter nicht unterbrechen in ihrer Trance und beherrscht sich sogleich wieder. Die Auster flüstert Klara zu:

„Unserer Spezies wird auch nachgesagt, dass wir wie ein Aphrodisiakum wirken. Wohl eine abgeänderte Form des ultrafemininen Mythos unserer Energie! Das weibliche Prinzip ist nicht zu verwechseln mit: Frau als Form.

Das weibliche und das männliche Prinzip erschufen sich erst durch die Polarität, die Trennung aus der Einheit. Das Wasser, aus dem wir entspringen, symbolisiert ebenfalls das weibliche Prinzip. Alles Leben auf Planet Erde entspringt dem Wasser. Am Anfang der Schöpfungsgeschichte gab es nicht nur ein Geschlecht, Frau und Mann waren Hermaphroditen, genau wie wir Austern! Auch wir Auster-Muscheln sind zweigeschlechtlich. Wir ändern unser Geschlecht mehrmals während unserer Lebenszeit! Das männliche im weiblichen, das weibliche im männlichen. Das Verständnis beider Energieströme in sich zu vereinen wird auch durch das Yin- und Yang-Symbol gezeigt. Oder vom Kopf in die Herzintelligenz denken, es gibt so viel Informationen und Symbolik auf eurer Erde, dennoch wird es nicht verstanden.

Eure Sternenmutter hat dies immer wieder versucht zu erklären, für ein besseres Verständnis des Weshalb und Warum, verstummte aber bald wieder, denn jede Seele muss durch den Dschungel des Vergessens und Wiedererkennens schreiten. Es gibt keine Abkürzungen. Nun ist eure Sternenmutter zurück zu mir gekommen, in das Urschöpferwissen.

Wir heilen ihre Tränen und Traurigkeit, damit sie bei ihrer Aufgabe des Erzählens kosmischer Geschichten wieder gehört und anerkannt werden wird! So wie ich mich, meine schützende Schale, für sie geöffnet habe, wird auch sie sich erneut öffnen, damit sie von nun an gehört werden wird."

Hermaphrodit = Zweigeschlechtlich

Klara hat mit offenem Mund zugehört. Natürlich kennt sie die Traurigkeit der Sternenmutter und ihrer Aufgabe des Wiedererzählens alten Wissens. Gerade deshalb genießen sie doch alle den besonderen Tashi-Kraftort so sehr.

„Wow, sie wird Mut brauchen, sich dieser Aufgabe, der Tradition des Weitererzählens alter Geschichten wieder zu öffnen! Ich bin so froh Perle, dass ich dich aus dem goldenen, Platin farbigen Raum mit den unendlich vielen tanzenden Perlen mitgebracht habe, um dich zur Sternenmutter zu bringen."

Klara lächelt der Perle entgegen, die ihr als Antwort die weißen strahlenden Federn bestätigend streichelt. Die Perle spricht nicht viel, sie strahlt ihre Reinheit, ihr großes transformative Wissen still und bescheiden in ihre Umgebung. Lange bleiben sie so sitzen, die Perle, groß und strahlend neben Klara.

Irgendwann schwebt die Perle der Sternenmutter, immer noch in Trance, entgegen. Freudig empfängt die Muschel die Perle, beide unweigerlich ein Teil voneinander.

„Die Sternenmutter wird es ein weiteres Mal versuchen, ihre Berufung zu leben Klara. Denn das ist ihre Aufgabe, deshalb ist sie zur Verbindung in den Zwischenwelten, also eurem Kraftort, geworden. Tashi und Sasha sind die Brücke in die niederen Welten, das Schattenland – Planet Erde, um dieses Wissen weiterzutragen, wo es gehört werden will. Schön oder?"

Klara räuspert sich sofort bei dieser Frage. Sie weiß, wie schwer sich Tashi tut, immer wieder in die Menschenwelt zurückzukehren. Sie nickt nur mit dem Kopf, aber beantwortet die Frage nicht.

Die Auster seufzt und meint dann etwas leiser:
„Es ist der ewige Kampf der Geschlechter, der beiden Energieströme, die ihrer großen universellen Kraft beraubt wurden. Die beiden Kräfte werden sich bekämpfen, bis sie realisieren, dass sie ein und dasselbe sind. Wenn der Körper, also die Form, sich auflöst und nur noch Bewusstsein übrigbleibt, macht auch der Kampf keinen Sinn mehr."

Lange betrachtet die Auster Klara, die sich mittlerweile hingesetzt hat. Die Sternenmutter steht immer noch in Trance in der großen Muschel. Sie scheint alles gehört zu haben und dennoch reagiert sie auf nichts um sie herum. Sie ist ganz in ihre Welt und ihre Umgebung eingetaucht und eins mit ihr geworden. Da wird nur noch telepathisch kommuniziert. Natürlicherweise braucht die Einheit keine wirkliche Kommunikation, denn Einheit ist Wissen!

Kaum bemerkbar bewegt sich die Sternenmutter, ihr Kleid, das die sanfte Bewegung mitmacht, schimmert und strahlt in dieser leisen Bewegung, und sie beginnt zu weinen, ohne ihren Gesichtsausdruck zu verändern. Klara ist besorgt und steht auf, kommt näher an den großen Rand der Austernschale.

„Es ist alles gut, Klara, die Sternenmutter klärt alte Emotionen, die noch in ihrem Feld behaftet waren. Diese Tränen sind die Nahrung, der fruchtbare Boden, welcher Perlen hervorbringt. Nichts geschieht umsonst im Leben, nur manchmal dauert es Äonen, um den Verstrickungen, in die sich eine Seele begeben hat, wieder zu entkommen."

Klara beobachtet, wie sich die Perle um die Tränen der Sternenmutter bemüht und sie immer wieder sanft trocknet, ohne die Sternenmutter zu unterbrechen. Klara staunt über diese Sanftheit. Sanftheit und Verstehen, nach dem sich so viele Menschen sehnen. Im So-Sein belassen und akzeptiert zu werden.

Klara beobachtet das schöne Schauspiel weiter, das korallenrote flüssige Seidenkleid umgibt und windet sich sinnlich um die schöne Frau.

Ein atemberaubendes Schauspiel, von dem Klara gar nicht genug bekommen kann. In diesem Tanz der Vereinigung mit ihrem eigenen Herkunftsselbst wirkt die Sternenmutter beinahe transzendent. Sie wird eins mit der Perle, wird eins mit der Perlenmuschel, wird ganz und gar eins mit ihrem Ursprung – die aus dem Wasser Geborene!

Diese Vision erinnert unweigerlich an Venus, ebenfalls die aus dem Wasser Geborene! Klara ist überwältigt, wenn das Tashi sehen und erleben könnte. Sie denkt an ihren Lieblingsmensch und seufzt. Ob sich die Sternenmutter an diese Momente erinnern kann, wenn sie aus ihrer Trance erwacht?

Sie ist dankbar für diese überwältigende Stille und Schönheit, in der auch sie als Zuschauerin eingewoben worden ist.

Immer wieder beobachtet sie das korallenrote sinnliche Kleid, das sich wie eine Schutzhülle um die Sternenmutter bewegt und sie beinahe wie ein Liebhaber, der um sie herumtanzt, einhüllt. Die Riesen-Perlenmuschel bleibt dabei weit geöffnet, damit die zauberhafte Magie in dieser ganzen Verletzlichkeit stattfinden kann.

Diamantener Lichtschauer spült durch die offene Muschel, Klara wundert sich, woher das denn so plötzlich kommt. Sie blinzelt mit den Augen, das Licht ist so hell. Dann sieht sie doch tatsächlich Shekina, die sich um die Sternenmutter schmiegt und Klara leicht zublinzelt.

„Das ist doch nicht zu fassen! Shekina!"

Klara muss sich zurückhalten, nicht laut und freudig auszurufen, um Shekina willkommen zu heißen. Noch immer steht Klara vor dem Riesenmuschelrand und wird jetzt gleich auch mitgebadet in dem gleißenden, strahlenden diamantenen Licht. Sie schließt die Augen und genießt diese Lichtdusche und die leise Melodie, die aus diesen Kräften entstanden sind.

Shekina spielt mit Klara, indem sie ihr immer wieder Lichtkugeln in allen regenbogenschimmernden Farben entgegenwirft. Klara spielt mit, hüpft erfreut mit den Kugeln, die sie zu fangen versucht oder über sich zerplatzen lässt.

Durch das Spiel der beiden wird die Sternenmutter aus ihrer Trance geweckt. Sie öffnet die Augen und erblickt Shekina. „Dachte ich's mir, dass ich dich gefühlt habe, Shekina. Es ist mir eine Ehre, dass du mich in diesem Perlen Erlebnis besuchen kommst. Dein Licht ist meine Heilung!" Flüsternd bestätigt Shekina ihren Besuch.

„Ich selbst bin die Formgebung des weiblichen Universums, du, die du dich neugebärst, dich von alten Zyklen löst, wirst erneut mit mir und mit meiner Macht wiedervereint!"

Die beiden Göttinnen kommunizieren telepathisch weiter, aber Klara hat alles mitbekommen. Sie hat aufgehört mit den federleichten lichten Kugeln zu spielen und der sinnlichen Verschmelzung der beiden zugeschaut.

Die Sternenmutter und Shekina sind ein Teil ihrer Selbst.

Staunend verfolgt Klara diese faszinierende Union der beiden.

Die Vertiefung in das ultraweibliche Element, nämlich des Wassers, welches das Formlose und Unbewusste symbolisiert, des Schöpferischen, und das Entdecken des eigenen Wesens in der Kraft der großen Stille.

Berauschend bewegen sich die Energien um die Sternenmutter, strahlendes gold- silber- und Platin-Licht umkreist sie und verschmilzt mit ihrem korallenroten flüssigen Seidenkleid. Ein Spektakel der besonderen Art.

Klara sieht, wie die Tränen weiter über das Gesicht der Sternenmutter kullern. Die große Perle berührt jede einzelne Träne und diese werden augenblicklich zu perlmutt-rosa oder sogar goldigen kleinen Perlen. Jede einzelne dieser kleinen Perlen wird automatisch vom Energiewirbel, der die Sternenmutter umgibt, aufgenommen.

Klara ist verzaubert und seufzt mehrmals, weil es so schön und gleichermaßen so traurig ist.

Sie denkt über die unendlich vielen geweinten Tränen nach, die von ebenso unendlichen vielen Seelen geweint wurden. Der Strom der Gezeiten, der Epochen als das Paradies, als die Einheit zerbrach und diese Trennung Traumata ohne Ende hervorgebracht hat.

Klara hört auf zu analysieren, gibt sich ganz dem faszinierenden, heilenden Erleben hin, das die Erinnerung an die Vereinigung der Polaritäten neu aktiviert.

Die Muschel strahlt ihr Licht und große Freude in den schwebenden Raum, rundherum haben sich die vielfältigen Schmetterlinge und Vögel, die Klara auf ihrem Weg begleitet haben, versammelt, um diesem Schauspiel ebenfalls beizuwohnen. Schließlich ist dies eine große Wiedervereinigung, die weit und breit alle hergelockt hat, weil alle dabei sein wollen bei dieser Feier. Wo Heilung geschieht, geschieht dies immer auch im Kollektiv!

Die kleineren Perlen, die sich im Gezeitenstrom versammelt haben und fröhlich herumtanzen, blinzeln ihren vielen Zuschauern zu. Die Heilung, die Verschmelzung zweier getrennt geglaubten Ströme berührt alles im näheren Umfeld. Man feiert mit, tanzt fröhlich und beginnt damit einen neuen Rhythmus der Manifestation.

Viele der tanzenden Zuschauer, Tiere, Pflanzen und ätherische Wesen dieser Gegend lassen ihr Urwissen in die Riesenmuschel zur Sternenmutter strömen, das vom Energiewirbel direkt auf sie übertragen wird.

Klara dreht sich immer wieder um ihre eigene Achse, achtsam ihre langen Federn mit sich ziehend. Sie freut sich so sehr über das Geschehen, denn sie weiß jetzt schon, dass die Sternenmutter neu aufblühen und endlich die Geschichten lang vergessener Zeiten erzählen wird. Und vor allem, man wird ihr zuhören!

Das war ja ihr Trauma, das nicht Verstanden-worden-Sein, das sie über viele Leben lang verschwiegen hat, obgleich dies doch ihre Seelenaufgabe gewesen wäre. Durch Tashi hat sich dieses Siegel lösen dürfen. Sie sind als Familie wieder zusammengekommen. Klara, Sasha, die Sternenmutter und natürlich Tashi, durch den das Ganze ermöglicht wurde, indem er sich trotz großen Widerstandes tatsächlich noch einmal zur Erde, ins Schattenland begeben hat. Nun fließen sie alle als Einheit ineinander, ergänzen sich gegenseitig und jedes trägt durch seine Besonderheit zum großen Plan bei.

Bei diesen Gedanken gackert Klara laut und freudig, die Sternenmutter hat dies in ihrer Trance gehört und öffnet die Augen nur einen winzigen Spalt weit, um Klara anzudeuten, dass ihre Gedanken gehört worden sind. Sie erschrickt, sie wollte die Sternenmutter auf keinen Fall stören. Diese lächelt nur andeutungsweise und schließt die Augen gleich wieder. Die Energien, die sie umwirbeln und wie eine große Lichtsäule anzusehen sind, werden kräftiger und wachsen in ein lautes Crescendo. Die Riesenmuschel scheint noch größer zu werden, öffnet sich nun vollständig, während sich das korallenrote flüssige Seidenkleid öffnet und sie wie ein Riesenschutzschild umgibt.

Die Sternenmutter strahlt, als wäre sie selbst zu einer traumhaft schönen klaren goldigen Perle geworden. Die Zuschauer starren in diese unirdische Schönheit und haben aufgehört zu tanzen. Der goldene Energiewirbel, das Strahlen verzaubert alles. Man hält den Atem, da diese Schönheit alles berührt, bis tief in die Zellstruktur hinein.

Es berührt das schlafende kosmische Wissen ...

Es ist die Schönheit des Urwissens ...

Die Vereinigung der Gegensätze ...

Es ist die Quellenliebe ...

Somit wird das alte Wissen wieder lebendig auf Planet Erde ...

Klara beobachtet die kleineren, glänzenden Perlen, die schwebend um die Sternenmutter hüpfen und tanzen und mit ihrem roten Kleid spielen.

Je weiter die kleinen Perlen ihre Kreise ziehen, umso mehr fühlt Klara den neuen Rhythmus, der die Sternenmutter umgibt. Fast unmerklich beginnt Klara sich in diesem neuen Rhythmus mitzubewegen. Sie hüpft von einem Bein aufs andere, dabei beginnen ihre weißen Federn intensiv silberig zu glänzen. Die kleinen Perlen werden darauf aufmerksam und ziehen sie mit ein in das tanzende Spiel. Das seidene Kleid zieht ebenfalls größere Kreise und der ganze Vortex in der Riesenmuschel dehnt sich weiter aus, selbst die staunenden Vögel und Schmetterlinge werden in diesen Sog integriert.

Man kann sehen, wie sie von kosmischen Erinnerungswellen überflutet wird. Diese Wellen werden von der Auster-Muschel aufgefangen, direkt in ihr Perlmuttwesen verteilt und dann weiter hinaus in die Gegend gesprüht.

Ein richtig großes Einweihungsfest, mit fröhlicher Musik, Gesang und Tanz.

Die herrlichsten goldenen Farbschwingungen explodieren, begleiten das Spektakel und bringen Freude überallhin. Weiche goldige Partikel schwirren umher wie kleine Insekten. Ein Feuerwerk höchster Klasse.

Klara weiß gar nicht, wohin sie schauen soll, alles findet auf einmal und gleichzeitig überall statt. Immer wieder beobachtet sie die Sternenmutter, die wie eine strahlende Statue in der Muschel steht und sich immer noch nicht bewegt.

Eine Symbiose, in der alles zueinanderfindet, miteinander verschmilzt und sich gleichzeitig in neue noch unbekannte Dimensionen ausdehnt.

Klara lässt sich vom Sog aufnehmen und tanzt sich selbst in ein erweitertes Selbst hinein.

Klara tanzt mit dem Leben, sie tanzt mit dem Universum, sie tanzt mit der Liebe … sie alle tanzen mit der Lebenskraft schlechthin.

Eine Stimme hallt in das tanzende, farbige und fröhliche Fest.

„Aus dem Meer komme ich. Meine Schönheit, mein Glanz sind Lichtbringer aus den Tiefen der Existenz. Meine Sanftmut durchdringt die menschliche Erinnerung, nach der sich die Menschen so sehnen. Aber das Unsichtbare und Formlose können sie selten akzeptieren, und das, genau das ist die große Tragik. Sie suchen überall, nur nicht bei sich selbst, wo alle Schätze bereits vorhanden sind.

Durch das Tal der Tränen geht die Seele, auf dass sich ihre verborgene Schönheit und Wahrheit entfalten kann. Irrwege und Umwege bringen sie zurück in die wahre Entfaltung. Die

Menschen sollten wieder lernen, den Zauber und die Magie der Verwandlung, der Transformation zu akzeptieren. Ich, Perle, bin das Symbol der höchsten weiblichen Energie. Durch Schmerz wachse ich, während des Wachstums verweile ich im schützenden Dunkeln. Erst wenn ich für alle sichtbar werde, erkennt man meine Schönheit. Meine Reinheit, meine Klarheit reinigt die verstopften Energiekanäle, die das menschliche System durchfluten."

Die Stimme schweigt, man hört das Pulsieren des Tanzens, das beim Erscheinen der Stimme weniger geworden ist. Man wollte hören, was die Stimme zu sagen hat. Wunderbarer seidener Glanz legt sich über das ganze Szenario, das sich weit in die umgebenden Parks und Landschaften ausdehnt.

„Sternenmutter! Deine Zeit des Wiedererwachens ist gekommen. Aus meinen atemberaubenden Tiefen des Seins wirst du altes Wissen erzählen und zu den Menschen bringen. Tashi ist die Brücke, der deine Worte und dein Wissen in die unteren dunklen Ebenen transformiert. Seelenverträge alter Realitäten und Wirklichkeiten, deren Programmierungen lösen sich langsam auf und werden erneuert. Das Transformationsthema dringt in jede Ecke auf Planet Erde und seiner Existenz. Selbst die Programmierung der alten Erde wird erlöst und findet zu neuem Frieden. Altes stirbt, um Neues zu gebären. Alles wandelt sich. Das Leben darf wieder lebendig und kraftvoll sein. Doch bis die Menschen ihr Erwachen wieder spüren, die Wahrnehmung ihrer Realität erweitern, werden sie viele Tränen vergießen. Darum kommen wir zurück, aus den Urtiefen des Unbewussten, vergessenen Wissens und der Kraft der Schönheit des Lichtes."

Absolute greifbare Stille und Faszination, alle warten gebannt auf mehr. Die sanften Klangschwingungen werden lauter.

„Wissen, Erinnerungen, Gefühle haben keine Form. Du, Sternenmutter, wirst diesem Seelenwissen durch Sasha und Tashi eine Form geben, die für die Menschen erfassbar wird. Du verhilfst dem Unsichtbaren, sichtbar zu werden!"

Klara betrachtet die Sternenmutter, die nun ihren eigenen Glanz, der aus den Tiefen ihres Wesens sprudelt, ausstrahlt. Die Magie und der Zauber, der sie umgibt, sind beinahe greifbar. Ehrfürchtig lässt sich Klara davon berieseln und staunt einfach weiter. Sie sieht, wie die Sternenmutter sehr langsam die Augen öffnet. So als käme sie aus weiter, weiter Ferne zurück in diese Gegenwart. Noch sind ihre Augen nicht fokussiert, aber sie strahlen, als würde die Sonne direkt durch sie hindurchscheinen. Mit offenem Mund schaut Klara zu und sieht, dass die Augen einen leichten goldenen Glanz angenommen haben. Klara setzt sich wieder hin, sie ist wirklich völlig überwältigt.

„Das Ungleichgewicht, das durch die Trennung der Geschlechter, des weiblichen – männlichen stattgefunden hat, wird ausgeglichen. Das weibliche Prinzip soll sich seiner Macht, seiner Schöpferkraft wieder bewusst sein."

Die Stille dehnt sich aus und wird rundherum aufgenommen.

Zaghaft beginnt sich die Sternenmutter in der Riesenmuschel zu bewegen. Erst die Füße, die sie sanft auf den Rand der Muschel stellt, den herrlichen perlmuttleuchtenden inneren Mantel der Muschel zärtlich berührend. Die Arme weit nach oben gestreckt, als wollte sie alles Licht in sich aufnehmen.

Ihr korallenrotes flüssiges Seidenkleid umgibt sie und spielt mit ihrer Figur. Sie lässt es lächelnd, aber immer noch verzückt geschehen, lässt den Hauch und die Berührung der Seide auf ihrer Haut wirken. Sie streichelt den Körper der Riesenmuschel, bedankt sich telepathisch, setzt sich hin und beginnt tief zu atmen. Sie sieht Klara, die erwartungsvoll vor der großen Muschel sitzt und sie mit großen bewundernden Augen beobachtet.

Klara rutscht etwas näher, erkennt aber, dass es für Fragen noch zu früh ist.

Überhaupt, was soll man da noch für Fragen stellen, wo man doch die überirdische Schönheit gerade erlebt und mit eigenen Augen gesehen hat? Diese erlebte Klarheit und das Wunder sind mit keinem Wort zu beschreiben. Dieser Glanz, der alles überstrahlt, was nicht im Reinen mit sich selbst ist.

Nachdem sich die Stille, die sich wie ein Vorhang über alles gelegt hat, wieder öffnet, fliegen die Schmetterlinge und bunten Vögel ihren Reigen erneut und das Lebendigsein umfasst die Landschaft.

Nun beginnt die Sternenmutter tief durchzuatmen und findet zurück in ihren feinstofflichen Körper. Sie reckt sich in alle Richtungen, das Seidenkleid weiter mit ihrem aufwachenden Körper spielend.

Klara scheint es, als würde die Sternenmutter ihren Körper neu aktivieren, auf einer Bewusstseinsstufe, die sie bis anhin nicht an ihr gesehen hat. Je tiefer sie atmet, umso lebendiger und strahlender wird ihr feinstofflicher Körper. Klara hüpft aufgeregt, da kommen schon wieder ganz neue Dimensionen und Erkenntnisse auf sie alle zu. Sie beginnt leise zu gackern vor Freude, da scheint sich das lebendige Leben ganz neu einzurichten.

„Was für Kräfte den Menschen doch zur Verfügung ständen ...
Aber sie haben alles vergessen, oder vergessen wollen ...“
Nachdenklich murmelt Klara vor sich hin. Die Unterschiede der verschiedenen Wirklichkeiten, von denen Tashi jeweils aus seiner Menschenwelt erzählt und das, was Klara hier immer wieder erleben darf, sind einfach unfassbar.

Laut seufzt sie, während sie wieder die Geliebte nun durch und durch strahlende Sternenmutter bestaunt.

Die Perle, die Klara durch den Ozean an diesen Ort geführt hat, setzt sich neben die Sternenmutter, die sie sofort zärtlich berührt. Die Perle ist beinahe so groß wie die Sternenmutter. Die beiden sitzen nebeneinander, gleich in Größe, Kraft und Schönheit. Beide symbolisieren die Auferstehung des weiblich Göttlichen in seinem Ursprung.

Shekina strahlt ihr diamantenes Licht kaskadenmäßig über den ganzen Raum aus. So strahlend, dass Klara kurz die Augen schließen muss, um nicht zu sehr geblendet zu werden. Durch Shekinas Gegenwart werden lang verschlossene Siegel neu ausgerichtet und aktiviert.

„Meine Gerechtigkeit, mein Licht wird erneut zur Erde, Gaia, geschickt um den großartigsten Wandel der Menschheitsgeschichte zu vollbringen. Die Menschen werden die Mysterien von Tod und Geburt neu definieren müssen und lernen, dass sich immer nur die Form verändert, der Geist bleibt, das Leben lebt weiter!" Shekina dehnt sich aus und ihr Licht, ihre Kraft ist fast unerträglich anzusehen. Klara blinzelt nur und sieht durch ihre halbgeschlossenen Augen, wie Shekina die Sternenmutter und die Perle segnet.

Dann verschwindet das gleißende Licht und mit ihm auch Shekina.

Shekina = das weiblich göttliche Prinzip

Ein paar Funken ihres diamantenen Lichtes sprühen noch umher, aber dann wird es wieder ruhig.

„Wow, wenn wir das alles Tashi erzählen, wird er das auch glauben können Sternenmutter?"

Nur leise hat Klara mit der Sternenmutter gesprochen, um auf sich aufmerksam zu machen und sie aus ihrer Abwesenheit zurückzuholen.

Beine wieder über dem Muschelrand baumelnd, kommt sie langsam zu sich.

Öffnet die Augen und spricht mit samtener, neuer Stimme zu Klara.

„Gut, dass du bei mir bist Klara, du Gütige. Ich brauche eine Zeugin, um mir zu versichern, dass all dies mit mir geschehen ist und es nicht nur ein Traum war.

War für eine intensive Einweihung, was für eine Ehre ist mir doch erwiesen worden."

Dann schaut sie lange auf Klara, verklärt und nachdenklich über die vielen Informationen, die ihr überbracht worden sind. Klara schweigt und lässt es geschehen.

Sehr langsam und bedächtig gleitet sie elegant aus der Riesenmuschel, begleitet von ihrer Perle. Klara tritt zurück, um ihr Platz zu machen, da ihr Energiefeld immer noch sehr ausgedehnt bleibt.

Sie ist wunderschön anzuschauen, war sie immer schon, aber nun erstrahlt sie in neuem Licht, neuer gereifter Weisheit. Schön wie eine Perle eben. Klara empfindet Ehrfurcht.

Während die Sternenmutter sich an ihr neues Energiefeld anpasst, zeigt die Riesenmuschel ihr Innenleben allen Anwesenden, ihre Verletzlichkeit und Schönheit. Dann schließt sie sich sehr langsam, beinahe wie im Zeitlupentempo, und verabschiedet sich von der Sternenmutter und der großen Perle.

„Wie fühlst du dich Sternenmutter? Weißt du überhaupt, wie faszinierend schön du aussiehst?"

Völlig abwesend und verzückt schaut sie auf Klara. Die merkt sofort, dass es wahrhaft viel zu früh ist für irgendwelche Form der Kommunikation. Sie lässt die Sternenmutter in Ruhe, hält respektvoll Abstand und schwebt neben ihr her. Die beiden samt der Perle entfernen sich aus dieser heiligen Einweihungsstätte begleitet von den prächtigen bunten Vögeln und Schmetterlingen, die alles miterlebt haben.

Das korallenrote Seidenkleid formt sich näher an die Sternenmutter, als würde sie eine neue Aura Schicht bekommen. Klara staunt und schweigt.

Die Perle summt eine leise Melodie der Liebe und des magischen Zaubers. Die Melodie hüllt sie ein und wird zum Wegweiser zurück an Tashis Kraftort.

Immer weiter entfernen sie sich, hinein in eine erneute Leere. Klara flüstert leise zur Perle:

„Gehen wir nicht denselben Weg zurück, den wir gekommen sind, den Weg durch den tiefen Ozean?"

Liebevoll antwortet die seidene Perle.

„Nein Klara, das Unterbewusstsein, das Seelenwissen hat sich befreien dürfen und strebt an die Oberfläche. Der Weg in das Neue ist fließender, befreiend, ungeahnte neue Möglichkeiten eröffnen sich. In der Leere, in der wir uns gerade befinden, nehmen diese Möglichkeiten neue Formen an. In dieser Leere gibt es momentan keine Anhaltspunkte irgendeiner Richtung oder Bestimmung. Die Schablone wurde gelegt und nach dieser richtet es sich automatisch neu aus. Genieße die Ruhe und den Frieden in diesem Nebel der Leere."

Dann umarmt die Perle die staunende Klara und zusammen schweben sie weiter in diesem Moment der Anpassung und Erneuerung.

Die Sternenmutter ist ganz in ihrer eigenen Welt absorbiert. Die neue Energie, die durch das korallenrote Kleid schwingt, ist wahrhaft stark. Klara spürt die neue befreite Kraft, die aus der Sternenmutter strahlt. Selbst sie hat von dieser Schönheit abbekommen, denn ihre weißen Federn strahlen noch intensiver, selbst das silberige Leuchten aus den Federn hat zugenommen. Sie schüttelt immer wieder den Kopf, weil sie es gar nicht fassen kann. Zudem ist sie heimlich hocherfreut, dass sie auch wieder mal auf einer Reise eingeladen wurde. Sie schmunzelt kaum merklich vor sich hin und schaut zur Perle und der Sternenmutter.

Leise antwortet die Perle:

„Ein magisches Regenbogenhuhn, wie du es bist, lebt einen besonderen Status!

So wie die Amsel immer bei Übergängen singt, so bist auch du ein Botschafter aus der Anderswelt. Symbolisch unterstützt du Tashi, Sasha und die Sternenmutter bei Neuanfängen. Du hilfst ihnen, ihre alten Geister und Schatten zu überwinden damit sie ihre wahre Größe, ihre Wahrheit wieder leben können! Du siehst also, deine Aufgabe gehört ebenfalls in den Transformationsbereich. Das Leben selbst transformiert sich und gestaltet sich ohne Unterbruch immer neu. Das Leben erwartet von sich selbst, dass es sich unaufhörlich ausdehnt!"

Dann schweigt die Perle wieder.

Die Leere umgibt sie wie eine Wolke, die Schwingungen der Melodie leitet sie durch diesen orientierungslosen Raum. Die Sternenmutter bleibt in ihrer Trance, lässt sich treiben und schwebt neben der Perle und Klara einher.

Plötzlich beobachtet Klara, wie die Perle langsam kleiner wird, wohl bleibt sie neben ihnen schwebend, aber verändert ihre Größe.

Sie verliert weder an Glanz noch an Intensität, bleibt in perfekter runder Form, aber kleiner, viel kleiner. Klara will stehenbleiben, aber die Perle ruft ihr leise zu, nicht anzuhalten.

„Wir sind bald am Kraftort Klara, halte durch, ich werde mich wieder in die Perle verwandeln, die du der Sternenmutter geschenkt hast. Komm!"

Klara schüttelt den Kopf, lässt sich weitertreiben und sieht den beiden zu, wie sie sich verändern. Denn auch die Sternenmutter wird lebendiger und wacht aus ihrer Trance auf. Ihr Energiefeld verändert sich, schmeichelt sich nahe an ihren Körper an. Das korallenfarbige schimmernde seidene Kleid legt sich wie eine zweite Haut um ihren sinnlichen Körper, der jetzt wieder fester und weniger feinstofflich wirkt.

Es dauert auch gar nicht lange, man vernimmt ein seltsames Geräusch einem Wirbelsog ähnlich, der die beiden, Klara und die Sternenmutter, aus der Leere direkt in ihre Körper katapultiert. Die beiden sitzen wieder fest an ihrem Tashi-Kraftort in ihren Körpern, die gemütlich nebeneinandergesessen haben und auf die Ankunft der beiden Reisenden gewartet haben. Das leise Sauggeräusch bestätigt, dass sie angekommen sind. Erstaunt schaut Klara auf die neben ihr sitzende Sternenmutter, die ihren Blick noch in der Ferne verankert hat. Wird wohl etwas dauern, bis sie ihren physischen Körper wieder vollständig spüren wird.

Klara empfängt die üblichen Geräusche, die Amsel, die fröhlich zwitschert, das Rauschen der Blätter des Lebensbaumes und das Plätschern des Bächleins. Sie saugt den Duft des frischen Grases ein, es weckt und erfrischt wie immer die Lebensgeister. Sie ist schnell fit, schüttelt ihre langen Federn und gibt sich ihrem Putzritual hin.

Das weckt die Sternenmutter und bringt sie ebenfalls sanft in diese Realität zurück. Sie beginnt laut ein- und auszuatmen, um sich neu im Körper zu verankern. Sie wird heimlich von Klara beobachtet, die sich fleißig weiterputzt. Die Sternenmutter reckt und streckt sich, steht auf und dehnt sich in alle Richtungen. Wunderschön anzusehen, so grazil, so leicht und beweglich.

„Klara? Wo waren wir?"

Sie flüstert nur, hat leise gesprochen, die ersten Worte seit langem. Klara hält inne, soll sie jetzt wirklich alles nochmal erzählen? Sie zögert mit der Antwort.

„Auf einer Perlenreise?"

Dann schweigen beide wieder. Die Sternenmutter fragt nicht weiter.

Die Stimmen aus Richtung Ahnenbank werden lauter, man hat die beiden entdeckt und Sasha möchte auf sie zurennen. Erneut hält sie Sardonyx zurück.

„Sasha, gleich kommen die beiden zu euch, hab Geduld. Sie kommen von einer intensiven inneren Reise zurück und brauchen einige Augenblicke, um sich anzupassen. Sie werden gleich hier sein."

Liebevoll schaut er Sasha an, die ungeduldig auf die beiden wartet. Lange durfte sie sich mit Sardonyx und ihrer geliebten Oma unterhalten. Sie ist so dankbar, dass ihr neuer Freund Sardonyx da ist und ihr viele Geheimnisse aufgedeckt hat. Sardonyx' Bereitschaft, ihr neue tröstende Kräfte zu vermitteln, hat unglaublich geholfen die tiefe Trauer über ihre verlorene Mutter zu überwinden. Das Leben sieht wieder froher aus und das Verständnis, was Transformation wirklich ist, hat einen neuen Sinn bekommen.

Klara und die Sternenmutter verankern ihre Erlebnisse und die neuen Schwingungen in ihren Körpern. Die Amsel singt kräftig und der Baum, der die Sternenmutter besonders verehrt, schüttelt ihr einige Blätter zur Begrüßung und geglückten Zeitreise zu. Sie lächelt ihm dankbar, aber noch verträumt entgegen.

Klara beobachtet die Sternenmutter, sie selbst ist bereits geerdet und forscht nach, wo sie ihr noch helfen könnte. Diese streckt ihr die Hand entgegen, da sie die Absicht des Helfen-Wollens gespürt hat. Sanft streichelt sie Klaras leuchtende Federn und dreht sich nach ihr um. Ihr Blick ist nun weniger verschleiert und fokussiert sich wieder. Lange bleiben sie in dieser Ruhe und Anpassungsphase.

Sasha wird immer ungeduldiger und fragt Sardonyx, ob sie den beiden jetzt entgegenspazieren darf. Die Sternenmutter spürt Sashas Ungeduld, steht gemächlich auf, klopft sich ihr neues Kleid zurecht, streckt die Arme weit in den Himmel, um sich für dieses Erlebnis, diese Einweihung zu bedanken.

Klara starrt ehrfürchtig auf diese Schönheit, die Kraft und neue Sinnlichkeit, die von der Sternenmutter ausgestrahlt wird.

Sasha und Oma staunen ebenfalls, die geliebte Sternenmutter erstrahlt in neuem Glanz, etwas Neues umgibt sie, das Sasha nicht benennen kann. Sie wendet sich nach Sardonyx um, versucht sich an ihn zu schmiegen, um eine Antwort zu erhaschen.

„Geläutert und befreit von Altlasten, sie ist zurückgekehrt in ihre Aufgabe, die sie nun entfalten und euch allen weitergeben wird. Ihr verschlüsseltes Wissen ist aufgewacht und will gelebt werden!"

Sardonyx hat ihre unausgesprochene Frage beantwortet, obgleich sie nicht alles versteht, spürt sie, dass wiedermal etwas Tolles geschehen ist. Das ist nun mal so, im Tashi Universum begegnet man vergessenen Dingen, phantastischen Abenteuern, die von großem Nutzen sind, wenn man in der beengten Realität des Planeten Erde lebt.

„Nun geh schon, lauf ihr entgegen."

Sardonyx schubst sie sanft in Richtung Klara und Sternenmutter.

Freudig hüpft sie den beiden entgegen, sie kann es gar nicht erwarten, die beiden auszufragen. Klara sieht Sasha auf sie zukommen und eilt etwas voraus, um der Sternenmutter mehr Zeit zu lassen.

Die Perle hat sich mittlerweile auf normale Größe zurückgezogen, sie bleibt in der eleganten Hand der Sternenmutter liegen, gefüllt mit allen Erinnerungen und Erlebnissen dieser mystischen Reise. Sie vertritt das Wissen aller Perlenwesen und deren Ursprung, des Wassers, und den Wirt ihres Werdens, der Perlenmuschel.

Sasha und Klara kommen sich näher, das Mädchen sieht das silberige Leuchten, das aus Klaras Federn strahlt. Sie bleibt abrupt stehen, um das Spiel der Reflexionen zu beobachten. Sie wartet, bis Klara aufgeschlossen hat, dann umarmen sie sich innig. Andächtig streichelt Sasha die wunderschön aussehenden Federn und macht Klara Komplimente. Wir wissen ja, wie empfänglich Klara für Komplimente ist!

Die beiden schauen zurück zur Sternenmutter, die sich viel Zeit lässt, um aufzuschließen. So entscheiden sie, schon mal zur Ahnenbank zurückzuschlendern. Klara freut sich über das Willkommenslied der Amsel und das Rauschen der Blätter des Weltenbaumes. Ein herzliches Miteinander am gewohnten Tashi-Kraftort.

Nach geraumer Weile kehrt auch die Sternenmutter zurück an ihren Stammplatz. Man sieht, dass sie immer noch in ihrer eigenen übersinnlichen Welt verweilt. Sie lächelt zwar und begrüßt alle herzlich, dennoch bleiben die Zuschauer verhalten und lassen sie in ihrem So-Sein gewähren.

Zuerst begrüßt sie den Weltenbaum, umarmt ihn, flüstert ihm Geheimnisse, die sie erlebt hat, in Sternensprache zu. Aufmerksam hört ihr der Baum zu, umarmt sie mit seinen zarten Ästen. Sie gibt sich ganz in diese Umarmung hinein, wobei ihre neue Sinnlichkeit aus ihr herausstrahlt und sie selbst sowie den Baum umgibt.

Die Zuschauer sind entzückt, verfolgen ihr Tun wortlos und genießerisch von der Bank aus.

„Unsere Sternenmutter ist sooo schön Klara."

„Ich weiß Sasha, du hättest sie bei der Einweihung erleben sollen, Magie pur! Oh, ich habe dir natürlich noch gar nichts von unserer Reise erzählt. Na ja später dann, oder sie erzählt es dir besser alles selber."

Klara rückt etwas näher zu Sasha hin, die ganz in die neue Ausstrahlung der Sternenmutter absorbiert ist und abwesend Klaras Federn streichelt.

„Du bist angekommen, zurückgekommen in deine Wahrheit, Sternenmutter du Schöne. Ich gratuliere dir."

Leise hat der Baum, ihr großer Verehrer, in ihre Ohren geflüstert. Die beiden sind zutiefst miteinander verbunden, denn sie beide hüten Geheimnisse und Weisheiten vergangener Epochen der Erde. Das ganze Universum spricht durch sie, viele Sternenzivilisationen verbinden sich mit den beiden.

Lange bleibt sie in der Umarmung mit dem Baum, gibt sich mit geschlossenen Augen dem Moment hin, währenddessen Klara ihre Geschichte Sasha, Oma und Sardonyx zu erzählen beginnt. Manchmal guckt Sasha, als würde Klara mächtig übertreiben, dennoch bittet sie sie, unbedingt weiterzuerzählen.

Sardonyx ist ein ruhiger Gast, und ein ebenso guter Zuhörer. Ohne sich aufzublähen oder sich zu äußern, nimmt er die Angst und Zweifel des Unbekannten. Sardonyx stärkt die Freundschaft und Harmonie der so unterschiedlichen Wesen, die friedlich auf der Ahnenbank sitzen und sich unterhalten. Er schmunzelt vor sich hin, wenn er Klara zuhört, die voller Leidenschaft von ihrem Erlebnis erzählt.

Dass er, Sardonyx, als großer Schutzstein gilt und selbst in alten Zivilisationen sogar als Gold geehrt wurde, braucht er nicht an die große Glocke zu hängen.

Sardonyx

„Ich bin alt wie das legendäre Paradies und wurde auch dort gefunden. Deshalb gehöre ich zu den zwölf Steinen des neuen Jerusalem. Ich wirke beruhigend und inspirierend auf die Gesundheit, umhülle meine Schützlinge, die mich erkennen mit Liebe, Gerechtigkeit und Erkenntnis."

Leise hat Sardonyx seine Botschaft telepathisch in die Runde geleitet, so als neutraler Beitrag alten Wissens. Es waren keine Worte, dennoch wendet sich Klara ihm entgegen, unterbricht ihren Erzählschwall.

„Hast du was gesagt Sardonyx?"

Wieder schmunzelt er verstohlen, zwinkert ihr zu:

„Es ist bereits eingestreut in eurer Runde. Lass es einfach wirken ..."

Dann verändert er seine wundersamen Farben und dehnt sich genüsslich über die Landschaft aus. Sofort reagiert Sasha auf diese entspannende Energie, berührt abwesend ihren Sardonyx-Anhänger, während sie weiter Klara zuhört, die ihre Geschichte weitererzählt.

Apollo berührt ihre Wangen sanft wie ein leiser Windhauch und platziert sich auf ihrer Nase. Sie will ihn anschauen und schielt dabei ganz leicht, weil sich beide Augen auf den Punkt auf ihrer Nase ausrichten. Oma und Klara müssen über diese lustige schielende Grimasse lachen.

Während sich die Sternenmutter bei ihrem Baum aufhält, Klara und ihre Freunde unter dem Schutz des Sardonyx verweilen, hat sich auch bei Tashi so einiges getan auf seiner Reise mit Azrael und Andrach.

Tashi

Fürst Azrael nimmt Tashi unter seine Obhut. Das Portal im Weltenbaum schließt sich langsam von innen und Tashi gleitet zurück in die Tiefen des Baumes hinein.

Andrach steht aufmerksam im großen Raum mit den vielen sich öffnenden und schließenden Türen, durch die immer wieder ein sanfter, manchmal sogar ein richtig greller Lichtstrahl scheint.

Azrael lässt Tashi erst mal staunen, Pixie, gemütlich in Tashis Haarschopf eingenistet, beobachtet das emsige Treiben, das in diesen unendlichen Hallen herrscht. Der unsichtbare Amethyst-Begleiter, Tashis neuer Freund aus dem Amethyst-Reich sowie Nga und Waka stehen erwartungsvoll da. Auch Tashis Schmetterling ist jetzt mit ihm, klebt wie ein Tattoo auf seinem Arm, verteilt leise Goldstaub, den seine Flügelränder zieren, aber verhält sich ansonsten absolut still.

Alle warten auf Zeichen und Erklärungen seitens Azrael. Der schmunzelt, lässt sie erst an die neue Umgebung anpassen, um sich auf Unbekanntes einzulassen.

Immer wieder wird Azrael von umhergleitenden Wesen mit einem Kopfnicken oder Winken freundlich begrüßt.

Der große Schlüssel, der vorhin durch Lichtemanationen auf dem Boden schimmerte und Tashi in die hinteren Ebenen des unendlichen Raumes geführt hat, verblasst langsam, nur noch die Konturen sind leicht auszumachen.

Tashi schaut Azrael fragend und mit großen Augen an. Er würde gerne mit der Reise beginnen.

Aus der Ferne, vom Kraftort, hört er sanft die Amsel zwitschern. Seine Sinne öffnen sich und er bedankt sich wortlos bei seiner Amsel, die sich für ihn bemerkbar respektive hörbar gemacht hat.

Azrael hat das alles mitbekommen, schließlich ist er ein großer kosmischer Fürst wie alle Mentoren, denen Tashi bis anhin begegnet ist.

„Lasst uns tiefer in die Räumlichkeiten gleiten. Seid ihr bereit?" Andrach macht sich klein, um Tashi aufsteigen zu lassen, dann streckt er sich wieder und nimmt plötzlich viel Platz ein. Einige vorbeischwebende Wesen sehen das und wundern sich. Sowas sieht man hier nicht oft, eigentlich fast gar nie. Nicht alle erleben die Magie eines so treuen Wegbegleiters, Beschützers und Freundes.

Drachen wie Andrach bewahren das geistige Wissen und teilen es mit ihrem Schützling, sie verkörpern die Urquellenliebe.

Andrach hält ein freundliches Grunzen zurück, gerne würde er den staunenden Wesen ein kleines Feuer speien, einfach aus Freude und Übermut? Aber er will sie ja nicht erschrecken, schließlich sind diese Seelen noch nicht so lange hier in diesen Übergangsebenen.

Pixie setzt sich ganz nach vorne in Tashis Haarschopf und hält sich mit beiden zarten Händen fest an seiner Stirn. Sie nimmt die vielen unterschiedlichen Schwingungen auf, die aus den Türen und von den herumschwirrenden Wesen herrühren.

Plötzlich sieht sie einige Perlen, die sie bereits im herrlichen Raum zu Beginn dieser Geschichte gesehen hat, umherhüpfen. Es sind nur wenige, goldstrahlend schimmernde Perlen, die einladend Azraels Trüpplein entgegenspringen. Pixies Augen glänzen und sie winkt den Perlen.

Azrael beobachtet das strahlende Elfenwesen. Wie schön Pixie doch ist! Als würde sie die ganze ätherische Schönheit in ihrem kleinen Wesen verkörpern. Botschafterin stiller zauberhafter Welten, Vermittlerin verschiedener Wirklichkeiten, mit denen auch die Menschen tief verbunden sind, jedoch vergessen haben, dass sie selbst ein Teil dieser unendlichen Schöpfung sind.

Die Perlen schweben direkt vor Andrach hin, begrüßen ihn und seine Freunde, berühren Pixie sanft und schweben einmal um Tashi herum. Dann wenden sie sich Azrael zu, der auf sie gewartet hat, und bleiben dort für einen Moment vor ihm stehen. Pixie betrachtet beglückt den herrlichen Goldschimmer, der von ihnen ausgeht und sich sogar mit dem Goldstaub des Schmetterlings auf Tashis Arm vermischt. Ein Zauber hüllt sie alle ein. Eine Mischung aus Freude und Tränen, möglicherweise auch Freudentränen? Man weiß es nicht genau.

Azrael begrüßt die Perlen telepathisch, macht eine Handbewegung, um sich von ihnen den Weg zeigen zu lassen.

Stillschweigend und staunend beobachtet das Trüpplein die Szene, in der sie ja selbst die Hauptrolle spielen.

Tashi hält sich an Andrachs Mähne fest, denn auf einmal gleiten sie sanft los. Das Trüpplein wird von den dort wohnenden Wesen ungläubig beobachtet, da Drachen in dieser Wirklichkeit wahrlich selten bis sehr selten sind. Liebevoll schmunzelt er ihnen freundlich entgegen und unterdrückt erneut ein fröhliches Grunzen. Er möchte die frisch angekommenen Seelen hier wirklich nicht erschrecken. Erst müssen sie sich mal mit ihrem Gestorben-, aber nicht Todsein auseinandersetzen!

Die Erkenntnis, dass sie hier zufällig in einer weiteren Wirklichkeit des Kosmos gelandet sind, muss dementsprechend verarbeitet werden. Sowas aber auch … einige Staunende winken ihnen zu, andere wollen gar nicht anerkennen, dass sowas wie Drachen und Elfenwesen tatsächlich existiert, selbst in den neuen Wirklichkeiten nicht.

Manche frisch angekommenen Seelen leben noch immer in ihrem mentalen Gefängnis und ihren Glaubensmustern, die sie bereits auf der Erde gelebt haben. Nicht alle Verstorbenen wollen anerkennen, dass das Leben einfach nicht totzukriegen ist und man sich immer wieder auf neuen Ebenen wiederfindet.

Man erkennt, dass der Körper und das Materielle stirbt, wohl aber das wesentlich nie verwest! Das Wesen selbst nämlich …

Ganz nach dem Motto Schmetterling, der immer wieder in eine neue Wirklichkeit hineingleitet, sich verwandelt und schnell anpassen muss, um im neuen Dasein überleben zu können.

Die Perlen steuern Azrael mit seinen Freunden in eine neue Richtung, die vorher gar nicht erkennbar war. Tashi staunt erneut, wie schnell sich alles wandelt.

Niemand spricht, Tashi wagt kaum zu denken, vorerst will er sich überraschen lassen. In diesen Departements kennt er sich wahrlich nicht aus. Es interessiert ihn natürlich mächtig: Da Sashas Mutter gestorben ist, bekommt diese Ebene eine ganz neue Bedeutung auch für ihn. Innerlich freut er sich über Offenbarungen weiteren Wissens aus den kosmischen Bereichen.

Freudig hält er seine Hand Pixie entgegen, die ihn als Bestätigung, dass sie seine Gedanken gehört hat, sanft aus dem Haarschopf berührt. Jetzt kann sich Andrach ein ganz leises Grunzen einfach nicht mehr erwehren. Auch er hat Tashis Gedanken gehört, sind sie doch alle zutiefst miteinander verbunden.

Nga und Waka begleiten Andrach je auf einer Seite, und während er sein Grunzen von sich gibt und einige der vorbeischwebenden Wesen erschrecken, winken die beiden Wächter beschwichtigend und freundlich mit den Händen. Das versöhnt die staunenden Zuschauer und das Trüpplein gleitet weiter in die neue Richtung, den wegweisenden Perlen nach.

Der Raum, in dem sie sich bewegen, dehnt sich aus und wird immer heller, die Türen oder Durchgänge größer. Die ganze Atmosphäre verändert sich und wird freundlicher, irgendwie gelassener und, na ja, wie soll man sagen, weiser, reifer vielleicht? Sanfte Musik und irisierende zarte Farben bewegen sich in Wellen übereinander, untereinander, nebeneinander, ineinander, ein Reigen größter Kunst.

Andrach und Azrael bleiben stehen, der Amethyst-Begleiter, der sich dicht in Tashis Aura befindet, löst sich leicht von ihm und nähert sich den Perlen, die vor dem Trüpplein stehen. Pixie staunt nicht schlecht, vor Aufregung hüpft sie immer wieder von einer Seite zur anderen, ihr durchscheinendes zauberhafte Kleidchen um sich schwingend. Es hat den Goldschimmer der Perlen angenommen und vermischt sich mit ihrem lila-magentafarbenen lichtdurchfluteten zarten Stoff.

Die Perlen halten inne, laden den Trupp ein durch ein Hologramm zu schauen. Der Amethyst-Begleiter, der sich leicht aus Tashis Aura gelöst hat, folgt direkt neben ihnen und schaut sich das Szenario, das sich im Hologramm abspielt, genau an. Der Trupp versteht erst gar nicht, was denn gezeigt wird. Sie sehen eine riesengroße schwebende Brücke, die beinahe ein wenig an die Rialto-Brücke in Venedig erinnert, nur eben viel, viel größer. Voller Stuckaturen, reichlich künstlerisch dekoriert. Sämtliche Regenbogenfarben umschwirren die Brücke von allen Seiten und hüllen sie ganz ein. Viele, unendlich viele Seelen, wie Menschen sehen sie aus, stolpern, spazieren, rennen, schlendern die übergroße breite, riesige Treppe hinunter und herauf. Der Gegenverkehr ist enorm. Die Treppe vollgestopft, es herrscht ein heftiges Gedränge, man versucht aneinander vorbeizukommen, ohne ineinander zu rennen, das aber gelingt nur bedingt.

Tashis Augen werden immer größer, die schwebende Treppe hat keinen Anfang und auch kein wirkliches Ende. Es herrscht großer Wirrwarr zwischen den ab- und aufsteigenden Wesen.

„Da wären wir jetzt also. Resultat des momentanen schwierigen Durcheinanders, das auf Planet Erde herrscht. Schaut mal genau hin, was die aufsteigenden den herunterkommenden Wesen sagen."

Der Amethyst-Begleiter hat sich laut geäußert, das kommt höchst selten vor, man ihn meist nicht wirklich wahrnimmt, da er in Tashis Aura integriert ist. Tashi wundert sich, neigt sich von Andrachs Rücken nach vorne und versucht wahrzunehmen, was auf der Brücke gesprochen wird.

Andrach schiebt sich näher an das Hologramm, um Tashi den Vorteil des besseren Hörens und Sehens zukommen zu lassen. Der bedankt sich mit einem leichten Druck auf Andrachs Nacken, ohne sich ablenken zu lassen. Azrael verstärkt die Energien, damit auch alle hören können, was da ausgetauscht wird.

Man vernimmt Gesprächsfetzen wie:

„Wenn wir ihr wären, würden wir noch etwas zuwarten mit eurer Reise zur Erde, dem Schattenland. Es herrscht gerade unglaubliches Chaos auf dem Planeten …"

Oder andere:

„Leute, wisst ihr, wohin ihr geht? Da, wo ihr hinwollt, herrscht gerade ein bizarrer Krieg, überlegt es euch doch noch mal …" Oder die Herabsteigenden auf der Brücke wollen wissen, weshalb so viele Seelen zurück über den Regenbogen kommen, direkt vom Planeten Erde. Manche sind echt erstaunt und beobachten die zum Teil geschlagenen Menschen, die teilweise sehr bedrückt aussehen. Andere wiederum voller Freude die Treppen hocheilen, um sich mit den vor ihnen angekommenen Freunden und Verwandten zu treffen. Man staunt von beiden Seiten, die Kommenden und die Gehenden.

„Weshalb kommen denn so viele von euch wieder zurück? Was läuft da ab, wo ihr herkommt?"

„Ooch…", meinen einige zögernd, man wolle den Absteigenden ja nicht gleich den Mut nehmen.

„Ooch also, was wollt ihr denn lernen auf eurer Reise auf Erden? Wenn's nicht allzu sehr eilt, würden wir euch raten, noch etwas zuzuwarten!"

Niemand gibt wirklich klare Antworten, man fragt weitere Aufsteigende, was denn Sache sei.

Ein junger Mann, ein starker Soldat, gebeugte Schultern und trauriges Gesicht, der aus Richtung Schattenplanet die Treppe hochsteigt, wird zur Seite genommen und von übermütigen Jugendlichen befragt. Natürlich räuspert er sich, was soll man denn sagen? Eigentlich will er den zur Inkarnation Bereitstehenden die Vorfreude nicht nehmen. Aber die Enttäuschung dessen, was im Moment auf dem schönen blauen Planeten abläuft, ist deutlich in seinem gerade „verstorbenen" Energiefeld abzulesen.

„Auf Erden läuft ein etwas beängstigendes Reinigungsprogramm ab."

Er hält inne, man sieht, dass er lieber nicht zu viel verraten möchte. Aber die jungen Seelen, die voller Vorfreude sind, wollen mehr wissen, schauen sich um, ob jemand vielleicht mehr erzählen möchte. Aber man hört immer nur kurze Gesprächsfetzen, keine großen Erklärungen. Die jungen Seelen schubsen den Soldaten und drängen ihn noch mehr zu reden.

„Jungs, ein Zusammenbruch auf allen Ebenen ist im Gange.

Alte Herrscher, die den Planeten ausgeraubt, ausgeblutet haben, Herrscher, die die Menschheit unterdrückt haben, spielen ihr volles Programm auf höchster Laustärke aus. Ihr müsst wirklich sehr stark sein, um da hingehen zu wollen. Viel freien Willen erleben die Menschen momentan nicht. Mut und die persönliche Willenskraft werden mächtig auf die Probe gestellt." Traurig schaut er in die verstummten, jungen Seelen, die sich doch so gefreut haben.

Dann plötzlich nimmt der Führer der Gruppe einen Anlauf: „Ach los, das schaffen wir doch oder? Zusammen sind wir stark!"

Wobei er sich in seiner Gruppe umschaut und um Unterstützung sucht. Sie haben beschlossen, alle zusammen zur gleichen Zeit und am selben geographischen Ort als Menschen zusammenzukommen und dort gemeinsam den Seelenweg zu gehen. Sie können nicht wirklich nachvollziehen, dass auf Erden, einmal im Schattenland, einfach alles, was man sich vorgenommen hat, wieder vergessen wird. So als würde ein Vorhang über das Vorhaben der Seele gezogen.

Der Amethyst-Begleiter dehnt sein violettes Licht sehr subtil zu einem Mädchen in der Gruppe hin und umhüllt sie. Das Mädchen wendet sich zum Soldaten.

„Du bist doch noch jung, weshalb bist du schon wieder zurück? Es sind viele junge Menschen hier auf der Brücke, die zurückkehren! Was bedeutet das?"

Der Soldat schaut sie traurig an, beobachtet das violette Licht, das sie umhüllt und stärker zu leuchten beginnt.

Ja, was antwortet man da?

Der Soldat legt seine Hand auf ihre Schultern und schaut ihr lange in die Augen.

„Mädchen, ich möchte dir diese Frage nicht beantworten. Es würde dich traurig machen. Überlege es dir einfach gut, ob du noch etwas zuwarten möchtest, bis zur nächsten Reise zur Erde."

Dann lächelt er sie melancholisch an. Sie beobachtet jetzt das violette Licht, das stärker um sie scheint, und verfolgt den Strahl, um herauszufinden, woher dieses Licht kommt. Sie entdeckt Azraels Trüpplein. Erst erschrickt sie, weil sie Andrach, einen Drachen – einen Drachen … du gütiger Himmel, wo kommt denn der her – sieht und dann Azrael, den alle Seelen irgendwann mal kennengelernt haben. Gleichzeitig entdeckt sie Tashi und lächelt, Pixie winkt ihr verschmitzt zu.

Einige auf der Brücke gucken dem Spektakel zu, nur der Soldat freut sich über das violette Licht. Er weiß, dass es mit Transformation zu tun hat, und ist dankbar, dass er bereits am Anfang seines Aufstiegs so schnell Frieden finden darf. Ein intensiver Blick auf Azrael zaubert ein Lächeln auf sein trauriges Gesicht und jetzt weiß er, dass er nach Hause gekommen ist. Angekommen bei seinen Geliebten, die bereits vor ihm die Erde verlassen haben und auf ihn warten. Kurz schließt er die Augen, um das reinigende violette Licht voll auszukosten. Damit wird er augenblicklich von seiner Traurigkeit und dem düsteren energetischen Anhängsel, die er von der Erde mitnimmt, gereinigt.

Das Mädchen sieht die Veränderung, nimmt seine Hand und kehrt mit ihm zurück über die von Seelen völlig überbevölkerte Brücke. Sie hat sich gerade entschieden, noch etwas zu warten, bevor sie sich unter die Erdlinge mischt. Sie lässt ihre Freunde gehen und bleibt beim Soldaten stehen. Erstaunt betrachtet der das Mädchen, das violette Licht hat sie nun beide eingehüllt und zusammen spazieren sie zurück, der Soldat in sein neues Zuhause, das Mädchen zu seiner Familie, die sie eigentlich gerade verlassen wollte, um zur Erde, dem Schattenland, zu kommen. Ihre Familie stellt keine Fragen und grüßt sie herzlich zurück.

Das Mädchen winkt Azraels Trupp zu und schickt Kusshand, sie hat genau verstanden, um was es sich handelt bei dem violetten Licht, das sich nun wieder zurückzieht.

Der Amethyst-Begleiter tritt einen Schritt zurück, verschmilzt fließend in Tashis Aura und Energiefeld.

Die Perlen wirbeln freudig um ihn herum.

„Junge, du hast gerade Großes bewirkt! Du hast zwei Seelen geholfen, zu erkennen, neu zu gestalten, sich neu zu orientieren und ihre Bestimmung zu ändern."

Entsetzt schaut Tashi auf die Perlen. Um Himmels willen, wie soll er das bewirkt haben? Hat sich doch Amethyst-Begleiter von selbst von ihm gelöst und die Sache instigiert. Er versteht gar nichts mehr.

Erneut betrachtet er den Tumult auf der Brücke, was für ein Durcheinander! Was hat sein violetter Amethyst-Begleiter denn gerade bewirkt?

Azrael berührt sanft Andrachs Hals, während er seinem Trupp erklärt:

„Das, was die Menschen den Tod nennen, ist eingebettet in das Leben. Ohne Sterbeprozess erreicht man weder den Tod noch das Leben. Hast du beobachtet, wie schnell der Soldat seine neue Situation akzeptieren konnte, nachdem er das violette Licht erkannt hat? Und das Mädchen wusste plötzlich, dass sie ihre eigene Entscheidung treffen kann. Sie hat dem Rat des Soldaten Beachtung geschenkt und ist ihm gefolgt. So haben beide eine weitere Lektion gelernt. Denn der Soldat kam mit großer Traurigkeit und schlechtem Gewissen hierher."

Sofort unterbricht ihn Andrach.

„Worüber Azrael, schämte sich der Soldat?"

Azrael räuspert sich.

„Er kam mit der jetzigen Situation, dem gewaltigen Druck, der auf die Menschen ausgeübt wird auf Erden, dem Krieg gegen die Menschheit, nicht mehr zurecht."

Azrael schweigt. Alle warten, bis er weitererzählt, aber er bleibt lange ruhig. Pixie ahnt die Antwort und meint leise:

„Dann hat er sein Leben selber beendet, ja?"

Azrael schaut sie nachdenklich an.

Tashi schaut auf seinen Schmetterling, der sich dezent auf seinem Arm regt. Der positioniert sich neu, um sich gleich wieder mit der Haut zu verbinden.

„Ja, das hat er, dafür schämt er sich, oder hat sich geschämt. Durch das violette Licht der Transformation haben sich seine Schuldgefühle schnell aufgelöst. Niemand wird gerichtet, niemals. Jede Seele schreibt ihre eigene Geschichte und wird das Resultat dieser

Geschichten ernten. Der Soldat ist wieder frei, freut sich mächtig, endlich mit den seinen vereint zu sein."

Nach einer Schweigepause fragt Pixie erneut:

„Und das Mädchen?"

„Oh, sie hat soeben erkannt, dass sie sich nicht dem Druck beugen muss. Ihre Gruppe, mit der sie zur Erde wollte, hat die wohlgemeinten Ratschläge nicht aufgenommen. Sie stand unter Gruppenzwang. Nun hat sie sich durch das violette Licht anders entscheiden können. Sie muss nicht irgendeinem Zwang oder der Erwartung anderer Folge leisten! Sie hat sich beraten lassen von jemandem, der die gegenwärtige Situation auf Erden kennt. Siehst du? So haben beide in kurzer Zeit auflösen können, was ihnen nicht mehr dienlich ist. Ist doch wunderbar nicht wahr?"

Tashi ist begeistert, so gesehen macht das ja viel Sinn. Vor allem das mit dem Gruppenzwang des Mädchens. So schnelle Klarheit, Transformation und Erlösung sind toll und befreiend. Das klappt hier, ohne den Vorhang, der über das Bewusstsein gelegt wird, natürlich schon viel schneller.

Beide, Soldat wie das Mädchen, haben unter Druck ungünstige Entscheidungen getroffen. Das ist wahrhaft eine Lektion, auch für Tashi. Das will er seinen Freunden auf Erden unbedingt erzählen. Andrach grunzt ganz leise, damit niemand erschreckt, er hat Tashis Gedanken gehört und unterstützt ihn in seinem Vorhaben.

Auch Tashi verändert seine Aversion, sich im Menschenkleid gegen jegliche
Mittelung seiner Anderswelt zu wehren. Seit er von der Reise durch Amethyst zurückgekehrt ist, vertraut er sich sowie seinen unsichtbaren Welten sehr viel mehr.

Die Perlen nehmen ihre leitende Position wieder auf, reihen sich um Andrach und wollen ihn nun weiterführen. Das Gold, das aus ihnen strömt, glänzt wunderschön und lenkt die Aufmerksamkeit auf die weitere Reise.

Als würden das der Soldat und das Mädchen, die sich bereits wieder mit ihren Familien vereint haben, spüren, drehen sich beide um und winken, bedanken sich bei Azrael und seinem Trupp. Man winkt zurück und freut sich, dass sich diese Situation so heilsam, zum Wohle aller lösen konnte. Das Mädchen schüttelt den Kopf wegen Andrach, sie kann es noch nicht ganz fassen. Einem Drachen auf ihrer Umkehr zu begegnen, ist wie ein Glücksomen.

Das Hologramm verblasst, Azrael und die Perlen führen den Trupp weiter.

„Nun zeige ich euch einige Departements, in denen sich Seelen aufhalten, um sich zu entscheiden, welche Richtung sie gehen möchten. Sie sind schon etwas länger hier, haben sich bereits aus ihren alten Gedanken- und programmierten mentalen Mustern befreit. Ihnen stehen neue Erfahrungen zu, wo die alten Programmierungen nicht wiederholt werden müssen. Sie sind aus ihrem Hamsterrad ausgestiegen. Das ist nicht wie die Zwischenstation, in der die neu ‚Verstorbenen' ankommen. Die Zwischenstation habt ihr am Anfang mit dem Perlenzimmer kurz kennengelernt. Dies hier ist bereits eine geistig weiterentwickelte Dimension."

Die Perlen übernehmen die Führung, gleiten vor ihnen her und schimmern und leuchten grandios. Pixie ist entzückt und kann sich gar nicht genug umsehen in diesen von Licht durchfluteten Räumen. Überall entdeckt sie Farben, riesengroße Pflanzen, wie man sie auf Planet Erde nicht mehr sieht. Die Pflanzen selbst sind eine Entität, strahlen ihre Freundlichkeit in die übergroßen Räume hinein. Die Pflanzen rauschen leise und nicken Azrael und seinem Trupp entgegen. Andrach fühlt sich sehr zugehörig zu ihnen und kann ihre Gedanken verstehen. Große Freude breitet sich aus, je weiter sie durch die überdimensionalen Räumlichkeiten kommen. Herrliches, strahlendes Licht erfüllt die riesigen Räume und verbreitet Leichtigkeit, Frieden und Wärme.

Weiter entfernt sieht man menschenähnliche Wesen sich bewegen, miteinander diskutieren oder sie sind gruppenweise über Projekte gebeugt.

Einige sitzen gemütlich in weichen Sesseln, lesen oder bilden sich weiter. In angrenzenden Sälen kann man Vorträge hören. Praktische Kurse in allen möglichen kreativen Themen werden unterrichtet. Traumhafte sanfte Farben fließen durch sämtliche Räume, so als wären sie Gegenstand dieses Departements. Die Farben wirken aufmunternd, unterstützend, begleitend, je nachdem, was gerade gebraucht wird. Sie sind sehr lebendig so wie die großen Pflanzenwesen. Alles hier ist beseelt und ergibt eine tiefe intensive Einheit.

Sie gleiten weiter, unerwartet bleiben die Perlen vor einem offenen Raum stehen. Die Räume fließen ineinander ohne hindernde Türen, Türen, die auch immer eine Begrenzung anzeigen können. Oder natürlich auch neue Öffnungen. Durch diese Offenheit erscheint alles noch viel größer und heller.

Tashi schaut in den großen Raum, der von verschiedenartigen Wesen bevölkert ist und angenehme Ruhe ausstrahlt. Sie bewegen sich ohne Aufwand, keine Hektik ist zu erkennen. Die Bewegungen der Wesen scheinen nahtlos ineinander überzufließen.

Jemand hat Azrael erkannt, winkt ihm zu und kommt auf den Trupp zuspaziert. Eine irgendwie vertraute und doch völlig fremde große ätherische Frau begrüßt den überraschten Tashi.

Ur-Tante

Sie spricht ihn sehr freundlich, warmherzig an:
„Tashi, ich freu mich so, dich in unseren Gefilden willkommen zu heißen! Du kennst mich nicht persönlich, aber ich dich!" Sie schmunzelt ihn mit einem warmen Lächeln an, reicht Azrael die Hand und würde Tashi gerne in den Haarschopf fassen. Aber sie unterlässt es, weil sie sieht, dass er fast von seinem Drachen fällt vor lauter Überraschung.

Tashi schaut fragend zu Azrael, woher kennt diese Dame ihn?

Niemand antwortet.

Mit einer Handbewegung lädt die große Frau den Trupp ein ihr zu folgen. Sie steuert direkt unter eine Riesenpflanze zu, und erst jetzt sieht Tashi, dass es hier viele farbige gemütliche Sitzplätze gibt. Unter der Riesenpflanze konnte man das vorher nicht erkennen.

Tashi gleitet von Andrachs Rücken, schaut wieder fragend zu Azrael, der ihn anweist, beliebig einen farbigen Sessel auszusuchen. Pixie schwebt aus Tashis Haarschopf, lässt sich auf einem Riesenblatt der großen Pflanze nieder und betrachtet die sehr schlanke, um nicht zu sagen, dünne ehrwürdige Frau.

Andrach kuschelt sich gemütlich auf den Boden, bereitet sich auf ein Nickerchen vor. Die Perlen finden sich zusammen, schwerelos schweben sie um die Frau sowie um die große Pflanze herum. Ihre Aufgabe scheint momentan erledigt zu sein.

Gemütlich sitzen jetzt alle, werden von aufmerksamen und freundlichen Wesen mit Getränken versorgt.

Tashi schaut sich im Raum um, betrachtet immer wieder verstohlen die Frau, die behauptet, ihn zu kennen. Die Pflanze beobachtet Tashi, wie *er* alles betrachtet. Er kann die Sprache der Pflanzen auch in dieser Dimension verstehen, was ihn nur anfangs wundert. Eigentlich ist er sich gewohnt, mit unendlich verschiedenen Wesen zu kommunizieren. Er staunt in die großen ihn umgebenden Räumlichkeiten, von einer riesigen Glaskuppel bedeckt, die das Licht überall hineinströmen lässt. Durch die Riesenpflanzen erscheint es wie ein offenes Gelände, man beachtet die Räume kaum. Es gefällt ihm hier, die Atmosphäre ist sehr entspannend und beruhigend. Die strahlende Helligkeit überall, soweit das Auge reicht, flutet durch ihn hindurch und sucht sich den Weg in seine Wesenheit. Sofort findet das Licht Resonanz, denn Tashis diamantene Wesen reagiert augenblicklich auf diese Symbiose. Er spürt die tiefe Verbindung und lächelt still in sich hinein.

Azrael wartet geduldig auf Tashis Bereitschaft, mehr wissen zu wollen. Es dauert auch nicht lange, bis er während seines Staunens die erste Frage an die freundliche Frau stellt.

„Wer bist du, dass du mich kennst?"

Sie sieht Azrael an, ob sie oder er antworten soll. Mit einer Handbewegung gibt er Zeichen, sie soll ihre Geschichte selber erzählen.

Sie nimmt das ihr überbrachte Kristallglas in die Hände, sehr schmale, auffallend lange Finger, länger als die Handfläche wie Tashi bemerkt, schmunzelt ihn an und beginnt zu erzählen:

„Nun, hübscher Junge, ich bin aus deiner Blutlinie, oder umgekehrt, du aus meiner. Dein Ur-Großvater väterlicherseits, den du nie kennengelernt hast, ist mein Bruder."

Sie beobachtet Tashi, der sie erstaunt und fragend anschaut, aber wartet, bis sie weitererzählt. Heimlich beobachtet er sie, sie ist wirklich sehr groß, hohe Wangenknochen und intensiv schauende Augen sind das Merkmal ihres Gesichtes.

„Ich war damals Künstlerin und Seherin, das heißt, ich habe mich künstlerisch betätigt. Ich habe Plastiken und Skulpturen gestaltet und mich mit Architektur befasst. Und das zu einer Zeit, als Frauen nichts anderes übrigblieb, als Kinder oder Thronfolger zu gebären, als Putzfrauen und Gebrauchsgegenstand zu funktionieren! Das war die eine Seite, die andere, welche mir die größten Schwierigkeiten bereitete, war, dass ich die Menschen lesen konnte! Ich konnte ihre Gedanken ‚sehen', während ihre Worte selten mit ihrer Wahrheit übereinstimmten. Ich konnte ihre Kümmernisse und Krankheiten fühlen, wusste um ihr seelisches Unbehagen. Diese Gabe wurde bereits in meinem Kindesalter unterdrückt und als ungehörig und störend abgetan. So wurde ich sehr schweigsam, übte mich in Künsten, um dieser Unterdrückung irgendwie Luft machen zu können. Die Kunst war meine Welt."

Tashi ist überrascht über das Interesse an Architektur. Er mag sich erinnern, dass es auf seiner Auswahl der Künste ebenfalls zur Verfügung stand, damals auf seiner Reise über den Regenbogen. Das ist ja hochinteressant! Liegen die Künste und die Geisteswissenschaft, Wissenschaft als solche, wohl im Seelenmuster seiner Ahnen.

„Meine Hellsichtigkeit, meine geistige Verbindung waren zur damaligen Zeit auf eurem Planeten, zu meinen Lebzeiten ein Hindernis. Ich habe dadurch mehr Leid als Freude erfahren, da ich in meinem Anderssein nicht akzeptiert wurde. Frauen wurden damals kein Gehirn und keine Intelligenz zugesprochen. Man stelle sich das mal vor! Eine intelligente, wissende Frau nannte man damals eingebildet und hysterisch, mit dem Teufel im Bunde!

Man erinnere sich da an den Wahnsinn der Hexenverbrennungen weltweit!

Die Menschen, die sich mit der Natur und dessen tiefem Wissen der Heilkräuter beschäftigten oder anderweitig außergewöhnliche Fähigkeiten besaßen, wurden verfolgt und verbrannt. Das Neue, die Wandlung auf Planet Erde, das Weibliche als gebärende Kraft des neuen Zeitalters, des alten Wissens wird sich nicht mehr leugnen lassen!"

Sie schließt kurz die Augen, atmet tief durch, spricht weiter:

„Gemeinsam heilen wir hier, wo ich jetzt bin, alte Wunden und gemeinsam erleben wir eine neue Symbiose der Vereinigung.

Damals auf Erden wurde ich von einer Psychiatrie in die nächste verschleppt und habe schlimme Erfahrungen mit Menschenmissbrauch erlebt. Bei uns Frauen wurde das weibliche Zentrum für den angeblichen Wahnsinn, oder Hysterie, wie man es damals nannte, verantwortlich gemacht. Unser weibliches Zentrum, aus dem wir Leben schenken! Von Hormonen hatte man damals überhaupt keine Ahnung. Von Psyche oder Psychologie ebenso wenig. Frauen wurden als minderwertige Wesen behandelt. Das schöpferische Weibliche wurde mit aller Gewalt unterdrückt und entwürdigt.

Würde mich nicht wundern, wenn selbst bei dir noch einige Überbleibsel durch Übertragung dieser Traumata gespeichert wären. Sie bleiben im Kollektiv einer Seelengruppe hängen. Schließlich erzählt das Blut die Geschichte der Ahnen!"

Die Ur-Tante schweigt, trinkt aus dem geritzten Kristallglas und versinkt in Erinnerungen vor sich hin.

„Ich habe mir wohl die falsche Erdenfamilie ausgesucht, da gab's weder Verständnis noch Unterstützung meiner Talente. Ich habe damals weder mein Seelenmuster noch meine Aufgabe wirklich verstanden. Nun bin ich an diesem herrlichen Ort und lerne, an mich, an meine Talente, an meine Wahrheit zu glauben und ihnen zu vertrauen. Das Lernen hört nie auf, bis wir die Lektion begriffen haben."

Die Perlen, die sich ruhig verhalten haben, schweben um die Ur-Tante und berühren sie sanft. Sie trösten programmierte, schlimme Erinnerungen. Erfahrungen, die noch im kollektiven Gedächtnis der Erinnerungen gespeichert sind.

Tashi erschrickt über das Erzählte, fühlt den Schmerz, den sie erleiden musste.

Er schaut den schimmernden Perlen zu, wie sie um die Ur-Tante schweben und ihren samtenen Goldglanz um sie weben.

Wie viele unzählige Tränen da schon durch die Gezeiten geweint wurden!

Leise flüstert sie:

„Sind wir nicht alle wie Wassertropfen, die sich ewig nach dem großen Ganzen sehnen? Wassertropfen, die sich nach dem ‚Sterben' wieder mit dem universellen Ozean vereinen?"
Unbemerkt rinnen die Tränen über ihr Gesicht. Pixie löst sich augenblicklich aus ihrem Pflanzen-Nestchen, schwebt zu ihr hin, bleibt auf Augenhöhe und wischt sanft Träne um Träne weg. Die Ur-Tante ist freudig überrascht über diese zärtliche Geste, lässt es gerne geschehen, lächelt ihr durch die Tränen hindurch zu.

Tashi erinnert sich an seine Angst, bevor er über die Regenbogenbrücke reisen musste, wie sehr er sich dagegen gesträubt hatte. Er hatte tiefe Angst vor den Menschen und ihrer Unwissenheit. Es macht ihn traurig, er spürt Resonanz mit der Geschichte seiner Ur-Tante. Selbst die Sternenmutter wollte nie mehr unter die Menschen und verteilt ihr Wissen nur aus ihrem gemeinsamen Kraftort. Tashi schließt die Augen und seufzt tief. Andrach hört den Seufzer, hebt den Kopf, um seinen liebsten Freund zu beobachten. Pixie schwebt zu ihm, streichelt ihn sanft über die immer noch leicht vernarbte Lippe, die er zu Beginn dieser Reise mit einem Grashalm aufgeschnitten hat.
Ja das Blut und seine Erinnerung ... übertragene, manipulierte, oftmals sogar implantierte Erinnerungen!

„Nicht dass ich diese Verbitterung weiterhin mit mir herumschleppe. Ich bin diese Missbrauchsthemen am Auflösen und Heilen. Mit den Menschen hat man seit jeher experimentiert, durch alle Zeitalter und dies ist auch jetzt auf eurem Planeten wieder voll im Gange."
Sie schweigt lange und schaut Tashi, ihren Urenkel an.
„Ich war damals verheiratet, wieso mein Mann das zugelassen hat, weiß ich bis heute nicht. Möglicherweise hatte er eine oder mehrere Geliebte und musste mich loswerden. Das war früher unter den Aristokraten beinahe normal. Beim kleinsten Unterschied zur Normalität, oder was als solche wahrgenommen wurde, hatte man einen Grund, unbequeme Bürger abzuschieben. Sehr, sehr traurig.

Wenn sich die Seele, das Lebensfeuer durch Schmerzen, Schock und große Angst zurückzieht und stirbt, dann erzeugt man Zombies, die im Menschenkleid herumlaufen, seelenlose, freudlose, willenlose, fremdgesteuerte Wesen. Da, wo ich mich jetzt aufhalte, sind wir viele, die ähnliche Erfahrungen erlebt haben."

Sie trinkt einen Schluck aus dem schönen Kristallglas, wobei das Licht farbige Schimmer wie ein Friedenszeichen ausstrahlt, die weit herum leuchten.

Die Farbstrahlen betrachtend, erzählt sie weiter:

„Ich will lernen, mit meiner geistigen Wissenschaft und ebenso wichtigen künstlerischen Geschenken umzugehen. Die Angst der Erlebnisse überwinden. Das lerne ich hier mit Gleichgesinnten, Kunst und geistiges Wissen zu vereinbaren, miteinander zu verschmelzen, wie viele Künstler es in schwierigen Zeiten auf Planet Erde bereits gelebt haben. Ich will lernen, mich kraftvoll in meiner Wahrheit, das, was ich in Wirklichkeit bin, meine Wesenheit zu akzeptieren und zu behaupten. Egal ob auf Planet Erde oder wo auch immer ich irgendwann hingehen werde. Ich will mich nie wieder hinter irgendwelchen angeblichen Krankheiten oder Ablenkungen verstecken! Weißt du, es ist eine Kunst, auch in schwierigen Zeiten kreativ zu denken, sich zu erweitern oder neu zu entdecken und sich nicht von Angst beherrschen zu lassen. Das ist es, was wir in diesem Departement lernen. Ich bin sehr glücklich hier, dankbar dass ich so viel Neues erlernen kann. Nicht im einengenden Menschenkleid gefangen zu sein, hilft beträchtlich!"

Sie lächelt plötzlich und freut sich jetzt, dass noch reinigende Tränen fließen durften und weiterer Ballast, der erst durch Tashis Besuch offenbar wurde, abgeworfen werden konnte.

Sie streckt sich im gemütlichen Sessel, ein Strahlen zieht über ihr Gesicht, die Augen funkeln, sie bedankt sich bei Pixie für ihre wundervolle stille Anteilnahme. Die schwebenden Perlen tanzen um sie herum und verändern damit die schweren, lastenden Erinnerungen.

Sie hält Tashis Hände.

„Deine Energie, Tashi, wirkt wahrhaft wie ein Katalysator. In deiner Gegenwart wird man sich Dingen bewusst, die lange unterdrückt worden sind und auf ihre Erlösung warten. Deine süße Elfe, deine schönen grandiosen Wächter, dein violetter Begleiter, selbst dein stiller Schmetterling, sie alle tragen dazu bei, dass alte Strukturen ins Wanken geraten. Du bist dir dessen nicht bewusst, das ist mir klar. Hohe geistige Wissenschaften liegen im Seelenmuster unserer Familienherkunft. Wir können gar nicht anders! Schau doch mal deine wunderschöne Sternenmutter an. Sie spiegelt und vermittelt dir unentwegt ihr Wissen, damit es durch dich lebendig wird und du es in die Welt, oder wo auch immer, hinträgst."

Tashi steht abrupt auf, lässt ihre Hand los.

„Du kennst meine Sternenmutter? Wie das?"

Die Ur-Tante richtet sich auf in ihrem Sessel, stellt das Kristallglas hin.

„Junge, sie gehört doch zur Sternenfamilie, wir alle kennen uns, halten uns aber je nach Lernprozess in diversen anderen Gefilden auf. Deine Sternenmutter ist eine Königin! Sie ist eine Ahnin, eine Überbringerin alten geheimen Wissens! Und du" wobei sie ihn mit ihren langen Fingern ein wenig stupst, „bist ihr Übermittler in die Menschenwelt …"

Fragend, freudig, neckisch schaut ihn die Ur-Tante an, in diesem Moment scheint sie um Jahre jünger auszusehen. Sie beobachtet, wie er auf das Gesagte reagiert. Eigentlich weiß er das alles, aber es bekommt auf jeder seiner Reisen in ferne Wirklichkeiten eine neue Bedeutung. Er lernt stetig besser mit dieser Unendlichkeit, seiner eigenen Multidimensionalität umzugehen. Vor allem lernt er, sein eigenes diamantenes Wesen zu akzeptieren. Um diese Größe seines Wesens zu akzeptieren, musste er tatsächlich noch einmal ins Schattenland reisen!

Sie seufzt, aus Freude, Erleichterung oder einfach, weil sie endlich ihren Urenkel sehen darf. Tashi macht tellergroße Augen, das war eindeutig *sein* Seufzen. Er springt auf, hält ihre Hände in den seinen und lächelt ihr zu.

„Das Seufzen, liebe Ur-Tante, daran erkenne ich mich in dir! Genau so seufze ich auch, wenn ich etwas verstehen will oder überfordert bin. So wie mir eben vorhin ein Seufzer entwichen ist. Es ist nicht nur ein normales Seufzen, so viel Tiefe, so viele Fragen oder Erleichterung ist darin enthalten! Das freut mich aber, dass ich den Ton deines Seufzens, die Erinnerung daran mit zur Erde zurücknehmen kann! Das ist, trotz der ganzen Tragik, irgendwie familiär und schön. Auch meine Sternenmutter seufzt manchmal. Ein Zeichen der Zugehörigkeit."

Sie lacht, streicht ihm behutsam über die wilden Locken, freut sich über seine Freude wegen des familiären Seufzers und dass er diesen richtig beurteilt hat.

Lange erzählen sich die beiden Geschichten aus ihren Erlebnissen und lernen sich gleichzeitig besser kennen. Die entspannte Umgebung, die tiefe Einheit in diesem Departement verhelfen zu inniger emotionaler und geistiger Nähe.

Nach langem fröhlichem Erzählen und Austauschen wird es still, man versinkt in die eigenen Gedanken.

Pixie streichelt der Ur-Tante über das mittlerweile trockene Gesicht. Die Perlen schweben und Tanzen weiterhin um sie herum. Ruhe strömt aus dieser Szene, so als hätte die Ur-Tante durch Tashis Anwesenheit einen Erkenntnissprung erleben dürfen. Es ist plötzlich ganz still, nur die Bewegung der großen Blätter der Riesenpflanze und das Gemurmel anderer Gäste in anliegenden Räumlichkeiten sind zu hören. Die Stille wird von allen dankbar aufgenommen.

Nach geraumer Weile steht die Ur-Tante auf, nimmt Tashis Gesicht zärtlich in beide Hände.

„Ich beobachte und helfe dir aus meinem Departement, so gut ich kann. In deiner Menschenwelt nimmst du oftmals jemanden um dich herum wahr, weißt aber nicht, wer es ist. Viele sind wir, die dir in deinem Menschenkleid helfen! Du bist ein großes Licht, das auf sich aufmerksam macht, ohne dass du das bemerkst. Deine Bescheidenheit ist groß."

Nga und Waka blinzeln sich zu, genau, die Ur-Tante hat es auf den Punkt gebracht. Die beiden Wächter freuen sich, dass Tashis Licht weiterum scheint, nicht nur unter den Menschen, sondern weit hinaus in andere Wirklichkeiten. Die beiden Wächter schlagen sich freudig high five. Pixie schwebt zu ihnen, sie will auch high five. Waka hält seine Hand hin und Pixie klatscht mit ihren Händchen auf einen Finger des Wächters. Sie flirtet mit Waka, dem schönen starken Krieger. Charmant zwinkert er ihr zu. Ein leises, heimliches Techtelmechtel zwischen den beiden. Aber nichts bleibt hier verborgen, das weiß ja jeder. Andrach trägt ein sanftes Grunzen bei, natürlich hat er das gesehen.

Azrael lacht und ergänzt die Feststellung der Ur-Tante: „Siehst du Tashi, wie vernetzt du bist? In viele Wirklichkeiten sendest du deine Energie, arbeitest mit dem Kollektiv und den Meistern wie noch vielen anderen Ebenen!"

Pflanzenkommunikation

In diesem Moment meldet sich auch die große Pflanze. „Wir spüren deine große Liebe zu allen Dingen Tashi. Wenn du in der Natur spazieren gehst, die Stille rufst und dich in sie hineinbegibst, sind wir tief mit dir verbunden. Dies ist dein Reichtum, die Begegnung des Seins, allen Seins, das an nichts und niemanden gebunden ist. Diese Freiheit wird immer mit dir sein, denn du hast uns erkannt. Wir in dir, du in uns!"

Die Pflanze schweigt, die Ur-Tante bewundert das beseelte Wesen und die Lebendigkeit, die aus ihr strömt. Die Riesenpflanze fächert Tashi zu, so als würde sie winken. Er geht zu ihr hin, berührt das Blatt, das größer ist als er selbst, schließt die Augen und verbindet sich ganz mit ihr. Er fühlt das Leben, das durch sie hindurchfließt, spürt den Puls, der sie beseelt, fühlt ihr Wesen und er beginnt leise in Lichtsprache mit ihr zu sprechen. Ihre Blätter rascheln leise und sanft, sie schenken ihm ihr Geheimnis.

Tiefer Frieden und Geborgenheit erfüllen die Umstehenden und verteilen sich auf den ganzen Trupp. Ein neuer Herzrhythmus, eine neue Harmonie werden manifestiert.

Die Pflanze erzählt von der Schöpfung, dem Reichtum der Seele und dem nie vergehenden Leben und seinem Zyklus. Die Menschen würden nur sehr wenig davon verstehen, weil sie so von der materiellen Welt eingenommen und abhängig sind. Sie haben vergessen, dass auch sie Seele sind und immer irgendwo unterwegs sind, um Erfahrungen zu sammeln.

Azrael beginnt zu sprechen, alle schauen ihn an, er jedoch hat Kontakt aufgenommen mit anderen Fürsten des galaktischen Konzils. Die Stille ist weiterhin spürbar, wie ein Seidentuch hat sie sich über den Raum ausgebreitet. Man beobachtet Azrael, der sofort größer wirkt und seine mächtige Aura ausstrahlt.

Die Pflanze beendet ihre Übermittlung mit Tashi, lässt aber ihren Lebensfluss weiterhin durch ihn hindurchfließen. Er bedankt sich telepathisch für die Verbindung mit ihm, verspricht ihr, auch wenn zurück im Menschenkleid, dass er mit ihr weiter kommunizieren will. So wird er schnell viel Wissen lernen und umsetzen können. Zärtlich streicht er über das Riesenblatt, das sich eng an ihn schmiegt. Beinahe eine Liebeserklärung an tiefes inneres Verstehen.

Tashi setzt sich wieder hin, wendet sich Azrael entgegen, der Kontakt mit dem Konzil aufgenommen hat. Der wartende Trupp beobachtet gespannt, was als Nächstes geschehen soll.

Man sieht Azrael lächeln, ein kurzes Stirnrunzeln, mit dem Kopf nicken, mit den Armen bestätigen, was er mit den inneren Ohren hört. Er lächelt dem Trupp zu, man kann sehen, wie Energiewellen um ihn herumschwirren und ihm Informationen zuliefern. Das Konzil scheint wahrhaft wichtige Informationen zu haben.

Nach geraumer Weile lassen die Energiewellenmuster nach, Azrael wirkt entspannt und lächelt leise vor sich hin. Er nickt und spaziert zum Trupp zurück. Gespannt wartet man auf seine Erläuterungen. Es scheint allerdings, dass dies noch ein Geheimnis bleiben soll, denn er lächelt weiterhin zufrieden vor sich hin, ohne etwas zu verraten.

„Azrael, du machst es aber sehr spannend."

Die Ur-Tante schaut ihn mit fragenden Augen an. Er kommt auf sie zu, hilft ihr aus dem Sessel und führt sie ein wenig weg vom Trupp.

Sie werden von vielen Augen beobachtet, aber die beiden verraten gar nichts. Die Ur-Tante nickt nur erfreut, spricht aber kein Wort.

Azrael hält seinen Arm um ihre Schultern und führt sie zurück.

„Tashi, wenn du bereit bist, du dich von deiner Ur-Tante verabschiedet hast, möchte ich dir noch andere Departements zeigen. Lass dir Zeit, wisse, dass du immer mit deiner Ur-Tante in
Verbindung bleibst. Denk nur an das Seufzen, dass du in Erinnerung behalten wirst!"
Azrael lacht und lässt die Ur-Tante los, damit auch sie sich
von Tashi verabschieden kann.
Lange umarmt sie ihren Urenkel und wuschelt ihm immer
wieder durch die wilden Locken. Er nimmt ihren Duft tief auf,
gleichsam als Erinnerung. Schließt die Augen, um ihre Berührung nicht zu vergessen. So viel Liebe darf er immer wieder auf
seinen Reisen erleben, so viel Güte und Verständnis. Diese Be-
gegnungen schenken ihm Geborgenheit, Auftanken und Kraft,
um auf Erden weiterzumachen. Jetzt seufzen beide, laut und ver-
nehmlich, beinahe wie abgesprochen und im gleichen Tonfall,
ganz zur Freude der Umstehenden.

Die Ur-Tante berührt den Schnitt des Grases in Tashis Lippen:
„Wann immer du Fragen über deine irdische Blut Linie hast;
frage dein eigenes Blut! Da ist die Ahnenbibliothek gespeichert!
Wenn du Fragen an deine geistige Familie stellen möchtest, frage deinen Geist!"
Erneut zieht sie ihn in ihre Arme und drückt ihn ein letztes Mal fest an sich. Durch ihre Berührung hat sich die rissige
Wunde an den Lippen sofort geschmeidig geheilt, ist kaum mehr
sichtbar. Ähnlich wie die Muschel das Sandkorn, einen Eindring-
ling oder den ihr eingepflanzten Fremdkörper mit ihrem Man-
telgewebe, dem Perlmutt, umwickelt, um daraus eine edle Perle zu produzieren.
Er berührt seine Lippen, versteht noch besser, wie schwierig
es für sie gewesen sein muss, als sie auf Erden lebte und ihre na-
türlichen Heilkräfte nicht leben durfte.
Er küsst sie auf beide Wangen, eine Geste, die er selten be-
nutzt, außer bei seiner Mutter, falls sie ihn lässt. Seine Mutter ist

nicht so für Zärtlichkeiten. Oder hat nie gelernt, sie anzunehmen. Er schüttelt den Kopf, er will jetzt nicht daran denken, sondern ganz und gar im Hier und Jetzt sein.

Plötzlich beginnen die Perlen einen Tanz um die Ur-Tante, dabei formen sie eine sich öffnende Spirale von unten nach oben. Freudig überrascht betrachtet sie die tanzenden Perlen und klatscht dabei in die Hände. Sie steht mittendrin in diesem goldenen Licht, welches die Perlen verströmen, und lässt sich dankbar umhüllen, um deren Schönheit und Kraft zu empfangen. Lange bewundert der Trupp dieses faszinierende Schauspiel, bis Azrael stilles Zeichen gibt, weiterzugehen.

Die Perlen tanzen weiter, während Tashi liebevoll seine Ur-Tante anlächelt.

Ein letzter Schluck aus dem herrlichen Kristallglas, ein Salutieren für die Pflanze, die ihr Wissen mit ihm geteilt hat, und ein langes Winken mit beiden Händen für die Ur-Tante. Aus der Spirale winkt sie ihm freudig zurück und lässt den Trupp weiterziehen, immer noch umhüllt von der gleißenden Perlenspirale.

Und schon geht's weiter, hinaus aus den lichtdurchfluteten Räumen.

Andrach zottelt etwas benommen hinter ihnen her, er ist noch nicht ganz wach. Er schüttelt den Kopf, steht auf und ruft Tashi.

„He, mein Junge, möchtest du wieder aufsitzen?"

Er ruft seinen Schützling, der gedankenverloren neben Azrael dahinschwebt.

„Oh Andrach, tut mir leid, die Geschichte meiner Ur-Tante beschäftigt mich sehr. Bin grad etwas abwesend. Ja natürlich, gerne lasse ich mich tragen."

Er berührt Andrach hinter den Ohren, der sofort reagiert und laut grunzt. Erschrocken drehen sich einige Wesen nach dem Trupp um, Andrach verzieht sein Gesicht zu einem großartigen Grinsen, um ihnen zu zeigen, dass er völlig harmlos ist. Man lacht zurück, Azrael hebt die Hände als Bestätigung, dass alles in Ordnung sei. Verwundert blickt man dem Trupp nach. Wer hat denn hier schon mal einen Drachen gesehen?

Langsam gleiten sie dahin, durch viele, völlig voneinander verschiedene Departements. Tashi kann gar nicht genug aufnehmen. Manchmal würde er gerne länger an einem Ort verweilen, aber Azrael zieht weiter in eine bestimmte Richtung. Der bunte Trupp, zusammengewürfelt aus verschiedenartigsten Wesen, wird neugierig beäugt. Immerhin sieht man Azrael nicht alle Tage mit einem Drachen vorbeiziehen.

Tashi spürt, je weiter sie sich von den lichten hohen Räumlichkeiten entfernen, wie die Energien dichter werden, nicht so leicht und unbeschwert wie bei seiner Ur-Tante. Pflanzen, wie sie eben erlebt haben, gibt es hier auch nicht.

Sie schweben dahin, über Ebenen, wo nichts als nur Lichter und verschiedene Farbfrequenzen zu sehen sind. Weiter geht's über wolkenähnliche Gebilde. Immer weiter, manchmal erscheinen parkähnliche Anlagen voll mit fröhlichen, spielenden Kindern. Bei einem dieser Kinder-Departements streckt sich Tashi auf Andrachs Rücken.

„Da würde ich gerne näher gehen Azrael, ist das möglich?"

Kaum ausgesprochen, schweben sie auch schon über dem großen Park, wo jetzt auch viele kleine Häuser zu sehen sind. Allerdings sind dies keine Erdenhäuser wie auf Planet Erde. Sie sind aus Kristallen, Energie und Farben gebaut.

Einige Kinder haben den Trupp gesichtet und zeigen aufgeregt auf den gemächlich fliegenden Andrach. Der freut sich mächtig, breitet seine Flügel weit aus und grunzt den winkenden Kindern entgegen. Pixie streckt sich ebenfalls auf ihrem Lieblingsplatz und klatscht in die kleinen zarten Hände. Die Kinder sind so fröhlich, so unbeschwert, noch so jung.

„Azrael?"

Sie fragt keine direkte Frage, aber er weiß natürlich, was sie meint.

„Ja Pixie, das sind Kleinkinder, die nicht lange auf Erden gelebt haben. Sie sind an diesen friedlichen, fröhlichen und unbeschwerten Ort zurückgekehrt, um das Spielen, die Freude und

Freiheit zu leben, zu erfahren und zu genießen. Sie werden von größeren Kindern und Meistern betreut, die später ähnliche Berufe mit Kindern ausüben möchten. Egal, auf Planet Erde oder irgendwo sonst im Universum."

Man beobachtet die Leichtigkeit, es sind auch einige Tiere auszumachen, kleinere Tiere, die in fröhlicher Symbiose mit den Kindern spielen, sie begleiten und teilweise als Krafttiere mit den Kindern verschmelzen.

Der Trupp bleibt schwebend über dem Park stehen, man beobachtet, wie neue Kleinkinder ankommen, jedes einzelne umgeben von einem hellen Licht. Sie alle werden sofort empfangen von liebevollen Helfern. Einige Kinder sehen aus, als würden sie gerade aus langem Schlaf erwachen. Andere weinen noch und dürfen lernen, dass sie sicher und frei sind, da wo sie gerade angekommen sind. Die Unsicherheiten und Traurigkeiten fallen schnell weg, die Neuankömmlinge staunen, werden energetisch gereinigt und sofort an die neuen Konditionen angepasst. Wunderbare sanfte Musik, lichtvolle Helfer, engelähnliche Wesen begleiten den Prozess.

„Was bedeuten die hellen Lichter bei allen Kindern, die hier ankommen Azrael?"

„Tashi, das sind ihre Schutzengel! Du weißt ja, niemand, aber auch wirklich niemand reist jemals alleine!"

Tashi beobachtet die liebevolle und geduldige Begleitung jedes einzelnen Kindes. Er zieht eine Grimasse, es bedarf schon einiger Disziplin im Schattenland, damit man seine Herkunft, sein wahres Wesen nicht vergisst. Die Täuschungen, die Ablenkungen, die Traumata sind deftig in der materiellen Wirklichkeit. Ohne seinen Kraftort, die Ahnenbank, seine geliebte Sternenmutter und Klara wäre er schon längst verloren. Betreten schaut er auf seine Wächter Waka und Nga, die natürlich seine Gedanken und Grübeleien mitbekommen haben.

„Es tut mir so leid, meine beiden treuen Wächter. Ihr habt es wirklich nicht leicht mit mir. Aber manchmal ist es halt schon schwierig im Schattenland."

Die Wächter legen ihre Hände auf seine Schultern, Waka, der Gute, schmunzelt mit glänzenden Augen. Beide Wächter wissen sehr wohl, wie oft sie eingreifen mussten, um ihn vor Torheiten zu schützen.

„Tut mir leid!" Azrael lächelt Tashi entgegen, der seine Hände in die Hände der Wächter legt und beschämt ein leises „Danke für eure Treue und Geduld" flüstert.

Dann beobachtet er geistesabwesend, wie der Park unter ihnen subtil die Größe verändert und sich an die neuen Gäste anpasst. Große wunderbar farbige Bäume stellen ihre sanfte, schützende Energie den Neuankömmlingen zur Verfügung. Die neuen kleinen Wesen, die ihr Menschenkleid hinter sich gelassen haben, freuen sich über so viel Aufmerksamkeit und integrieren sich schnell. Jedes auf seine Art und Weise.

Lange schwebt der Trupp über dem Gebiet und schaut dem Treiben zu. Langsam aber zieht Azrael weiter. Andrach lässt ein weiteres Grunzen hören und speit einen sehr kleinen Feueratem in die Luft. Ein paar Kinder haben die kleine glitzernde Elfe entdeckt und sind ganz entzückt über ihr strahlendes Kleidchen. Die Kinder sind beglückt und winken fröhlich zurück, man verabschiedet sich auf Distanz.

Azrael hat sein Trüpplein nicht im Park landen lassen, er möchte jetzt weiter. Das Ziel dieser Reise soll angesteuert werden.

Tashi erscheint es, dass sie sich kaum bewegen, immer auf der gleichen Stelle stehen bleiben und sich nur der Hintergrund ändert. Es ist so still, obgleich man Rauschen oder eben wie vorhin Seelen wahrnehmen kann. Dennoch, große willkommene Ruhe herrscht in diesen verschiedenen Wirklichkeiten, nichts Hektisches oder Störendes.

In diese Stille hinein hört man ein Geräusch näherkommen. Die wirbelnden Farben, die sie begleitet haben, verdichten sich. Wie ein Sog wird der Trupp von hellen Farben angezogen, magnetisch in sie hineingezogen und dann wird's plötzlich sehr laut. Wie auf einer Rutschbahn geht es durch einen Tunnel, so unglaublich schnell, dass sich Tashi an Andrachs Mähne festhalten muss.

Der grunzt laut, die Ohren schlägt es ihm nach hinten vom Sogwind. Pixie verkriecht sich ganz in Tashis Haaren und der Schmetterling klebt sich an Tashis Arm und sieht wieder aus wie ein Tattoo. Die Wächter lachen, lassen sich vom Sog gleiten. Ein großes Licht ist in ferner Distanz zu sehen, es beleuchtet den ganzen Tunnel. Tashi riecht den Duft von Nektar, von Honig wie ihm scheint, ist sich aber nicht sicher. Er schließt die Augen und nimmt die große Freude, den Duft, die Farben auf. Eine plötzliche ungewohnte Leichtigkeit, die er empfindet, ist nicht zu beschreiben in Menschenworten.

Er schaut sich nach Azrael um, aber entdeckt ihn nirgendwo.

„He Andrach, wo ist Azrael geblieben?"

Er muss laut rufen, weil der Sogwind so intensiv rauscht.

Andrach antwortet nicht, er hat seine Flügel weit aufgespannt und genießt es, durch den Tunnel hin und her zu schweben.

„Wirst ihn gleich wieder treffen Tashi!"

Der Sog, der sie transportiert, zieht sie nach vorne und stößt sie gleichermaßen von hinten Richtung Licht. Tashis Haare wirbeln lustig umher.

Dunkelheit, immer wieder von aufblitzenden Farben unterbrochen, begleitet sie. Der Tunnel ist auch nicht wirklich definiert und scheint die Größe fortwährend zu verändern. Wie auf einem Rollercoaster, der mit Tachyonen-Geschwindigkeit, schneller als Lichtgeschwindigkeit, durch einen Kanal rast.

Tashi spürt wohltuende Wärme, die ihn umgibt und umhüllt. Ein Gefühl von großer Liebe, so wie er sie bereits mit Rosenquarz erleben durfte. Er lässt sich von den vielen Eindrücken erfüllen, umspülen, überwältigen und gibt sich ganz dem Moment hin.

Wie mit einer hydraulischen Bremse werden sie sofort langsamer. Er öffnet die Augen und sie stehen mitten im großen Licht, das so plötzlich und so unglaublich schnell auf sie zugerast ist. Oder sind sie auf das Licht zugekommen? Gibt es hier überhaupt eine Richtung?

Er staunt nicht schlecht, als Azrael direkt vor ihm auftaucht, mitten im Licht, und ihn anlacht.

„Azrael? Wie ist das möglich?"

Jovial antwortet er:

„Gegenwart ist überall mein lieber Tashi. Immer, zu jeder Zeit, jeder nicht – Zeit, an jedem Ort!

Komm mit, du bist in einem neuen dir noch unbekannten Departement angekommen. Alles ist gut, sei unbesorgt."

„Hmmm, Gegenwart, in jeder Nicht-Zeit … es ist immer ‚Jetzt' …

Wenn ich in meiner Anderswelt bin, bin ich kaum je besorgt, nur immer wieder überrascht."

Er hat das natürlich nur gemurmelt, aber wie gesagt, hier bleibt ja nichts verborgen.

Das Licht, das Azrael umgibt, ist so hell, dass man gar nichts anderes erkennen kann. Der laute Ton, den man im Tunnel hören konnte, ist abgeflacht und in einen gleichmäßigen, tranceartigen Wellenklang übergegangen.

Lange bleiben sie so im Licht stehen. Tashi sitzt auf seinem Drachen, der die Flügel eingezogen hat, da sie nicht mehr fliegen. Pixie knuddelt sich aus Tashis Haaren, wo sie sich versteckt und festgeklammert hat.

Noch spricht niemand, man lauscht den neuen Tönen und beobachtet die leichten wellenartigen Energien, fast tranceartig langsam und gleichmäßig bewegen sie sich von rechts nach links und von links nach rechts.

„Ich will dir jemand vorstellen, Tashi. Gib mir Zeichen, wenn du bereit bist."

Azrael schweigt und lässt dem Trupp genügend Raum, sich zu entscheiden.

Tashi fühlt wieder die enorm warmen, liebevollen Energien, obgleich niemand außer ihnen zu erkennen ist.

„Es ist schön hier, Azrael, ich kann zwar außer Licht nicht wirklich etwas erkennen, aber ich fühle mich so unglaublich geborgen an diesem Ort, der ja, wie du erwähnst, gar kein Ort ist."

Azrael legt die Hand auf Tashis Arm, genau da wo sich der Schmetterling kompakt auf die Haut geklebt hat und sich nicht bewegt. Bei der leichten Berührung Azraels öffnet er schläfrig die Augen und schließt sie gleich wieder.

„Dann wollen wir doch mal sehen, ob du gleich einen Ort erkennen kannst!"

Sagt's, lächelt, öffnet die Arme weit, als würde er einen Vorhang öffnen wie Nebel, der sich plötzlich teilt.

Natürlich staunen alle, am meisten staunt Tashi, dass er überhaupt noch über etwas staunt!

Vor ihnen breitet sich eine traumhafte weitläufige Landschaft aus. Die Farben sind so intensiv, dass Tashi erneut die Augen schließen muss. Erst war es noch dunkel, dann superhelles Licht und nun die Reizüberflutung dieser herrlichsten, schillernden, üppigen Farben.

Die Landschaft hat weder Anfang noch Ende, nun, das kennt er ja auch bereits, der Anfang ohne Ende und umgekehrt. Nichts in diesen Anderswelten scheint sich linear abzuwickeln.

Er atmet tief ein, lässt sich ein weiteres Mal überwältigen und berühren von dieser Opulenz, Ruhe, Freude und Intensität, die von der nicht enden wollenden Umgebung ausgestrahlt wird. Unweigerlich muss er an die Undine denken, die ihm damals die sinnliche Schönheit ihres Paradieses gezeigt hat. Damals, als er ins Schattenland reisen musste.

„Tashi, hier bleiben wir!"

Pixie klatscht in die Hände, sie ist die Erste, die einen Kommentar abgibt. Sie hat sich aufgerichtet, kerzengerade steht sie auf Tashis Kopf und entzückt betrachtet sie die magische Umgebung. Andrach steht groß und beeindruckend neben Azrael und Tashis Wächter.

Tashi muss erst mal den Atem wieder finden. Er will noch gar nichts reden, um diesen Frieden nicht zu unterbrechen. Nach langem Betrachten der stillen Umgebung sieht er viele hübsche gepflegte Wege, die wie ein Stern angebracht sind und vom Mittelpunkt der Übergroßen gepflegten Landschaft ausgehen.

Gerne würde er auf einem dieser Wege spazieren.

Trotz genauem Hinschauen hat er noch keine anderen Wesen außer ihnen erkennen können. Sie scheinen die einzigen Besucher zu sein. Aber wer weiß, ihn würde ein plötzliches Erscheinen etwas ihm noch Unbekannten überhaupt nicht überraschen.

Azrael hat Tashis Gedanken gehört, schreitet voran, winkt ihnen zu folgen und der Trupp zieht stillschweigend hinter ihm her, mitten in dieses Paradies.

Je weiter sie in den Park gelangen, umso beschäftigter wird es. Bunte Vögel fliegen gemütlich in den hohen Baumwipfeln, die Bäume scheinen sich miteinander zu unterhalten und den Besuch des Trupps anzukündigen.

Andrach schaut sich überall um, hier hat er viel Platz, um seine Flügel aufzuspannen und gelassen herumzusegeln. Tashi genießt es, den Flugwind in den Haaren zu spüren und Andrachs vertrautes Flügelrauschen zu hören. Die Baumwipfel sind viel höher als bisher gesehen, die Gegend strahlt Frieden, Gemächlichkeit und große Zufriedenheit aus.

„Kannst du die Bungalows bereits erkennen, Tashi?"

Azrael unterbricht die Stille mit seiner Frage, verwundert schaut sich Tashi um.

Bungalows? Nein, hat er noch keine gesehen, weil er viel zu beschäftigt war, die hohen Bäume, die Vögel und die bezaubernde Gegend zu genießen.

Azrael zeigt auf eine gut versteckte Ecke mitten in den großen Bäumen. Tashi folgt der Aufforderung und mit ein wenig Sitzverlagerung auf seinem Drachen hat er die Bungalows nun auch entdeckt.

Azrael deutet Andrach, auf dem großen saftig grünen, sich weit ausdehnenden Feld zu landen.

Nga und Waka helfen Tashi auf den Boden, Andrach schaut mit glänzenden staunenden Augen umher und legt sich in das frische Gras. Azrael krault ihn hinter den Ohren, bedankt sich für seine Geduld und dann ziehen sie los, durch flüsternde Bäume, duftendes Gras, Waldblumen und viele neugierige Tiere, die die Ankommenden freundlich betrachten.

Azrael schreitet aus dem Wald in eine große Lichtung, überall stehen Bungalows. Farbige, kristallbeschmückte, blumenbeladene Bungalows. Tashi hält den Atem an, diese Schönheit, diesen Frieden und die unendliche Farbenpracht erschlägt einmal mehr die menschlichen limitierten fünf Sinne. Er bleibt stehen, atmet die Herrlichkeit tief ein, blinzelt immer wieder, um sich zu versichern, dass das, was er hier sieht, auch Wirklichkeit ist.

Er erinnert sich an Andrachs Satz bei seiner letzten Reise durch Amethyst:

„Alles, was existiert, ist in irgendeiner Form Wirklichkeit!"

So könnte man sich das Paradies wahrhaftig vorstellen. Je länger er staunt, je mehr Bungalows kann er sehen. Sie alle sind ganz unterschiedlich dekoriert, aber immer sehr gepflegt, freundlich strahlend und einladend. Und dann, plötzlich, kann er zarte Wesen erkennen. Sie sehen menschenähnlich aus, aber leichter, manche sogar beinahe durchscheinend von einer ätherischen Aura umgeben. Die Wesen sind alle durch einen silberigen Schimmer miteinander verbunden. Die Silber-Farbe erinnert ihn an Klaras leuchtende Federn.

Das scheint wohl das unsichtbare Band, die Silberschnur zu sein, die alles zusammenhält und direkt mit der Quelle verbunden ist.

Er schaut nach Azrael, ob er wohl seine Gedanken bestätigen wird? Der aber ist gerade unterwegs zu den Wesen, einige von ihnen haben seine Anwesenheit entdeckt und sind gekommen, ihn zu begrüßen.

Fürst Azrael scheint man wirklich überall in diesen Ebenen zu kennen.

Das angebliche Totenreich, von dem bis anhin gar nichts Totes zu erkennen war, ist sein großes Reich!

Zaghaft folgt Tashi mit seinen Wächtern. Eine leichte Bewegung seines Schmetterlings, der sich gemächlich vom Arm löst, fordert seine Aufmerksamkeit.

„Was ist, Schmetterling?"

„Tashi, ich ziehe mich zurück und bleibe bei Andrach. An diesem herrlichen Ort brauchst du mich nicht. Ich kenne jeden einzigen dieser unendlichen Orte. Sie sind meine Spezialität! Du weißt ja, Transformation … Transzendenz … noch mehr Transformation!"

Er grinst, fliegt kurz auf Tashis Nasenspitze, um ihn zu kitzeln. Mit großen fragenden Augen betrachtet er den leichten Übermut seines Schmetterlings.

„Guck mich nicht so an Tashi. Deine Überraschung naht!" Sagt's, lacht verschmitzt und fliegt Richtung Andrach, der sich genüsslich im frischen Gras niedergelassen hat.

Lange schaut Tashi den beiden treuen Begleitern zu, wie sie sich leise unterhalten und es sich gemütlich machen. Wie schön ist es doch, umgeben zu sein von den wunderbarsten Freunden, auch wenn sie nicht in Form von Menschen daherkommen.

Sie stehen am Rand des farbenprächtigen Dorfes. Viele gemütliche Gassen, voll mit Büschen, Blumen, schattenspendenden Bäumen, wie er sie auf Erden noch nie gesehen hat. Obgleich hier nie Schatten gebraucht wird, denn in allen Ebenen, die er bis anhin erlebt hat, herrschen ausgeglichene Temperaturen, die den transzendierten, feinstofflichen Körper unterstützen.

Bei der Ur-Tante hat man auch kaum ein Klima feststellen können. Es war einfach angenehm warm, beschützend, genau auf die Wesen abgestimmt, die dort wohnen.

Auch hier erkennt er diese Ausgeglichenheit. Obgleich an diesem hübschen Ort viel mehr Farben herrschen, schwebt kunterbunte, lebendige üppige Präsenz wie ein süßer Duft über dem Dorf.

Pixie ist aus dem Haarschopf Tashis aufgestanden, schwebt auf dessen Schultern, sie will diese Gegend ganz in sich aufnehmen. Sie fühlt sich magisch angezogen von der Farbenvielfalt, der Energie, der Freundlichkeit, die hier vorherrscht. Noch haben sie mit niemandem gesprochen, die Ausstrahlung dieses Dorfes ist sehr stark, eine Entität in sich selbst.

Azrael führt sie tiefer in die Gassen hinein, trotz der Dichte und der vielen Gassen fühlt es sich nie einengend an.

Viele Bungalows sind farbig angestrichen, Gärten bunt mit allerlei duftenden Blumen zieren die einstöckigen Häuschen. Keines der Bungalows ist höher als einen Stock. Sie sind nur flächenmäßig größer oder kleiner. Manche haben nach oben geöffnete, lichteinlassende Fenster aus Kristallen. Tashi muss unbedingt stehenbleiben und betrachtet fasziniert die Fenster, die je nach Kristall diverse Farben ausstrahlen. Es erinnert ihn an die Kristallgläser bei der Ahnenbank, wenn die Sonne durchscheint und sich ein Regenbogen prächtiger Farben daraus entfaltet.

Als sich Tashi endlich aus seiner Träumerei reißen kann, entdeckt er die Wesen, die hier gelassen ihren Weg gehen. Man sieht keine großen Einkaufszentren, nichts, das von der üppigen Natur oder vom Wesentlichen ablenken würde. Die Natur in ihrer üppigen Pracht scheint hier Hauptgegenstand zu sein. Es fällt ihm auch auf, dass es nicht viele Kinder gibt.

Man nickt ihnen zu, aber angesprochen werden sie nicht. Tashi findet das seltsam.

„Das bist du dich nicht gewohnt Tashi, nicht wahr?"

Tatsächlich ist er sich diese freundliche und warme Reserviertheit nicht gewohnt.

„Es ist das Gesetz des sich Nicht-Einmischens. Nach dem Motto: Es ist, wie es ist! Jeder hier darf ganz und gar sich selber sein, denn in diesem Dorf, wie in allen Ebenen der sogenannten ‚Verstorbenen', finden sich immer Gleichgesinnte zusammen. Sei dies in den lichten wie in den dunklen Ebenen. Bevor du fragst Tashi, die dunklen Ebenen wirst du heute auf dieser Reise nicht erleben. Nur so viel, jeder kommt an den Ort seiner Resonanz. Dunkle seelenlose Wesenheiten, die Welt der Archonten, die ihre schädliche Macht für Gier und Zerstörung missbraucht haben, werden auf einen ihrem Niveau entsprechenden Exilplanet geschickt, um sich ihrer geistigen Evolution zu widmen. Mehr Infos gibt es heute nicht zum dunklen Thema. Komm, wir sind noch nicht angekommen. Es wartet eine Überraschung für dich."

Bedeutungsvoll schaut er auf Nga und Waka. Dann spaziert er weiter. Immer wieder muss Tashi stehenbleiben und an den duftenden Blumen riechen, die so reichhaltig alles rundherum zieren. Er ist gespannt auf die Überraschung, lässt sich aber nicht drängen.

Der Frieden, der über allem ruht, erinnert ihn sehr an den Aufenthalt bei der Undine, er muss unweigerlich immer wieder an sie denken. In dieser Stille, der Ruhe kann man die eigene Stimme hören, die innewohnenden Sinne wahrnehmen.

Sie flanieren weiter, bis Azrael vor einem größeren Bungalow stehenbleibt. Ein kristallenes Tischchen mit einladenden Stühlen umgeben, zieht ihn an. Eine vertraute Energie, die er nicht einordnen kann, umspült ihn. Unmerklich lächelt er, weiß aber nicht weshalb. Große Freude überkommt ihn, Pixie spürt das und hüpft wieder auf ihren Lieblingsplatz in Tashis Haarschopf. Einige bunte zwitschernde Vögel fliegen auf sie zu. Das Zwitschern und Singen hören sich an wie ein Empfangskomitee, es kündigt etwas an, beinahe wie bei seiner Amsel, die ihm jeweils Portale öffnet. Jetzt ist er wirklich gespannt!

Neugierig schaut er auf seine Wächter und Fürst Azrael. Er atmet tief ein und ist bereit für die angekündigte Überraschung.

Während er den runden Kristalltisch betrachtet, öffnet sich die angelehnte Haustüre und eine hübsche junge Dame, ein Tablet mit Getränken und Gebäck tragend, begrüßt den herumstehenden Trupp mit ihrem freundlichen Lächeln.

Sie stellt alles auf den Tisch, lädt sie ein, sich zu setzen, und meint:

„Azrael, die Hausdame wird sich gleich zu euch setzen."

Fragend schaut Tashi seinen Mentor an, Hausdame? Hmmm… wirklich spannend …

Getränke werden eingeschenkt, für Nga und Waka nur ein wenig, da sie weder Getränke noch Essen benötigen. Die junge Dame zeigt auf das Gebäck, etwas Neues, das Tashi noch nicht erlebt hat.

„Bitte bedient euch." Sie lächelt und verschwindet wieder im Bungalow.

Auf jeder seiner Reisen hat er immer wieder frische unbekannte Häppchen kosten dürfen. Neugierig betrachtet er die bunten Bäckereien. Ob sie süß, sauer oder salzig sind? Oder sogar eine ihm bis anhin unbekannte Geschmacksrichtung? Schließlich weiß man nie genau auf magischen Reisen wie den seinen.

Pixie hat seine Gedanken gehört, hüpft auf den Tisch; da sie ja so klein wie eine wohlgeformte Hand ist, ist das kein Problem. Ihr Kleidchen schwingt leicht um sie herum, reflektiert die Farben des kristallenen Tisches. Die bunten Vögel betrachten den Trupp aus dem nahestehenden Blumenbusch. Die Spannung steigt. Gerade als sich Tashi ein Gebäck nehmen will, steht eine ihm wohlbekannte Frau im Türrahmen.

„Waaas? Oh mein Gott!"

Er lässt das Gebäck zurückfallen, steht auf, schaut auf Azrael, der ihn nur angrinst, und er wiederholt:

„Oh mein Gott!"

Er setzt sich, steht wieder auf, setzt sich erneut hin.

„Oh mein Gott, Sashas Mutter!"

Sie lacht über Tashis Reaktion. Die Überraschung ist eindeutig gelungen.

Sashas Mutter setzt sich zu ihnen an den schönen Kristalltisch, nimmt Tashis Hände in die ihren und lacht ihn an.

„Das hättest du nicht erwartet oder?"

Er schluckt leer, schaut sie lange an. Dann wieder Azrael, seine Wächter, greift nach Pixie im Haarschopf.

„Das fasse ich jetzt nicht!"

Mehr kann er im Moment nicht sagen. Er befreit eine Hand, um einen Schluck zu trinken. Dann schaut er Sashas Mutter genauer an. Lange, um sich zu vergewissern, dass er sich bestimmt nicht irrt oder träumt.

„Das ist ja unglaublich!"

Er schüttelt den Kopf, lehnt sich zurück und löst sich aus ihrem sanften Griff.

„Puhhh, das ist ein starkes Stück. Azrael???"

Sashas Mutter

Mit einer Handbewegung zeigt Azrael auf Sashas Mutter. „Erzähle Tashi deine eigene Geschichte, so wie du sie erlebt hast. Bitte."

Azrael spricht nicht viel, seine Gegenwart ist stark genug, um sich in den unendlich diversen feinstofflichen Wirklichkeiten neu zurechtzufinden.

Also beginnt Sashas Mutter zu erzählen.

„Dich hier, in unseren Ebenen wiederzusehen, ist auch für mich eine Überraschung Tashi!"

Sie klatscht fröhlich in die Hände, lehnt sich im Stuhl zurück, nickt Azrael und Tashis Wächter lachend zu.

„Habt ihr meinen schönen Garten, die Blumen schon bewundert Tashi? Ist es hier nicht viel leichter, friedlicher als in einem kranken Körper in einem klinischen Spitalbett, vollgepumpt mit Medikamenten und zerstochen von Schläuchen gefangen zu sein?

Da, wo ich jetzt bin, bin ich viel freier und verstehe auch deine Reisen und ihre Botschaften ein ganz wenig besser Tashi. Natürlich verstehe ich erst jetzt, dass das Leben sich stetig verändert, aber niemals stirbt. Das Leben als solches kann doch gar nicht sterben! Das Leben ist allgegenwärtig, nur die Form allein ist vergänglich!"

Sie lacht Tashi fröhlich an, der total perplex dasitzt und sie ungläubig betrachtet. Sie nimmt ein Kristallglas, hält es Tashi zum Anstoßen hin und erzählt weiter.

„Wenn sich unser Bewusstsein, das klein bisschen Seele, das wir im Körper inkarniert und integriert haben, von der Materie löst, erfahren wir erst, wer wir wirklich sind. Unser wahres Wesen, unsere Essenz bleibt am Leben, während das Materielle, das, was man zu sein scheint, stirbt!"

Sie pausiert, schaut alle an, bedient sich gelassen eines Gebäcks, genießt es, hält Tashi die Schale hin, um sich ebenfalls zu bedienen, und setzt sich dann wieder zurück in den farbigen Stuhl.

„Durch Sashas Erzählungen war ich bereits etwas vorbereitet auf das Kommende. Da ich oft geschlafen habe, Sasha aber dennoch viel von euren Reisen erzählt hat, habe ich mit meinen Sinnen wahrgenommen, was sie erzählt hat. Nicht mit dem Verstand, der war bereits von den vielen Medikamenten vernebelt. Auch das Lavendelsträußchen, das sie mit in das Spital gebracht hat von eurer Reise, hat mich sehr getröstet und mir wohlgetan."

Sie trinkt einen Schluck, um sofort weiterzufahren.

„In jener Nacht, als Sasha sehr verzweifelt im Spital war, wusste ich plötzlich, dass es Zeit war, Abschied zu nehmen. Sasha muss es wohl gespürt haben, denn sie weinte viel, erzählte mir von unsichtbaren Helfern und Oma, die mich abholen würde. Natürlicherweise war ich bereits abgedriftet, nicht wirklich bewusst anwesend. Mein Mann kam ebenfalls zu Besuch, ich spürte seine Verzweiflung, seine große Müdigkeit und Angst, wie es denn ohne mich, allein mit Sasha, weitergehen soll. Wenn man sich vom materiellen Körper löst, sich selber beobachtet aus einer perspektive außerhalb des eigenen Körpers, ist das schon was ganz Spezielles, Eindrückliches ..."

Sie schweigt, Tashi beobachtet die mittlerweile gesunde, strahlende, zufrieden aussehende Mutter. Sie scheint um Jahre jünger, von Krankheit nicht die Spur. Er schweigt und beobachtet, riecht den süßen Duft der Blumen, hört den singenden Vögeln zu. Er wird ganz ruhig, in sich selbst ruhend, so wie Sashas Mutter. Er passt sich schnell an, geht in Resonanz mit der Umgebung.

„Als sich mein durchscheinender Körper von meinem kranken Körper löste, fiel ich in viele verschieden Farben, ein Farbenmeer sozusagen. Ich empfand plötzlichen Frieden, Ruhe, leise Musik und Seifenblasen lullten mich ein. Ich musste lachen,

Seifenblasen, die ich als Kind so sehr mochte. Dann, durch einen glänzenden Nebel sah ich meine Mutter, die mich tatsächlich abholen kam, so wie es Sashas voraussagte. Da waren auch noch andere Wesenheiten, die keine menschliche Form hatten. Sie erschienen mir wie lichtdurchflutete zarte freundliche Gestalten ohne Körper. Sie alle warteten auf mich.

Gleichsam sah ich die Verzweiflung meines Mannes und die von Sasha, wollte sie trösten und ihnen sagen, wie schön und leicht es plötzlich wird. Aber die Seifenblasen zogen mich wie ein Magnet aus dem Körper, immer tiefer in den farbigen Sog und die Musik, die mich von ihnen wegzogen. Ich überließ mich dem Geschehen, denn es war stärker als ich."

„Wow", ist alles, was Tashi sagt. Er isst endlich ein Gebäck, schaut nach Nga und Waka. Er greift nach Pixie, die alles mitgehört hat. Nach langer Pause der Nachdenklichkeit ergreift Sashas Mutter erneut das Wort.

„Menschengedanken gelten hier nicht mehr, Sorgen, Krankheiten oder Verzweiflung sind nicht mehr da. Als ich zum ersten Mal zurückschaute, fielen alte Glaubensmuster in sich zusammen, sie haben in diesem Reich keine Gültigkeit mehr. Die limitierten Erfahrungen im Körper sind eben nur das: Erfahrungen, die durch unsere Programmierungen und Glaubensmuster anerzogen wurden! Ich sah Momente aus meiner eigenen Kindheit, durfte meine Mutter sehen, sah mich in ihrem Garten, die herrlichen Blumen, die sie so geliebt hat und ich jetzt, an meinem diesem Ort wieder erleben darf."

Sie lächelt alle an, Dankbarkeit ist aus ihrem schönen Gesicht zu lesen.

„Trinken wir doch auf diesen wunderbaren friedlichen Ort, meine Verwandlung und mein neues Leben. Gerne zeige ich dir Tashi, was ich jetzt am Lernen bin. Wenn du magst, führe ich dich ein in meine neue Tätigkeit."

„Oh, du lernst etwas Neues hier?"

Das Duzen fällt ihm nicht so leicht, schließlich kennt er Sashas Mutter unter ihrem Nachnamen. Aber auch das ist vorbei und hat hier keine Gültigkeit mehr. Er schmunzelt, prostet ihr fröhlich zu.

„Sehr gerne lasse ich mich in dein neues Reich führen, aber sollte das Sasha nicht auch miterleben?"

Azrael regt sich auf seinem Stuhl, steht auf mit dem Glas in der Hand.

„Das, Tashi, soll eine weitere Überraschung werden. Sashas Mutter kommt mit zur Ahnenbank, um sich mit Sasha zu treffen. Nicht für lange, aber genug, um die Ahnen zusammenzuführen, Sasha, ihre Mutter und Oma, drei Generationen! Dafür ist die Ahnenbank doch wie gemacht, nicht wahr?"

„Was? Oh das ist doch superwunderbartoll! Kann mir noch gar nicht vorstellen, wie überrascht Sasha gucken wird. Das ist ja herrlich!"

Sagt's, steht ebenfalls auf und freut sich noch viel mehr auf das weitere Geschehen.

„Pixie, was meinst du? Ist das nicht herrlich? Das freut mich einfach unglaublich für Sasha, da ich weiß, wie sehr sie ihre Mutter manchmal vermisst. Das wird ein Fest werden!"

„Dann Azrael, würde ich jetzt gerne Tashi herumführen, damit ich baldmöglichst Sasha wiedersehen kann."

Sashas Mutter führt das Trüpplein in ihren Bungalow, der durch das Kristalldach herrliche Farben durch das ganze Haus verströmt. Leise spielt Musik, die sich mit der Musik der Landschaft, des Dorfes im Einklang schwingt.

Er schaut sich in den offenen, weiten Räumlichkeiten um. Durch einen Torbogen führt sie Tashi in ihre Werkstatt, ein besseres Wort findet Tashi nicht, um das Atelier zu beschreiben. Stolz öffnet sie ihre Arme, um ihren Arbeitsort, eine beeindruckende große Halle, vorzustellen. Tashi sieht eine hohe breite Wand von oben bis unten mit den schillerndsten Stoffen gelagert. Stoffballe um Stoffballe übereinander, nach Farben geordnet. Es ist eine Augenweide diese Wand zu betrachten. Große Tische stehen im Raum, auf denen Stoffe liegen, die zugeschnitten werden. Einige Wesen bearbeiten Muster, die einen zeichnen, die einen nähen und andere drapieren und modellieren Formen. Andere beraten, wie man Seide mit unbekannten Fabrikaten zusammenmischt.

„Das ist meine neue Tätigkeit, meine Leidenschaft, die ich nun bis ins Detail lernen will, um dieses Wissen von Stoffen, Farben, Mode, Typen, Psychologie, Technik umzusetzen und, wo immer ich zu einem anderen Zeitpunkt sein werde, anzuwenden. Mir ist auch wichtig, zu lernen, wie man Seide alternativ, mit neuen biotechnischem Verfahren herstellen kann. In diesem, meinem neuen Departement hier sind wir der Erde weit voraus. Darauf will ich mich spezialisieren und dieses Knowhow zu meinem Hauptthema, meinem Supertalent machen. Da gibt es viel zu lernen, denn man arbeitet nicht nur mit Stoffen, es soll ja auch immer zeitgemäß sein und jede Ebene, in die man sich ‚inkarniert‘, hat ihre eigene zeitentsprechende Manufaktur. Schon auf Erden habe ich gerne genäht, natürlich ausschließlich hobbymäßig. Aber nun stehen mir die besten Mentoren, Designer und Techniker zur Verfügung, die mir helfen, mein Interessengebiet auszubauen. Auch wie man edle Materialien in der Industrie verwendet. Wobei mein Spezialgebiet die Seide und anderweitig verfeinerten Materialien sein werden."

„Techniker?" Tashi staunt. „Wozu denn das?"
„Und Seide, Seide wohin das Auge reicht. Die Flüssigkeit, das Rascheln dieses Materials, dieser Eleganz und Nobilität, das liebe ich!"
Azrael beantwortet die Technikerfrage:
„Tashi, welche Art von Kleidung hast du bei deinem letzten Besuch bei Ashtar erlebt? Magst du dich noch erinnern?"
Darüber muss er erst nachdenken, denn Kleider im herkömmlichen Sinn waren das nicht.
„Ja genau, siehst du, jede Dimension, jede Wirklichkeit hat ihre eigenen Bedürfnisse an Bedeckung. Anzüge, die die Körpertemperatur durch integrierte Farbprogramme ausgleichen zum Beispiel. Oder Astronauten verwenden speziell hergerichtete Kleidung. Man bedenke die Industrie; selbst in Fallschirmen auf eurer Erde wird Seide verwendet! Bestimmt nicht Mode im herkömmlichen Sinne, dennoch eine ganze Wissenschaft über das luxuriöse Material, nicht wahr?"

Tashi ist überwältigt über die Diversität eines so edlen schönen Fadens, der so vielfältig anwendbar ist. Lange bewundert er das farbenfrohe Studio, Sashas Mutter, die so leidenschaftlich und voller Freude von ihrem neuen Leben erzählt.

„Hm, darüber habe ich mir noch nie Gedanken gemacht, aber das hier sieht einfach toll aus. Wenn Sie, Entschuldigung, du, zur Ahnenbank kommst, könntest du Sasha ein Kleidchen oder sowas mitbringen? Etwas ganz Persönliches, Selbstgenähtes von dir?"

„Oh, das ist sehr fürsorglich von dir Tashi. Sobald ich von Azrael die Neuigkeit erhielt, dass ich Sasha besuchen darf, habe ich ihr ein Kleidchen genäht in ihrer Lieblingsfarbe. Aus Seide! Und mit einer Perle eingefügt! Das allerdings zeige ich dir noch nicht. Das darfst du dann an Sasha selbst bestaunen."

Sie lacht glücklich, freut sich über die gelungene Überraschung und Tashis Anteilnahme an ihrem gemeinsamen Treffen.

„Aus Seide? Das Seidenthema ist ganz offensichtlich ein Sasha-Familien-Thema! Mein Gott, da wird sich Silk, ihr Wächter, aber mächtig freuen! Da darf wieder gestaunt werden. Wie doch immer wieder alles zusammenpasst, magisch!"

Er schüttelt den Kopf über so viele „Zufälle", die einem zufallen …

Nga und Waka freuen sich über den seidenen Zu-fall und nicken sich gegenseitig zu.

Pixie hat sich schon beim Betreten des großen Ateliers aus Tashis Haarschopf losgelöst und sich sofort auf die prächtigen, teilweise glitzernde, mit Diamanten, Perlen, wertvollen Spitzen oder anderweitig bestückten Stoffen gestürzt. Auch die großen unendlich vielen Spulen des Seidenwebfadens, die noch auf ihre Verarbeitung warten und in der Nähe des riesigen Stoffregals liegen, wecken ihre Aufmerksamkeit. Sie liebt alles Schöne, Edle und Verfeinerte.

Ihre Mitarbeiter schauen neugierig lächelnd in die fröhliche Runde. Sie bestaunen die süße Elfe, die gar nicht genug vom Glitzer bekommen kann. Sie selbst trägt ein zauberhaftes schimmerndes Kleidchen, klein, aber dennoch voller Magie und Kraft.

Nach gründlicher Betrachtung und Durchforsten des Studios und vielen Fragen sitzen sie wieder im Garten, lassen es sich gutgehen. Dann führt Sashas Mutter die Besucher in ihrer neuen Heimat herum. Voller Stolz zeigt sie ihnen den friedlichen, ruhigen paradiesischen Ort, der wie eine Insel aufgebaut ist, mitten in der üppigen grünen Landschaft. Pixie fliegt immer wieder zu den süßduftenden Blumen, spielt mit den bunten Vögeln, die sie neugierig, kameradschaftlich betrachten.

Tashi genießt die lieblichen Gassen, die edlen Materialien, aus denen die Bungalows gebaut und dekoriert sind. Fast fühlt es sich an wie ein Ferienort, so sorglos und friedvoll. Jeder scheint hier jeden zu kennen, man grüßt sich, tauscht neue Ideen und Projekte aus, um voneinander zu lernen und sich gegenseitig zu helfen. Man darf ganz einfach sich selber sein, sich selbst neu kennenlernen mit Talenten, die bis anhin zu wenig berücksichtigt wurden.

„Es ist Zeit Tashi, vorläufig Abschied zu nehmen. Wir treffen Sashas Mutter wieder bei der Ahnenbank."

Azrael legt den Arm um Sashas Mutters, bespricht noch einige Dinge mit ihr, während Tashi mit seinen Wächtern langsam zurück zu Andrach und seinem Schmetterling schlendert. Der Schmetterling muss es wohl geahnt haben, denn er fliegt ihnen direkt entgegen, zwischen den Riesenbäumen hindurch, seinen Goldstaub verteilend, der manchmal an einem vorwitzigen Ast hängenbleibt.

Andrach steht bereits auf, grunzt vor sich hin, öffnet die Flügel und streckt sich in seine ganze bemerkenswerte Größe. Pixie fliegt direkt auf den Schmetterling zu, erzählt ihm von dem Zufall, der ihnen zugefallen ist, von Sashas Mutter und dem Seiden-Projekt und von den unendlich vielen prachtvollen Blumen. Sie ist beglückt, dass für Sasha eine Begegnung mit ihrer Mutter organisiert wurde. Das war wohl Azraels Kontakt mit dem Konzil, für Sashas Mutter einen Besuch bei der Ahnenbank anzufordern.

Tashi erzählt Andrach voller Staunen, was er alles erlebt hat. Er kann es immer noch nicht fassen, dass er Sashas Mutter begegnen durfte!

Gedanklich abwesend steigt er auf Andrachs Rücken. Pixie und der Schmetterling fliegen übermütig herum und erzählen sich allerlei ähnlich erlebte Geschichten. Nga und Waka genießen das große weite Feld mit den sternförmig angebrachten Wegen, die Riesenbäume, mit denen sie sich unterhalten, bis Azrael sich zu ihnen gesellt. Ein staunender, gemütlich, friedlicher wartender Trupp.

Als sie schon länger wieder unterwegs sind, von Departement zu Departement, erzählt Azrael über das „Tot"-Sein.

„Weißt du Tashi, der menschliche Körper erlaubt die Erfahrung der Limitation, der Mensch erfährt das Spiel der Polaritäten. Der Körper ist das Gefährt für die Seele oder Fragmente der Seele, um Erfahrungen zu sammeln. Zeit und Raum werden im Menschsein als Limitation, als ein Gefängnis erfahren. Das aber ist eine Täuschung! Die Überseele ist jederzeit frei und wenn man sich während des Aufenthaltes im Schattenland, auf Planet Erde, bereits mit dem größeren Ganzen auseinandersetzt, könnten die Menschen den Tod als Illusion erfahren. Übergang? Ja! Tod? Nein!

Diese Erkenntnis würde ein inniges, optimales Leben aktivieren, weil sich die Seele erinnern darf, dass das Leben nie wirklich zu Ende ist.

Deshalb muss das geistige Bewusstsein auf Erden angehoben werden, damit diese Illusion aufgebrochen wird! Geist kann man nicht theoretisieren, das muss ich hier mal erwähnen. Über geistige Theorien kann man sich Millionen Jahre unterhalten, es bleibt immer nur Theorie, man stolpert darüber, weil sie dem lebendigen kunterbunten Leben im Weg steht. Das Leben holt sich das Recht, in allen Facetten erlebt zu werden. Eine Seele sucht sich ihre Lektionen, um das Leben, die Lebenskraft in ebendiesen nie endenden unzähligen formverändernden Facetten kennen zu lernen! Nach dem Prinzip: ICH BIN ... Ich existiere, also bin ich ..."

Meister Azrael schaut auf seinen Trupp, der ihm gebannt zuhört.

Tashi sitzt auf seinem Drachen, ist in seine eigenen Grübeleien abgedriftet. Er spürt die Tiefe dieser Weisheiten. Da ja alles Energie ist, sich das Leben fortwährend verändert und sich weiterbewegt, man sich dieses Wissen wieder aneignen würde, kann das persönliche Leben neu gestaltet werden. Man kann mit Selbstanteilen, die sich in anderen Ebenen befinden, neu verbinden und vernetzt werden. Das hat er doch auf jeder seiner Reisen erleben dürfen. Jedes Mal hat sich ihm ein neuer Seelenanteil eröffnet, der dann mit ihm zurück in die materielle Welt gereist ist. So wie sein Amethyst-Begleiter, der sich direkt in sein Energiefeld eingewoben und dadurch seine persönliche Wirklichkeit stark ausgedehnt und verändert hat. Natürlich ist das nichts für schwache Nerven, wenn man sein Potential stetig erweitert. Lässt man doch immer wieder ausgediente, nicht mehr nützliche Programmierungen oder Gedanken- sowie Gefühlsmuster hinter sich.

Schade nur, dass so wenige Menschen an ihre Fähigkeit der Veränderung glauben. Traurig denkt er an seinen Vater, der in seinen Gewohnheiten hängen bleiben will. Weder für sich selbst, nicht mal für ihn, seinen Sohn, will er an seinen Charaktereigenschaften arbeiten, an die Kraft der Wandlung glauben.

Tashi seufzt laut. Dabei muss er schmunzeln, da er sofort an seine Ur-Tante denkt. Möglicherweise hat sie ihn sogar gehört. Dieser Gedanke macht ihn wieder fröhlich.

Azrael jedenfalls hat den Seufzer gehört, schaut ihn an, unterbricht Tashis Grübeleien und erzählt weiter:

„In den feinstofflichen Dimensionen erfährt man den Druck der Trennung oder die Polarität nicht. Was allerdings das Lernen verlangsamt, gerade eben, weil man diesem Druck nicht ausgesetzt wird. Man muss nicht dauernd Entscheidungen treffen, die stetig neue Wege eröffnen, um das irdische Leben in neue Bahnen zu lenken. Wie du nur kurz erlebt hast Tashi, finden sich hier immer wieder Gleichgesinnte zusammen, die an ähnlichen Projekten arbeiten oder ähnliche Dinge lernen wollen.

Durch die Definition des subjektiven *ICH* erzeugt man Trennung, aber wie du mittlerweile durch die vielen Lektionen auf deinen Reisen gelernt hast Tashi, ist Trennung eine Illusion. Die universelle Intelligenz ist omnipräsent in allen Dingen zu allen Zeiten. Wenn es nicht so wäre, gäbe es kein Universum und keine Schöpfung und keine Erfahrungen.

Merke dir:

Das Vergessen der Ganzheit erzeugt ein Gefühl der Einsamkeit, des Leerseins, der Sinnlosigkeit und Sehnsucht nach etwas Unbekanntem.

Die Menschen sind geistige Wesen, mehr feinstofflich als Körper ...

Das Menschenkleid ist wahrlich nur ein Kostüm ...

Bewusstsein überlebt die Materie, Bewusstsein überlebt das menschliche Leben ...

Bewusstsein kann nicht gemessen werden, Bewusstsein ist viel größer als die menschliche Form ...

Das identifizierte Selbst ist in diesen Dimensionen nicht mehr notwendig, weil es eingrenzt und abgrenzt."

Azraels tiefe Weisheiten berühren Tashi, gerade hat er erlebt, dass jegliche Form immer weiterlebt. Das Kennenlernen seiner Ur-Tante, die absolute Überraschung von Sashas Mutter und ihr spezielles Interessengebiet an allem Seidenen ist einfach einmalig. Er schüttelt den Kopf, denkt an Silk, Sashas Wächter.

Er denkt an die vielen unbekannten, manipulierten, eingetrichterten Ängste, die einem möglicherweise über Generationen verfolgen und daran hindern, das persönliche Potential zu entfalten.

Wahrliche, das Leben, das lebendig Sein ist ein sich ewig selbst erforschendes Geheimnis.

Nachdenklich, sinnierend schweben sie weiter. Tashi ist tief in Gedanken versunken. Niemand spricht, Pixie ruht im Haarschopf, spielt neckisch mit Tashis Amethyst-Begleiter, der leise und ohne aufzufallen auf ihr Spiel reagiert. Waka registriert das und zwinkert der schäkernden Elfe zu.

Andrach fliegt, bzw. schwebt eher, mit weit ausgeladenen Flügeln. Tashi mag das rauschende Geräusch seines Drachens.

Immer wieder krault er Andrach, der, je nachdem durch welche Etappe sie reisen, ein friedliches Grunzen ausstößt.

Azrael wendet sich dem Trupp zu.

„Meine Lieben, es ist Zeit, zum Kraftort zurückzukehren. Tashi bist du bereit, durch den Lebensbaum hinunter zur Sternenmutter zu gehen? Sashas Oma ist auch schon dort. Und wie versprochen, werden wir Sasha überraschen mit dem Besuch ihrer Mutter, die bei der Auffangstation auf uns wartet."

Er schaut auf Tashi, der sich mächtig freut, Sashas langgehegten Wunsch erfüllt zu sehen. Sie hat ihre Mutter so vermisst.

„Das ist ein großartiges Geschenk Azrael, ich bin unglaublich gespannt, wie sie darauf reagieren wird! Kann den Moment kaum erwarten. Ich liebe es, Menschen glücklich zu sehen."

Azrael bleibt stehen, nimmt Tashis Hand in die seine, krault Andrach.

„Du bist auch für dein eigenes Glück verantwortlich Tashi. Oftmals nimmst du zu viel Rücksicht auf andere und vergisst dich dabei selbst! Du bist es ebenfalls wert, deine Wünsche erfüllt zu haben! In beiden Energie Flows gegenwärtig zu sein, dem aufsteigenden sowie dem absteigenden Fluss in beiden Richtungen gemittet zu sein. Im Geben und Nehmen, im Sein und im Tun! Aber wem erzähl ich das? Da kennst du dich ja bestens aus. Also freuen wir uns auf das Wiedersehen mit Sashas Mutter."

Azrael lächelt und nickt.

„Du bist wahrhaft ein Meister, Tashi, wir haben Achtung vor deinem Mut und deiner unverwüstlichen Kraft. Wir haben ein Geschenk für dich!"

Tashi macht große Augen, schon wieder ein Geschenk? Pixie unterbricht ihr Spiel mit Amethyst, der sich sofort wieder in Tashis Aura einfügt. Sein Schmetterling hebt den Kopf, man will wissen, was denn noch kommen soll.

Aus der Ferne sieht man übergroße Perlen antanzen, sie strahlen und scheinen fast personifiziert in ihrer Erscheinung. Hinter den Perlen nimmt man Bewegungen wahr, Tashi schaut gespannt und versucht die Bewegungen auszumachen. Azrael unterbricht die Spannung.

„Du bist in unseren Meisterebenen aufgenommen Tashi, dein Wesen, das nie verwest, hat ein uraltes Opferkleid abgeworfen! Das brauchst du nun wahrlich nicht mehr. Auf dieser Reise hast du erlebt, dass der Tod nicht existiert. Damit hast du gelernt, die Fülle, die geistige, die feinstoffliche sowie wie die materielle Fülle in deine menschliche Ebene hineinzuziehen. Deine Seele wird sich ganz in deiner Materie verankern. Du bist aus dem Traum(a) der Trennung aufgewacht. Genau so wie es dir Amethyst auf deiner letzten Reise versprochen hat! Dein neuer Zyklus hat begonnen. Die Wahrnehmung des Hier und Dort ist aufgehoben. Dein diamantener Kanal ist geöffnet, du wirst unglaubliche Energien und Kräfte freisetzen. Dein Menschenleben wird sich fortan viel freier gestalten. Deshalb musste auch dein Vater gehen, weil das Muster, die Resonanz nicht mehr stimmig ist."

Immer noch hält Azrael Tashis Hände fest in den seinen.

„Ich kann es noch nicht richtig fassen Azrael, das ist unglaublich. Wie ich das handhaben soll, werde ich wohl schnell lernen oder?"

Azrael lacht, aber antwortet nicht, denn in diesem Moment kommen die Perlen näher. Nun kann Tashi die Bewegung auch erkennen.

„Andrach, siehst du das auch? Wow … Wow …! Merlin!?"

Die Perlen tanzen um den staunenden Tashi herum, Merlin lacht mit Azrael über die erfolgreiche Begegnung und hält Tashis andere Hand.

Von zwei Meistern auf beiden Seiten liebevoll und kraftvoll festgehalten zu werden ist fast zu viel für ihn. Die Kraft und Macht, die dadurch ausgeströmt werden, sind überwältigend.

Andrach grunzt ganz leise, alle seine treuen Begleiter freuen sich mit ihrem Jungen. Eine Freudenträne verirrt sich, und Pixie tut, was sie immer tut: wischt die Träne zärtlich weg und küsst ihn hauchzart auf die Nase. So viel Aufmerksamkeit, so viel Liebe und Wärme, die ihn durchspülen und sich durch ihn hindurch ausdehnen, kreieren ein neues Feld der Einheit. Die Agape, das Unendliche, das sich wie Sphärenklang durch ihn hindurch und um ihn herum schmiegt. Eine geistige Liebesumarmung, in der sich jegliche Form, jede Identifikation auflöst und vereint.

Agape = Bedingungslose Liebe/Heiliger Geist/Geist Gottes/Gnade

Die Perlen singen ihren Klang, ihr Lied des Wiedergeboren-Werdens, der nie vergehenden Schönheit der Unendlichkeit, der Heimkehr, wenn die Seele sich mit sich selbst vereint.

Schluchzend sitzt er auf seinem Drachen, der sich ganz still verhält und genau spürt, was mit seinem Jungen geschieht. Er fühlt alle seine Gefühle, spürt, was in seinem Wesen abläuft.

Irgendwo im Nirgendwo im Universum geschieht gerade ein großes Wunder.

„Merlin ... Azrael ...“
Er schluchzt aus Freude, ist leicht überfordert, als wäre sein Wesen zu klein für so viel neue Freude und Glück. Der Schock des Erkennens, dass die Seele selbst ein eigenes Universum darstellt, dass die Seele ein Meisterwerk ist. Dass der Atem einem durch alle Ebenen hindurch mit jeglicher Existenz verbindet!

Man muss es nicht verstehen, die Kapazität des Ratio ist millionenfach zu klein, um es zu erfassen.

Die Perlen tanzen weiter, schmieden neue Klänge in sein Nervenkleid und sorgen für emotionales Gleichgewicht. Dadurch wird sich ein ganz neuer Lebensfluss manifestieren. Der Amethyst-Begleiter freut sich sehr, denn das ist genau so, wie es von höchsten Dimensionen versprochen wurde! Beglückt winkt er Nga, Waka, Pixie und dem Schmetterling entgegen, die sich mit ihm freuen.

Tashi lernt gerade, Versprechungen zu vertrauen!

Seine treuen Begleiter kommunizieren telepathisch miteinander, sie feiern unter sich, ohne Tashi, Azrael oder Merlin zu stören. Es scheint, als wäre Tashi mit sich selbst nach Hause gekommen, angekommen! Er mag gar nicht reden. Schaut immer wieder zu seinen beiden Meistern, während die Perlen weiter um ihn herum tanzen.

Beinahe unmerklich zieht Azrael weiter, der Trupp folgt ihm, ohne es wahrzunehmen. Merlin, sein großartiger Freund, hält noch immer seine Hand und flüstert leise:

„Ich komme mit dir zu deinem Kraftort!"

Tashi schüttelt den Kopf, eine weitere Freudenträne findet ihren Weg. Pixie kann sie nicht wegwischen, denn gerade bevor sie das tun will, wird auch diese Träne zu einer Perle. Sie hält in ihrer Bewegung inne, fängt die Perle auf und zeigt sie den anderen, die die Verwandlung auch gesehen haben. Man freut sich ungemein über so viel strahlende Schönheit. Tashis Begleiter stecken ihre Köpfe wie Schulkinder zusammen, die zum ersten Mal etwas Außergewöhnliches entdecken.

Immer weiter zieht Azrael und wieder sieht es aus, als würde sich nur die Kulisse verändern. Nicht der Trupp würde sich bewegen. Tashi nimmt alles aus einer erweiterten Perspektive wahr und lässt sich vertrauensvoll treiben.

Er erkennt keine bestimmte Richtung, in der sie sich zu bewegen scheint. Er hört auf zu analysieren. Er hat losgelassen … nur manchmal hört er Andrachs Flügel und das segelnde Geräusch.

Je weiter Azrael zieht, umso vertrauter werden die Gerüche. Tashi erwacht aus seiner Trance, atmet einige Male tief ein und aus. Er riecht Erde, er riecht seinen Lebensbaum. Er meint, seine Amsel singen zu hören.

„Das ist richtig Tashi, gleich sind wir zurück bei der Auffangstation, zurück am Anfang, wo unsere Reise begonnen hat."

Er schmunzelt amüsant, weil er genau weiß, wie oft Tashi diese Worte schon gehört hat: Der Anfang ist das Ende, das Ende ist der Anfang …

Tashi belohnt des Meisters Worte mit einer gelassenen Grimasse.

Die Kulisse verändert sich, Andrach segelt mitten hinein in die Auffangstation. Frisch angekommene Seelen von Planet Erde schauen dem Einzug des riesigen Drachens und dem Trupp erstaunt zu. Man erkennt Azrael, einige winken ihm zu, andere ducken sich leicht vor seiner Macht. Ahhh und Ohhh ist zu hören. Viele Seelen erkennen gerade, dass sie trotz „Gestorben"-Sein weiterleben. Das ist erst mal etwas verstörend, gleichermaßen aber auch beglückend und befreiend. Jede Seele wird sofort von feinstofflichen Wesen aufgenommen und in die neue Situation eingeführt. Man sieht Verwandte, die ihre lieben, soeben „Verstorbenen" abholen. Selbst im Übergang ist man nie, einfach nie allein!

Andrach landet mitten in den großen Räumlichkeiten, zieht seine Schwingen ein. Tashi wird von Azrael und Merlin auf den Boden geholfen. Automatisch versucht er, den Schlüssel, der ihn zu Beginn der Reise zu Andrach geführt hat, wiederzufinden. Aber er ist verschwunden.

„Du brauchst den Schlüssel nicht mehr Tashi, du hast dich selbst gefunden. Du bist zum Schlüssel geworden, um anderen, die wollen, deine Geschichten weiterzuerzählen. Wir gratulieren dir Junge!"

Azrael hat feierlich gesprochen und Merlin nimmt ihn ganz ohne welche Zimperlichkeit fest in seine Arme, als wäre er sein eigener Junge.

Diese Zugehörigkeit, diese unglaubliche Wärme und Geborgenheit, die man im Menschenkleid kaum zu spüren bekommt, sind einnehmend und überwältigend.

Tashi lässt sich vollständig aufsaugen, gibt sich hin, wird weich und lässt jegliche Kontrolle los. Andrach berührt ihn sanft mit seiner Schnauze, einfach so, weil er seinen Jungen liebt und es ihm gerade eben mitteilen will.

Tashi atmet tief, noch tiefer ein, um dieses Glücksgefühl vollständig zu verankern, damit er es als Erinnerung immer wieder verwerten kann, solange er im Menschenkleid weilt.

Frisch angekommene Seelen schauen dem Geschehen zu, verstehen noch nicht, was hier abläuft. Müssen sie auch nicht, erst werden sie damit klarkommen müssen, dass sie ja gar nicht tot sind!

Ein Lächeln entschlüpft Tashi, er malt sich gerade Sashas Gesicht aus, wenn sie ihre Mutter wiedersehen darf.

Als hätte Azrael seine Gedanken gesehen, löst sich Merlin aus der Umarmung mit Tashi, dreht sich um und aus dem Korridor mit dem Zimmer der tanzenden Perlen erscheint Sashas Mutter. Sie wirkt sehr selbstbewusst, gesund, ihr Gang geschmeidig und elegant. Tashi beobachtet sie überrascht, so hat er sie im Menschenkleid nie kennengelernt und an ihrem neuen Ort mit ihrem Atelier hat er sie zu wenig betrachtet. Er war damit beschäftigt, ihren Erklärungen zuzuhören und ihren Blumengarten zu bewundern. Sie ist größer, als er sie in Erinnerung hatte. Er erkennt, woher Sasha ihre geschmeidigen, manchmal fast katzenhaften Bewegungen hat. Er sieht alles mit neuen Augen und neuen Erkenntnissen.

Merlin und Azrael heißen die Mutter herzlich willkommen.

„Nun Sasha Mutter, bist du bereit deiner Tochter zu begegnen? Wir sehen, du hast wie versprochen ein traumhaftes Kleid genäht. Dürfen wir uns das ansehen?"

Merlin küsst ihr die Hand, ganz Gentleman. Entzückt verneigt sie sich spaßeshalber wie vor einer königlichen Hoheit. Die beiden verstehen sich!

„Das Kleid ist eine Überraschung Meister Merlin. Lass es noch ein Geheimnis bleiben. Ich möchte, dass Sasha die Erste ist, die es sieht."

„Madame, ganz nach ihren Wünschen!"

Er deutet einen weiteren Kuss an, die beiden schmunzeln und spielen allen ein schönes Spiel vor. Man freut sich mit ihnen, lockert es doch die neu angekommenen Seelen sofort auf. Man erkennt, dass Humor ein essentieller, absolut wichtiger Bestandteil der großen Meister ist!

Das Leben zu ernst zu nehmen, verdirbt einem den Spaß am Leben!

Azrael wird umstürmt von neu Angekommenen der Auffang-station, er beantwortet viele Fragen, während der Trupp eben-falls umzingelt wird. Besonders Andrach wird mit distanzierter Höflichkeit und Neugierde bewundert. Er ist es sich gewohnt, nicht alltäglich zu sein, und lässt sich bewundern. Gerne wür-de er ihnen zeigen, dass er auch wirklich wahrhaftig Feuer spu-cken kann. Aber er beherrscht sich! Möglicherweise würde er die Zuschauer zu sehr erschrecken. Tashi, der seine Gedanken ver-nommen hat, dreht sich nach ihm um, schmunzelt heimlich, aber sendet gleichzeitig einen warnenden Blick. Bloß nicht Andrach!

Irgendwann ist es Zeit, den Ort zu verlassen und zur Ahnenbank zurückzukehren. Azrael und Merlin verabschieden sich von den vielen begeisterten Seelen, die gerade eben erlebt haben, dass der Tod nicht wirklich existiert. Man winkt, freut sich, etwas so Außergewöhnliches erlebt zu haben, und die Menge verteilt sich langsam wieder.

Tashi steigt auf seinen Drachen, der Schmetterling, der sich von Tashis Arm gelöst hat, um mit alle den vielen anderen Schmet-terlingen zu spielen, bleibt auf seinen Schultern sitzen, nahe bei Pixie, die sich an ihren Lieblingsplatz zurückgezogen hat. Man hört das vertraute Rauschen von Blättern, das Singen der Amsel, den Baum selbst, der plötzlich viel mitzuteilen hat.

Andrach folgt Azrael und Merlin, die sich dem Ausgang des Riesenbaumes nähern. Unglaublich strahlend gleißendes Licht erfüllt den Raum, lässt ihn riesengroß erscheinen, sodass Andrach seine Schwingen voll ausbreiten kann. Magnetisch werden sie weitertransportiert, bis sich das gewaltige Portal im Baum öffnet.

Das Licht ist intensiv, Azrael erscheint plötzlich dermaßen übergroß, dass er den Riesenraum mit seiner Präsenz ausfüllt. Seine Meisterform verändert sich in grelles Licht und er ist kaum wiederzuerkennen. Tashi erschrickt ein wenig, schaut auf Mer-lin, der nach wie vor der Gleiche zu bleiben scheint.

„Tashi, Tashis Freunde! Ich bin ein großes Licht, die Gestaltwand-lung, die menschenähnliche Form habe ich angenommen, um dich in unserem Reich herumzuführen. Jetzt dehne ich mich in meine wahre Größe aus, denn ich kann nicht an deinen Kraftort mitkommen. Hier, diese Katakomben sind mein Reich. Ich werde sie nicht verlassen. Es war mir ein Vergnügen, dich herumzuführen, dir zuzuschauen, wie du dich verändert hast, wie du den Tod, der nicht wirklich existiert, überwunden hast. Der Tod symbolisiert nie endende Zyklen der Wandlungen, um fortwährend neues Leben zu gestalten. Ich gratuliere dir und deiner Neugierde, immer weiter zu forschen, nie stillzustehen. Denn das ist das Leben, ewige Bewegung und Veränderung."

Azraels Stimme hat sich mit seiner Ausdehnung verändert, wie ein Echo, überwältigend im ganzen Stamm des Baumes widerhallend. Erneut erscheint es Tashi, als würde Azraels Stimme die Knochen, die Knochenhaut streicheln. Das Timbre in seiner Stimme weckt tiefes, über Squillionen von Jahren gespeichertes lebendiges Wissen. Tashi bekommt Gänsehaut, das geschieht nicht oft, er ist es sich gewohnt, feinstoffliche Informationen seines Teams über die Haut aufzunehmen.

Squillionen = eine unendliche undefinierbare Fantasiegröße

Der Lebensbaum dehnt sein Inneres in alle Richtungen aus, kolossales Rauschen ist zu hören, er wiegt sich in großem Rhythmus hin und her.

Dann auf einmal wird alles still.

So als wäre überhaupt nichts außergewöhnliches Geschehen, öffnet sich das große Portal und lädt den Trupp ein, das Tor zu durchschreiten.

Sashas Mutter wirkt etwas unruhig, Merlin spürt die Nervosität und legt den Arm um sie.

„Ich freu mich so, Merlin. Wie Sasha wohl reagieren wird?"

Sie kuschelt sich ganz in seinen Arm, erwartet aber keine Antwort des Meisters.

Angekommen am Kraftort, müssen sich Tashi sowie Sashas Mutter erst orientieren. An jedem Ort, wo sie hingeführt werden, herrschen andere Schwingungen, andere Frequenzen und dadurch andere Wirklichkeiten.

Sashas Mutter steht auf den mächtigen Wurzeln des Baumes und bestaunt seine wahre Größe, die bis weit in den Himmel, den es nicht gibt, reicht. Es ist ähnlich wie in der Menschenwelt, nur sehr viel harmonischer, leichter und unbeschwerter. Sie beobachtet Tashi, wie er langsam zu sich kommt, wie aus einem langen Traum aufwachend. Er ist nicht gestorben, dennoch hat er die Grenzen als lebendiger Mensch überschritten und gemeistert. Immer wieder wandert er mutig durch die dunkle Nacht der Seele, um neu zu werden, in eine weitere Oktave der Erkenntnisse und Befreiung zu wachsen.

Sie beginnt zu verstehen, weshalb Sasha so reif ist für ihr Alter. Tashi als Freund zu haben, hat Nebenwirkungen der besonderen Art! Sie schmunzelt und ohne es zu wollen, muss sie ihm einfach in den Haarschopf greifen.

Er lächelt zurück, spürt ihre Gedanken.

„Wollen wir?"

„Gerne."

Das Geschenk für Sasha festhaltend, an Merlin gelehnt, spazieren sie zur Ahnenbank. Sashas Mutter kommt nicht aus dem Staunen heraus. Sie ist überwältigt, dass eine Parallelwelt angrenzend an die Menschenwelt so ähnlich und doch so anders sein kann.

Ihr Herz beginnt zu flattern, denn in der Distanz kann sie die kupferstrahlenden Haare ihrer Tochter ausmachen. Sie erkennt ihre eigene Mutter, Oma die sich dieses Wiedersehen auf keinen Fall entgehen lassen wollte und freudig gespannt auf diese Begegnung gewartet hat. Neben Oma sieht sie eine wunderschöne elegante Frau, beinahe etwas verklärt wirkend. Sie bleibt stehen und fasst sich ans Herz. Sie braucht noch etwas Zeit. Tashi spürt ihr Herzklopfen und bleibt ebenfalls stehen.

„Merlin, ob sie mir verziehen hat, dass ich sie so früh in ihren jungen Jahren verlassen musste?"

Merlin drückt sie stillschweigend an sich.

Aus der Ferne nehmen Sashas Wächter den ankommenden Trupp wahr. Sofort machen sich Silk und Sensitiv auf den Weg, um Nga und Waka zu begrüßen.

Sasha schaut ihnen nach und erkennt Tashi ebenfalls, gefolgt von einem Riesendrachen und einem Mann und einer Frau. Etwas fragend schaut sie auf die Sternenmutter, die sofort aufsteht, als sie Merlin bemerkt und dem Trupp entgegengeht.

Sasha hat Andrach noch nicht kennengelernt, aber wenn ein Riesending wie dieser Drache mit Tashi daherkommt, kann es ja nur Gutes bedeuten. Sie hält die Hand ihrer Oma und wartet auf den Trupp. Noch hat sie die Frau an Merlins Seite nicht erkannt, zu sehr war sie in den Drachen vertieft.

Stürmisch umarmt Tashi seine schöne Sternenmutter, stellt ihr Sashas Mutter vor, die sich verbeugt vor so viel königlicher Würde und Schönheit.

„Nicht nötig sich zu verbeugen, Sasha Mutter, hier sind wir alle gleich!"

Dann begrüßt sie sie herzlich, umarmt auch Merlin, der die Sternenmutter ehrt und liebt.

Je länger Oma auf den sich nähernden Trupp starrt, desto erstaunter wird sie. Sie steht auf, hält Sashas Hand.

„Sasha, wir bekommen Besuch!"

„Habe ich gesehen Oma, Tashi ist zurück. Aber der Drache, ich weiß nicht …"

„Aber Mädchen, guck mal genauer hin!"

Sie wartet, bis alle näher kommen, spürt eine gewisse Spannung, aber kann es nicht wirklich einordnen. Der ganze Trupp plaudert fröhlich, ist voller Lebendigkeit, alle haben sich was zu erzählen.

Plötzlich fliegt Apollo in Tashis Richtung, hin zu Sashas Mutter, die die Symbolik sofort erkennt.

„Apollo, Schmetterling, flieg zurück zu Sasha und bereite sie auf meinen Besuch vor. Bitte!"

Pixie fliegt mit Tashis Schmetterling zurück zu Sasha.

Die freut sich mächtig über Pixies Ankunft.

„Du Süße, endlich bist du wieder da. Ich bin mir sicher, du hast viel zu erzählen."

Dann schaut sie auf Apollo, der direkt vor ihrer Nase schwebt. „Komm mit Sasha, fürchte dich nicht vor Andrach, Tashis Drachen. Da ist jemand, der sich sehr auf dich freut."

Apollo blinzelt Oma zu, sie solle Sasha loslassen.

Langsam mit zugekniffenen Augen spaziert sie mit Oma Richtung Trupp, wohlweislich weit weg von Andrach.

„Kindchen, Kindchen …", ist das Einzige, was Oma sagen kann. Sasha ist gehemmt, seltsame Stimmung, alle gucken so verschmitzt. Die Frau, die mit ihnen gekommen ist, bleibt stehen und wartet.

Oma hält die Hände vors Gesicht, um sich nicht zu verraten.

„Geh nur Sasha, lerne die Dame kennen, die mit uns gekommen ist!"

Merlin fordert sie auf, weiter zu schreiten.

Entsetzt bleibt sie einige Meter vor der Frau stehen. Sie bricht beinahe zusammen, ihre Beine lassen nach. Sie erstarrt.

„Mutter?"

„Mutter?!"

Dann setzt sie sich auf den Boden, ihre Beine tragen sie nicht mehr. Sashas Mutter kommt auf sie zu, setzt sich zu ihr auf das weiche, duftende Gras.

„Sasha?"

„Mutter, nein … du bist es?"

Sie weint, vor Schock, vor Freude, Ungläubigkeit, Verwirrung, Erlösung, sie weiß es selber nicht.

Sasha weint, die Mutter würde sie gerne umarmen, ist sich aber nicht so sicher, wie Sasha darauf reagieren wird. Sanft streicht sie ihr die herrlich leuchtenden Haare aus dem Gesicht, so wie sie es immer getan hat.

Durch diese vertraute Geste ist sich Sasha sicher, dass sie nicht träumt. Aufgelöst legt sie ihren Kopf an Mutters Schultern und lässt sich über den Kopf streicheln. Sie schluchzt, sie weint, sie möchte hysterisch lachen, alles miteinander. Ein Cocktail an Gefühlen überkommt sie und schüttelt sie.

Man lässt die beiden für sich, freut sich über das so heiß ersehnte und gelungene Wiedersehen. Oma bleibt mit der Sternenmutter ein wenig abseits.

Der Trupp macht es sich gemütlich auf der Ahnenbank, währenddessen sich Sasha und ihre Mutter neu zusammenfinden. Silk und Sensitiv begeben sich nach geraumer Weile zu den beiden, sie stellen sich Sashas Mutter vor. Die Mutter ist begeistert über Silks Namensgebung. Sofort ein Anknüpfungspunkt, der sie verbindet, nur Sasha selber versteht noch nicht viel von der Geschichte, denn sie weiß ja noch gar nichts aus dem neuen Leben ihrer Mutter. Beduselt steht sie auf, schmiegt sich an die Mutter, die sich bereits lebhaft mit Silk unterhält. Sasha ist plötzlich sehr müde und möchte sich zu den anderen auf die Ahnenbank setzen. Natürlicherweise spüren das Silk und Sensitiv, ihre Wächter, und begleiten die beiden zur Bank.

Sashas Mutter wird von allen herzlich willkommen geheißen. Lange betrachtet sie die auffallend schöne Sternenmutter und Klara, das außergewöhnliche Huhn, welches die Mutter ebenfalls neugierig begutachtet.

Listig, allwissend und etwas altklug meint Klara:

„Siehst du Sternenmutter, hab ich's doch schon länger prophezeit: Dieser Kraftort wird ein Treffpunkt, wächst und gedeiht, dehnt sich aus und wird für alle ein sehr wichtiges Zentrum des Wissens und der Freude."

Dabei zeigt sie stolz ihre langen Federn, indem sie um Sashas Mutter huscht.

Als sich die Szene etwas beruhigt, übergibt die Mutter Sasha das Geschenk.

„Für mich Mutter? Ich kann es einfach noch nicht richtig erfassen, dass du wirklich hier bist. Ich habe dich so sehr vermisst. Wohl wurde mir versprochen, dass ich dich wiedersehen werde, aber so richtig habe ich nicht gewagt zu hoffen. Das ist unglaublich."

Sie setzt sich, seufzt laut und widmet sich dem Geschenk.

Ein traumhaft zartes, strahlendes Königsblau – Türkis – mit Goldschimmer durchwirktes farbiges Seidenkleid, im Saum eine glänzende Perle eingestickt, gleitet aus dem Geschenkpapier. Sashas Augen leuchten, ihre absoluten Lieblingsfarben. Und was für ein zauberhaftes, beinahe ätherisches Kleid. Und die Perle … „Mutter, das ist traumhaft. Die Größe scheint auch zu passen. Ich werde es gleich anprobieren. Und mit Perle … unser Thema auf dieser Reise. Hast du das gewusst?"

Die Mutter schmunzelt, die Antwort bleibt ihr kleines Geheimnis.

Sasha zieht ihr neues Kleid an, es passt wie angegossen!

„Mädchen, bist du schön! Wie deine Mutter, als sie jung war."

Oma ist entzückt, nimmt Sashas Mutter in die Arme, während Sasha sich um sich selbst dreht. Das Kleid schwingt schwerelos und federleicht mit jeder ihrer Bewegungen, während der Stoff wie flüssiges Licht schimmert. Pixie ist natürlich angetan bei so viel Leichtigkeit, gesellt sich sofort zu Sasha und tanzt mit ihr. Das lässt sich Klara nicht entgehen und hüpft fröhlich mit. Das Kleid scheint ein magisches Eigenleben zu entwickeln, verzaubert die Zuschauer und lädt zum Feiern ein.

Das Kleidchen und die Perle werden eins mit Sasha.

Der Weltenbaum wiegt sich hin und her, die Blätter rauschen sanft im Wind, währen die Amselfamilie das fröhliche Treiben beobachtet. Die Amselmutter singt ihr Lied, trägt dazu bei, dass das Tor zur Anderswelt von nun an offen bleibt. Der neue angekündigte Zyklus wird gefeiert.

Neue Kristallgläser werden von Merlin manifestiert und mit frischem klarem Wasser gefüllt. Es wird gefeiert, geredet und getanzt. Klara ist glücklich, da sie alle ihre Freunde um sich hat, selbst Nga und Waka, der wie immer mit ihr flirtet, ganz zum Wohlgefallen Klaras natürlich.

Sasha hat viele Fragen an ihre Mutter, die sie unbedingt beantwortet haben möchte. Kaum auf die Ahnenbank gekuschelt, sieht sie den Adler in luftigen Höhen Kreise ziehen. Sie ruft ihn, sich zu ihnen zu setzen, zeigt ihm die Federn, die er ihr geschenkt hat. „Adler, du hattest recht, meine Mutter hat mich tatsächlich besucht! Was für eine Überraschung und Erleichterung, sie wieder in der Nähe zu wissen! Danke." Er neigt den Kopf als leichte Verbeugung. Klara hüpft sofort auf, um ihn mit viel Charme in ein Gespräch zu verwickeln. Sie will das große Federvieh besser kennenlernen. „Mutter, bitte erzähle mir, wie du den Übergang aus dem Körper in die Anderswelt erlebt hast. Oma habe ich im Spital gesehen, wie sie auf dich gewartet hat, und noch andere Gestalten, die ich nicht kannte, haben sich um das Sterbebett versammelt."

Die Mutter setzt sich zu Sasha, stolz und schön sitzt die Sternenmutter neben ihr. Auch sie ist gespannt, wie die Mutter die Transformation erlebt hat.

Die Mutter schließt die Augen, sie muss sich tatsächlich erinnern, wie es denn war. Das neue Leben gefällt ihr unglaublich viel besser, es hilft ihr, sich und ihre Talente auszudehnen. Nach dem Übertritt hat sie sich schnell mit Gleichgesinnten zusammengefunden und ist glücklich. Bis anhin hat sie keinen Gedanken an ihr Menschenleben verschwendet. Die Seele ist an nichts mehr gebunden, weder irgendwelchen Lehren noch Programmierungen.

Laut sagt sie: „Ich habe einen neuen Zyklus begonnen."

Dann nimmt sie Sashas Hand und erzählt.

„Durch die Medikamente war ich schon halb betäubt. Ich spürte, dass meine Zeit gekommen war, wollte dich aber nicht so früh in deinem jungen Leben verlassen. Je weiter sich mein Bewusstsein oder meine Seele vom Körper entfernte, desto besser konnte ich mein erweitertes Selbst wahrnehmen. Während des Sterbens habe ich viel gelernt, auch durch das, was du mir noch alles erzählen konntest von deinen Erlebnissen mit Tashi. Ich bin dir so dankbar dafür, selbst das Lavendelsträusschen hat zu meinem Verstehen beigetragen. Weil ich kaum auf dich und deine Geschichten reagiert habe, dachtest du, ich hätte nichts davon mitbekommen. Aber wenn man nicht mehr in der Dichte des Körpers gefangen ist, bekommt man einen neuen Einblick in das, was man Leben nennt. Am Abend, als du deine Puppe vom Personal bekommen hast, wusste ich, dass ich gehen werde. Sehr bald nach dieser Entscheidung habe ich Oma gesehen. Auch habe ich gesehen, dass du sie wahrgenommen hast. Irgendwie habe ich alles in Zeitlupe erlebt. Dein Vater war so verzweifelt, wir haben uns sehr geliebt."

Sie schwelgt in Erinnerung, bevor sie weiterspricht: „Weißt du, von hier aus kann ich dir viel besser assistieren und Hilfe gewährleisten. Wo auch immer du in deinem Erdenleben bist, was immer du tust, wird aus unseren Perspektiven beobachtet. Und wir helfen, wo wir nur können, ohne jemals einzugreifen, denn das ist uns nicht erlaubt."

Sasha ist total erstaunt, dass die Mutter das Geschenk der Puppe, die übrigens auf der Ahnenbank liegt, mitbekommen hat. Sie schaut nach Tashi, der vor sich hin sinniert. Es geht ihr wie ihm; sie sollte über nichts mehr staunen. Das Leben ist magisch und voller Überraschungen. Wenn man lernt, die Dinge aus einer erweiterten Sicht wahrzunehmen, bewegt sich das immerwährende Leben unermüdlich und in viel größeren Kreisen.

Merlin hat Sashas Gedanken aufgenommen und meint: „Man muss erst den Tod des kleinen gefangenen programmierten Ichs sterben, um in viel größere Dimensionen des Selbst wieder aufzuwachen."

Leise flüstert die Sternenmutter als Ergänzung: „Das ist der Zweck dieser Geschichten und dieses herrlichen Kraftortes. Die Unendlichkeit des Lebens wahrzunehmen und in die limitierte Wirklichkeit des Menschseins zu integrieren, denn ohne geistige Entwicklung hat die Menschheit keine Chance. Sie wird degenerieren, seelenlos werden und nicht weiter existieren können."

Die großen Wächter spüren den Stimmungswechsel, Merlin steht auf und animiert Sashas Mutter weiterzuerzählen.

Fragend schaut Oma ihre Tochter an, sie würde auch noch gerne etwas dazu beitragen. Sashas Mutter nickt.

„Man hat eine begrenzte Sicht der Dinge, wenn man sie durch die Menschenaugen wahrnimmt … Ich bin sehr religiös aufgewachsen. Glaubte nicht wirklich an einen fürsorglichen liebenden Gott. Glaubte nicht an ein Weiterleben. War dann aber schon sehr überrascht, als ich meinen Körper verließ und mich im feinstofflichen Kleid wiederfand. Ich wurde abgeholt, in die Zwischenstation gebracht, die Tashi und Klara zu Beginn mit Azrael gesehen haben. Da musste ich mich erst orientieren, realisieren, dass alle meine Glaubensmuster, meine antrainierten Programmierungen und Gefühle nichts mit diesem herrlichen Ort zu tun haben. Diese Erkenntnis erschlug mich beinahe, das herrliche, freie leichte Gefühl, das ich erfahren durfte, war vollkommen neu für mich. Nichts war so, wie ich es mir ausgedacht habe als Mensch."

Sashas Mutter lächelt, genauso ist es ihr auch ergangen.

„Die fünf Sinne begrenzen uns im Menschenkleid, hier wo wir jetzt sind, ist alles viel offener, man weiß um die Dinge! Die Konditionierungen und Programmierungen sind weg, ich fühle mich so zuhause hier. Die Wärme, die Güte, die ungewohnte Stille. Nicht mehr jemand zu sein, der man sein *muss*. Die Freiheit, ganz sich selbst zu erkennen, wie man wahrhaftig ist. Das ist ein Gefühl, endlich zuhause zu sein."

Merlin und die Sternenmutter wechseln Blicke, sie verstehen sehr genau, was Oma und Sashas Mutter erlebt haben. Tashi versteht, weshalb seine Ur-Tante lange nicht mehr zur Erde will. Er würde ja auch am liebsten immer hierbleiben.

„Sasha mein liebes Kind, am Anfang nach meinem Übergang bin ich zwischen verschiedenen Wirklichkeiten hin und her gereist, um nahe bei dir zu sein. Ich wollte dir mitteilen, dass du nicht trauern sollst, denn ich bin jetzt so glücklich und frei.

Ich bin immer präsent in deinem Leben, weil ich von dir lernen will. Wir können uns austauschen und das Gelernte gegenseitig anwenden. Wenn du wieder zurück bist, im Menschenkleid, weg vom Kraftort, und du mich nicht mehr sehen kannst, können wir uns telepathisch unterhalten. Du wirst mich spüren und mich wahrnehmen."

„Mutter, das ist wunderbar, ich will dich unbedingt fühlen können. Dich immer neben mir zu wissen, ist ein großes Geschenk."

Sie umarmt ihre Mutter innig. Merlin meint:

„Ein unsichtbares Band verbindet alles, auch Menschen durch Zeit und Raum. Das Band reißt niemals, auch wenn es sich verwickeln und verirren sollte, reißen tut es nie. Es verbindet die sichtbaren mit den unsichtbaren Welten, die stofflichen mit den feinstofflichen, eine endlose Schleife ohne Anfang ohne Ende.

Die Menschheit ist krank, sie haben ihr Seelenwissen unterdrückt und leben dadurch ihren persönliche Ausdruck, ihr Wesen nicht mehr.

Nur wenige Menschen erkennen ihr wahres größeres unendliches Selbst, das sich immer weiter ausdehnt, in ungeahnte Höhen und Tiefen des Daseins ...

Wenn sie einmal ihren Körper verlassen, ist nicht einfach alles vorbei ...

Es ist ein Sterbe-Werde-Prozess, eine Transformation in die nächste Daseinsstufe ...

Die tiefe Quelle deiner Wesenheit, die nie vergeht ..."

Die Sternenmutter meldet sich mit ihrer sanften Stimme, nimmt Tashi in den Arm.

„Auch deine Mutter heilt, Tashi, durch die Trennung zu deinem Vater musste ein Teil ihrer Selbst sterben, um neu auferstehen zu können ...

Die Wiederauferstehung durch Heilung von Traumata ...

Es geht immer um Erkennen, Erkennen *ist* Transformation ..."

Angenehme Stille legt sich wie ein Hauch über sie alle. Das Rauschen der Blätter und das Singen der Amsel begleiten diesen sich ausbreitenden Frieden. Jedes hängt seinen eigenen Gedanken nach, bis sich Sashas Mutter an Tashi wendet.

„Ich bin dir so dankbar, dass dich Sasha auf deinen Abenteuerreisen begleiten darf, um genau diese Erfahrungen bereits im
Menschenkleid zu üben. Nämlich, dass sie ganz frei sein kann,
ihre eigenen Entscheidungen treffen und ihr Leben nach ihrem
Gusto entfalten soll. Sie wird erkennen, dass wir kosmische Wesen, kosmisches Wissen und kosmische Lichter sind. Das sehe ich
hier nun auch viel klarer."

Verträumt spielt Sasha mit der Perle, die in ihrem herrlichen
Kleid eingenäht ist. Sie vermeint die leise Stimme der Perle zu
vernehmen:
„Ich sende sanfte Klänge, die in dein Nervenkleid dringen,
und helfe dir somit dein emotionales Gleichgewicht in Balan-
ce zu halten."
Erstaunt schaut sie auf die Perle, die aber nichts von sich preis-
gibt außer den kräftigen Goldschimmer. Sie kuschelt sich tief in
Mutters Arme.
„Danke Mutter für dieses traumhafte Kleid. Wie soll ich das
meinem Vater erklären? Darf ich das Kleid mit durchs Portal
nehmen?"
„Es ist Zeit, ihm deine Reisen zu erklären. Vielleicht könnten
Tashis Mutter und dein Vater euch bald einmal zum Dimensionentor begleiten? So wissen beide, wo ihr euch aufhaltet, da ihr
ja immer wieder Geschenke mit in eure Welt bringt. Die beiden
sollten sich kennenlernen, auch sie werden mehr über das Leben
lernen. Erzählt noch nicht zu viel, spürt, wie viel die beiden bereit sind, aufzunehmen. Sie sollen ebenfalls einen neuen Zyklus
beginnen und lernen, dem Leben neu zu vertrauen!"
Wieder tauschen Merlin und die Sternenmutter Blicke. Das
riecht ja sehr nach einer neuen freudigen Liebesgeschichte. Aber
das wollen sie den Kindern noch nicht mitteilen.
Alles hat seine Zeit …
Laut ergänzt die Sternenmutter:
„Integration bedeutet neue Konzepte, gelerntes Wissen zu
speichern und dies dann zu leben. Den Alltag neu gestalten, alte
Gedankenmodelle, Opfer- und Mangeldenken zu transformieren

und sich dem Lebensstrom hinzugeben. Das ist wahre Kunst, Kreativität, sich mit Neugierde und Disziplin immer weiterzuentwickeln."

„Um selbst zu einer Perle zu werden, muss man sich dem Leben öffnen, Verletzungen und Schmerzen überwinden. Geist und Seele sind bereits vollkommen, sowie eine Perle bereits beim Finden vollkommen ist, seidig und glänzend und perfekt. Eine Perle wird nach ihrem Finden nicht mehr behandelt. So wie sie ist, ist sie vollkommen!"
Nachdenklich hört man der Sternenmutter und Merlin aufmerksam zu.

Pixie beginnt leise herumzuschwirren, lädt Apollo, Sashas und Tashis Schmetterlinge zu einem flirrenden Tanz ein. Klara atmet auf, die stillen Momente liebt sie zwar auch, weil da haufenweise Erkenntnisse freigesetzt werden. Nur in der Stille erkennt man das wahre Selbst, ohne Ablenkungen.

Aber jetzt möchte sie gerne mittanzen, sich bewegen und ihre Besucher feiern.

Der Adler grinst, Klara hat ihren Trupp eindeutig charmant und schlitzohrig unter Kontrolle.

Die vier Wächter tun sich zusammen und schlendern zum großen Baum.

„Ach Mutter, Oma, was für ein Geschenk. So vieles durfte ich wieder erleben an diesem magischen Tashi-Kraftort. Ich bin so dankbar, dass ich jetzt mit Sicherheit weiß, dass du immer bei mir sein wirst, Mutter. Das ist der allerschönste Trost, damit werde ich nun gut zurechtkommen zurück in der Menschenwelt."
Die Mutter umarmt Sasha und flüstert ihr zu:
„Das Leben kann man nicht verlieren, höchstens das wahre Leben erkennen und zurückgewinnen. Leben existiert immer und überall, zu jeder Zeit. Also mach dir keine Sorgen mehr, das Leben ist allgegenwärtig! Wir angeblich ‚Verstorbenen' wollen oft Kontakt aufnehmen mit den Zurückgebliebenen. Aus Liebe und weil man Verpasstes wiedergutmachen möchte. Die Brücke

von einer Welt zur anderen ist immer offen. Das sollte man bereits im Menschsein erkennen. Aber eben, wie viele Propheten haben diese Lehren bereits verkündet, der, der sie hören will, wird diese Weisheiten verinnerlichen. Die anderen wollen davon nichts wissen." Hand in Hand spazieren sie Richtung Teich, in dem der Regenbogenfisch die Spitalpuppe gereinigt hat. Sasha zeigt ihrer Mutter den herrlichen Ort, die schönsten angrenzenden Hügel, die je von einem Baum bewacht werden, während sich Merlin mit Oma und der Sternenmutter unterhalten.

Tashi genießt die Aufmerksamkeit seiner geliebten Sternenmutter, kuschelt sich ganz bei ihr ein und beobachtet Klara und den Adler, wie sie sich anfreunden und sich amüsieren.

„Merlin! Eigentlich ist das Leben immer die gleiche Lektion: die Befreiung des eigenen Seelenmusters. Das, was man im Ursprung ist, zu entfalten und zu leben. Das, was man IST, auch zu SEIN. Egal wo sich die Seele gerade aufhält. Da das Leben nicht totzukriegen ist, ist man ja immer irgendwo unterwegs.

Dem Menschen bleibt nichts übrig, als sich und sein tiefes Wesen selbst zu entdecken, um das Leben bewusster zu erleben!"
„Wenn einem das lebendige Leben berührt und damit alles Angelernte auf den Kopf stellt ..."
Die Sternenmutter lacht.
„Jetzt aber genug philosophiert, lasst uns das Leben, das Neuwerden feiern und genießen. Merlin, darf ich um einen Tanz bitten?"

Niemand hat es eilig sich zu verabschieden. Tashi und Sasha verweilen länger als üblich mit ihren Lieben. Ein wenig Himmel auf Erden will als Abschluss dieser abenteuerlichen Reise gefeiert werden.

Weder der Lebensbaum noch die Amsel deuten auf einen schnellen Abschied durch das Dimensionentor hin. Vorerst werden viel neue Kraft und Freude getankt für den Menschenalltag, in dem sich Tashi und Sasha bald wiederfinden werden.

Sardonyx hat die Landschaft völlig in seine ruhigen, friedlichen und tröstenden Energien eingehüllt. Selbst die Hügel in der Distanz werden von Sardonyx' Gegenwart verzaubert. Er ist ein besonderer, stiller Freund Sashas geworden, hat die Kluft innerer Zerrissenheit geheilt, Kraft und neues Vertrauen wecken können.

Während sie alle beschäftigt sind das Leben zu feiern, schaut Azrael ein letztes Mal durch das Portal im Lebensbaum. Leise lächelt er, der Tod, symbolischer oder physischer Art, transformiert alles von einer Wirklichkeit, von einer Dimension zur nächsten.

Grenzenlose Existenz ...

Dann schließt er das Portal endgültig, ohne dass es jemand bemerkt hat.

Der unschätzbare Wert der Edelsteinwesen, die ihr Wissen bereits den ältesten Zivilisationen zur Verfügung gestellt haben und uns immer noch, nach tausenden von Jahren mit ihrer Schönheit, Güte, Magie zur Seite stehen.

Sind wir empfänglich für diese Kraft, dieses Wissen, das uns gerne begleiten möchte? Wollen wir denn überhaupt noch wissen?

Wie die Perle bereits erwähnt hat:

„Wir sind das Wissen aus dem Ozean, den Tiefen der Seele ..."

Diese Urkräfte und Schönheit stehen uns allen weiterhin zur Verfügung!

Fazit dieser Reise:

- Das Leben lebt weiter ...
- Das Wesen, das Wesentliche ist unvergänglich und verwest nie ...
- Unsere Seele ist unsere Essenz, das unverwüstliche geistige Unergründliche ...
- Das lebendige Leben kann erst erfasst werden, wenn man es loslässt ...
- Nur Loslassen ermöglicht Transformation ...
- Die Materie verändert die Form, die kostbare Essenz bleibt ...

- Tränen lösen innere starre, Versteinerung und werden zu Perlen … (Perlen der Erinnerungen … Perlen der persönlichen Überwindung … Perlen des Erkennens …)
- Alles hat seinen eigenen Rhythmus – Leben – Sterben – Wandlung – Verstehen …
- Verstorbene begleiten uns, wünschen oft Kontakt, möchten helfen, uns warnen oder uns auf etwas hinweisen …

Lasst uns Momente des Lebens sammeln und sie als Erinnerungen wie eine Perlenkette aufreihen:
Die beglückenden …
Die verliebten …
Die trauenden …
Die verzweifelten …
Die erfolgreichen …
Die kunterbunten …
Die glücklichen …
Die chaotischen …
Die einsamen …
Die gefeierten …
Die stillen …
Die nachdenklichen …
Die tanzenden …
Die musizierenden …
Die freudvollen …
Die geheimnisvollen …
Die gebärenden …
Die sterbenden …
Die herausfordernden … MOMENTE des Lebens …

Meiner Leserschaft wünsche ich möglichst viele glückliche, erfüllte und lebendige Momente während ihres Aufenthalts auf Erden …

Arobed Assiah Tashi YouTube

Band 6

Tashi – Bergkristall

Die Reise geht weiter. Lassen Sie sich überraschen!

Sardonyx

Starker Schutzstein
Selbstüberwindung
Selbstbewusstsein
Selbstkontrolle
Selbstbeherrschung
Selbstvertrauen
Trauerarbeit
Inspiration
Öffnet die Wahrnehmung
Verbindet zwischenmenschliche Beziehungen
Stärkt die Sinne
Regenerationskraft nach Krankheit oder Schwächeanfällen
Hilft bei nervlicher Überlastung
Stärkt die Schilddrüse
Aktiviert Körperflüssigkeiten

Und vieles, vieles mehr ...

Perlen

Lichtbringer!
Unverarbeitete Konflikte und Traumata
Verlust
Trauer
Seelenschmerz
Gefühlsschwankungen
Geistiges Wachstum
Erkenntnisse
Selbstsicherheit

Entgiftung
Allergien
Entzündungen
Fiebersenkend
Hilft bei Wetterfühligkeit
Kopfschmerzen
Zähne
Knochenaufbau
Reinheit
Vollendung!

Und vieles, vieles mehr …

Bewerten
Sie dieses Buch
auf unserer
Homepage!

www.novumverlag.com

Die Autorin

Arobed Assiah wurde in der Schweiz geboren. Viele
Jahre arbeitete sie im eigenen Familienbetrieb.
In den neunziger Jahren fiel es ihr zusehends
schwerer, als alleinerziehende Mutter in der Schweiz
zu leben. Deshalb entschied sie sich, mit ihrem
kleinen Sohn nach Neuseeland auszuwandern. Eine
radikale Entscheidung, da beide weder Englisch
sprachen noch sonst etwas über das Land wussten.
Das Land hat sich ihr wieder zurückgeschenkt, es
hat die Autorin die Kunst des Lebens gelehrt. Sehr
schnell haben sich schlummernde Talente offenbart.
Sie startete einen künstlerischen und metaphysischen
Neuanfang.

Mittlerweile wohnt ihr Sohn mit seiner Familie in
Australien. Als stolze Geschichten schreibende
„Grandma" lebt sie irgendwo zwischen Himmel und
Erde, der Schweiz und ihrer Wahlheimat Neuseeland.
Dies erlaubt ihr, sich mit Liebe und Leidenschaft dem
Schreiben und dem Malen zu widmen.

novum VERLAG FÜR NEUAUTOREN

Der Verlag

" *Wer aufhört*
besser zu werden,
hat aufgehört
gut zu sein!

Basierend auf diesem Motto ist es dem novum Verlag
ein Anliegen, neue Manuskripte aufzuspüren, zu ver-
öffentlichen und deren Autoren langfristig zu fördern.
Mittlerweile gilt der 1997 gegründete und mehrfach
prämierte Verlag als Spezialist für Neuautoren in
Deutschland, Österreich und der Schweiz.

Für jedes neue Manuskript wird innerhalb
weniger Wochen eine kostenfreie, unverbind-
liche Lektorats-Prüfung erstellt.

Weitere Informationen zum Verlag und
seinen Büchern finden Sie im Internet unter:

www.novumverlag.com

Arobed Assiah

Tashi
Rosenquarz und versteinertes Holz

ISBN 978-3-99064-719-6
62 Seiten

Eine fantastische Geschichte um einen sensiblen Jungen, dem
sich aus anderen Sphären Erkenntnisse erschließen, die ihm
die Kraft vermitteln, in seinem menschlichen Dasein positiv zu
fühlen.

novum VERLAG FÜR NEUAUTOREN

Arobed Assiah

Tashi
Reise ins
Schattenland

ISBN 978-3-99064-940-4
182 Seiten

Ein Sternenjunge wird auf die Reise zur Erde – ins Schattenland – geschickt, um die Menschen an ihre Regenbogenreise zu
erinnern. Zur Vorbereitung auf sein materielles Leben wird er
in den jeweiligen Farbdimensionen neukodiert.

Arobed Assiah

Tashi
Malachit und Moldavit

ISBN 978-3-99107-172-3
152 Seiten

Eingetaucht in neue Sphären erlebt Tashi nun die Umpolung in ein neues Dasein. Kann er das überstehen? Und wird er seiner neuen Rolle und Verantwortung gerecht? Seine Freunde und Wächter sind ihm dabei eine große Hilfe.

Arobed Assiah

Tashi
Amethyst und Lavendelquarz

ISBN 978-3-99107-846-3
190 Seiten

Diesmal führt Tashi seine Freundin Sasha in die Parallelwelt der Magie ein. Dabei eröffnet ihnen der Magier Amethyst ganz neue Welten, die weit über das irdisch Fassbare hinausgehen. Vorher müssen sie aber seinen Archonten erlösen.